Selbstbeherrschung und Friedfertigkeit sind in unserer konfliktscheuen Gesellschaft geschätzte Tugenden. Aber es sind Tugenden, die oft krank machen, und zwar nicht nur den, der sie praktiziert, auch den, der mit diesem »netten« Menschen zusammenlebt. Ein gewisses Maß an Aggressivität ist sehr viel gesünder. Wie so berechtigte Gefühle wie Ärger, Feindseligkeit, Widerwille oder Bosheit umgesetzt werden können in kreative Aggression, dazu bieten die Verfasser aufgrund jahrelanger Erfahrungen in Familientherapie eine praktische Methode.
Das gut und verständlich geschriebene Buch beleuchtet die verschiedensten Lebensbereiche, ob es sich um die Selbstbehauptung des aggressiven Kindes gegen starre Elternautorität oder die Spiele handelt, mit denen sich Erwachsene so oft voneinander abhängig machen. Eine wichtige Funktion erkennen die Autoren auch der Aggressivität in Eros und Sexualität zu.
Die offene Äußerung elementarer Gefühle, die Bereitschaft, Unbequemes zu sagen und zu tun, und die Herausforderung zu klärendem Streit gewinnen mit diesem Buch neue Bedeutung.

Der Psychologe *George R. Bach*, geb. 1914, Gründer des »Institute of Group Therapy« in Beverly Hills/Cal., wurde in Deutschland durch zahlreiche Bücher zur Gruppentherapie und durch seine Marathonsitzungen bekannt. Seine Hauptarbeitsgebiete wie auch die seines Mitautors *Herb Goldberg* sind Individual- und Gruppentherapie, Familientherapie und Eheberatung. Zusammen mit Peter Wyden verfaßte George R. Bach das Buch ›Streiten verbindet. Spielregeln für Liebe und Ehe‹ (Fischer Taschenbuch 3321).

Unsere Adresse im Internet: www.fischerverlage.de

George R. Bach / Herb Goldberg

Keine Angst vor Aggression

Die Kunst der Selbstbehauptung

Aus dem Amerikanischen übersetzt
von Evelyn Walterskirchen

Fischer Taschenbuch Verlag

18. Auflage: April 2007

Veröffentlicht im Fischer Taschenbuch Verlag,
einem Unternehmen der S. Fischer Verlag GmbH,
Frankfurt am Main, November 1981

Lizenzausgabe mit freundlicher Genehmigung
des Eugen Diederichs Verlag, München
Die amerikanische Originalausgabe erschien unter dem Titel:
›Creative Aggression. The Art of Assertive Living‹

Druck und Bindung: Clausen & Bosse, Leck
Printed in Germany
ISBN 978-3-596-23314-4

Inhalt

Vorwort

Ich muß gestehen, die menschliche, allzu menschliche Aggression ist nicht gerade mein Lieblingsthema. Viel lieber schreibe ich über die Liebe als über den Haß, viel lieber über die Harmonie als über den Streit. Obwohl naturalisierter Amerikaner, blieb ich meiner Abstammung nach deutscher Lebens- und Gefühlswelt verbunden. Krach ist mir persönlich zuwider.

Was hat es nun mit der sogenannten amerikanischen Brutalität auf sich, die selbst den Amerikanern so unbehaglich ist? In ihrem Alltagsleben, besonders im Geschäft und natürlich, wenn es um die Behandlung von Kunden geht, werden alle Amerikaner »Nice Guys«, d.h. sie werden furchtbar nette Menschen. Doch dafür zahlen sie einen hohen Preis, und zwar täglich, in all ihren Beziehungen im Beruf, in der Liebe und natürlich auch in der Politik. Der Amerikaner versucht, unvermeidliche Konflikte durch zivilisierte Höflichkeit zu überdecken, doch die verleugneten Konflikte erwecken »unterirdisch« aufgestaute Aggression.

So muß es später entweder zu einer gefährlichen Explosion kommen, oder – was sich sogar noch negativer auswirkt – es schleichen unbewußt Feindseligkeiten ins Herz und in die intimen Verhaltensweisen. Das Resultat: Manche werden psychisch geschädigt, viele leiden an Mißtrauen und ziehen sich aus Selbstverteidigung ins Alleinsein, in eine gesellschaftliche Isolation, zurück. Dann müssen die Psychotherapeuten »her«, um den Menschen von den heutigen seelischen Schäden der Isolation wieder zu kurieren. Das amerikanische Sozialsystem, das den Typ des „Nice Guy« hervorbringt, bewirkt genau das Gegenteil seiner Absicht: es zerstört die zwischenmenschlichen Beziehungen anstatt ihnen ein friedliches Fundament zu verleihen. Dies ist also die amerikanische psychologische Tragödie.

Das Ergebnis unserer Untersuchungen, daß nämlich eine hochzivilisierte Gesellschaft durch eine persönliche Aggressions-Phobie in die Gefahr gerät, sich selbst psychologisch und politisch zu zerstören, hat besondere Bedeutung gerade für den deutschen Lebensstil.

Wenn das vorliegende Buch zunächst von Erfahrungen berichtet, die in Amerika gewonnen wurden, so wird sicher diese von Haja Molter gemeinsam mit meinem deutschen Verleger herausgegebene Ausgabe dazu beitragen, in Europa Verständnis für die hier entwickelten Gedanken zu wecken.

Über das Thema Aggression sind in der letzten Zeit zahlreiche – fast zu zahlreiche – Bücher erschienen. Warum nun noch ein weiteres Aggressions-Buch? Die aufgeblähte Aggressions-Literatur – ganz gleich, ob englisch, deutsch oder französisch – analysiert und spekuliert entweder über die Herkunft der Aggression oder philosophiert darüber, ob sie angeboren oder gelernt ist oder ob sie überhaupt »nötig« ist. Vielleicht – so wähnen manche – ist die Aggression ein Mythos, der von teuflischen Politikern heraufbeschworen wird, vielleicht ist sie nur das Resultat einer politisch-erzieherischen Gehirnwäsche. Dann gibt es noch eine Menge zu lesen über das tierische Aggressionsverhalten. Da kann man sich beim Beobachten der Orang-Utans und Gorillas im Zoo manchmal selbst erkennen. Man findet auch allerhand Spekulatives darüber, wie wichtig das »sogenannte Böse« für die Menschheitsentwicklung war. Dutzende von Büchern und Artikeln diskutieren den Einfluß von aggressiven Feindseligkeiten, die in Filmen und Fernsehprogrammen dargestellt werden.

Viele Psychiater erbieten sich, diese unangenehme menschliche Tendenz zur Aggression auf dem Wege der Psychoanalyse zu beseitigen. Im Bereich der Gerichtsbarkeit verlauten immer neue Vorschläge für einen verbesserten Strafvollzug, für Gefängnis- und Strafrechtsreformen, wodurch die anwachsende Aggression der Menschen – wenn schon nicht ausgemerzt – so doch zumindest kontrolliert werden soll.

Im Gegensatz zu der erwähnten Aggressionsliteratur weist dieses Buch in eine völlig andere und neue Richtung. Es zeigt die hoffnungsvolle Möglichkeit, die Aggression im Alltagsleben konstruktiv zu nutzen. Unser K-AG-System (konstruktives Aggressionssystem) ist auf den folgenden Grundsätzen aufgebaut:

1. Wir bejahen den menschlichen Aggressionstrieb anstatt ihn zu beklagen.
2. Aggression kann sowohl negativ als auch positiv wirken – es kommt ganz darauf an, wie, wo, wann und auf wen sie angewendet wird.
3. Das Unheilvollste ist, die Aggression zu verleugnen. Denn zweifellos enthalten auch Liebes- und Freundschaftsbeziehungen den Keim zur Aggression, der irgendwann direkt und öfter noch indirekt zur Entfaltung kommt.
4. Die utopische Idee, menschliche Aggression sei nur auf wirtschaftliche und politische Frustrationsfaktoren zurückzuführen, und alle Aggressionsprobleme wären in dem Moment hinfällig, sobald man die entsprechenden gesellschaftlichen Verhältnisse geschaffen hätte, kann man nur als das Märchen vom psychologischen und politischen Schlaraffenland bezeichnen. Tatsächlich sind gerade die erfolgreichen Schichten der Bevölkerung, die man für zufrieden halten möchte, ganz besonders aggressiv.
5. Aus unserem Buch kann der Leser lernen, wie er das unvermeidlich Ärgerliche, das ihm alltäglich begegnet, zur Bereicherung seines Lebens und seiner Beziehungen zu Freunden und am Arbeitsplatz nutzen kann.
6. Wir glauben, daß dieses Buch gerade für Deutschland von besonderer Bedeutung sein kann. Denn hier besteht noch heute seine geschichtlich natürlich sehr verständliche und politisch begründete Aversion gegen die Aggression. Diese Aversion scheint sich geradezu zu einer Phobie ausgewachsen zu haben, und dadurch wird sie bedenklich.

Ich habe diese Erfahrung bei meinen sogenannten Marathonveranstaltungen gemacht, die ich mit meinen Mitarbeitern – deutschen Psychiatern und Psychologen – in Deutschland durchgeführt habe.

In den letzten drei Jahren wurde ich wiederholt von deutschen Universitäten und Instituten eingeladen, meinen deutschsprachigen Kollegen das von mir entwickelte K-AG-System in Lehrkursen zu demonstrieren. Über 400 deutsche Kollegen und viele Laien aus verschiedenen Schichten der Bevölkerung haben an meinen Kursen teilgenommen, um ihre Anti-Aggressionseinstellung, also die Aggressionsphobie, zu überwinden.

In den meisten Fällen gelang dies nur nach anfänglichem, heftigem Sträuben. Fast alle Teilnehmer hegten tiefwurzelnde Zweifel daran, daß Aggression im Alltagsleben konstruktiv angewandt werden könne.

Nachfolgeuntersuchungen über die Wirkung dieser K-AG-Trainingskurse in Deutschland haben jedoch unsere in Amerika gewonnenen Erfahrungen bestätigt: Alle diejenigen, die gelernt hatten, bei persönlichem Ärger und in Streitsituationen ihre Aggression konstruktiv einzusetzen, empfanden diese neuen Erkenntnisse und Fähigkeiten als eine Bereicherung ihres Lebens.

Es ist Sinn und Zweck dieses Buches, die Lebensfreude unserer Leser durch das Verständnis und die vernünftige Anwendung des hier beschriebenen K-AG-Systems zu vergrößern. Unser persönlicher Kontakt mit den Kursteilnehmern begründet unsere Hoffnung, daß dieses Ziel nicht nur von amerikanischen, sondern auch von den deutschen Lesern erreicht werden kann.

George Bach

1. Aggression – neu verstanden

Dieses Buch ist aus Zorn und Empörung entstanden. Wir reagieren mit diesen Gefühlen auf ein emotionales »Klima«, in welchem es zunehmend gefährlich wird, alltäglichen Beschäftigungen nachzugehen oder an einfachen Vergnügungen teilzunehmen.

Ein Spaziergang im Park oder durch die Straßen; das Haus oder die Wohnung für ein Wochenende leerstehen lassen; eine Nacht bei der Geliebten verbringen oder einmal im Freien übernachten; eine Flugreise unternehmen; einen Autoanhalter mitnehmen; am Abend allein ausgehen; seine Tasche für einen Moment unbeaufsichtigt irgendwo stehen lassen oder seinen kostbarsten Schmuck tragen – all dies stellt nur eine kleine Auswahl aus den gewohnheitsmäßigen persönlichen Freiheiten dar, die man sich nicht mehr ohne sorgfältige Überlegung erlauben kann. Sie alle enthalten heute ein Risiko bzw. potentielle Gefahren. Der vernünftige Bürger hat gelernt, auf der Hut zu sein und Vorsichtsmaßnahmen zu treffen.

Überall trifft man auf Zeichen wachsenden Mißtrauens und Furcht gegenüber der Umwelt.

Nehmen wir als Beispiel die Familie Hilliard: Sie bewohnen eine große Wohnung in New York. Ihre Haustür ist mit drei Schlössern und einer Sicherheitskette sowie einem »Spion« versehen. Niemand wird eingelassen, ohne vorher gründlich in Augenschein genommen worden zu sein. Ein deutscher Schäferhund, der auf Fremde abgerichtet ist, bellt böse bei jedem ungewöhnlichen Geräusch. Die Hilliards verlassen ihre Wohnung nie, ohne das Radio spielen und das Licht brennen zu lassen, damit der Eindruck entsteht, als seien sie zu Hause. Wenn sie einmal für ein Wochenende fortfahren wollen, geben sie dem Hausmeister ein Trinkgeld, damit er während ihrer Abwesenheit auf die leere Wohnung acht gibt. Den beiden Söhnen, zwölf und vierzehn und beide durchaus aufgeklärt, wird eingeprägt, niemals mit Fremden zu sprechen, und außerdem haben sie immer mindestens fünf Dollar in der Tasche, um bei einem möglichen Überfall den Angreifer damit zu »beruhigen«. Mr. Hilliard und seine beiden Söhne gehen in einen Selbstverteidigungskurs, und das nicht etwa zu ihrem Vergnügen, sondern zu ihrem Schutz.

Die Familie Hilliard ist durchaus nicht atypisch. Überall lassen Stadtbewohner häßliche Gitterstangen vor ihren Fenstern anbringen und betrachten die Außenwelt durch ein kleines Loch in der Haustür. Alarmsysteme gegen Einbrecher und abgerichtete Wachhunde werden zu Höchstpreisen verkauft. Die Polizei ermahnt und erzieht die Bürger dazu, ihr gesamtes Eigentum mit versteckten Zeichen zu versehen, so daß sie Gegenstände aus ihrem Besitz nach einem Einbruch eventuell in einem Leihhaus identifizieren können. Die Kunst des Karate und andere martialische Künste des Orients haben in den letzten zehn Jahren ständig an Beliebtheit gewonnen. Diese Formen der Selbstverteidigung sind aus einstmals relativer Obskurität nachgerade in den Alltag der westlichen Welt eingegangen.

Ist diese vorherrschende »paranoide« Atmosphäre tatsächlich paranoid? Im psychiatrischen Sinne bedeutet Paranoia eine disproportionale Verzerrung der Realität. Die Furcht vor den Mitmenschen heutzutage hat ihre Grundlage aber in nicht zu verkennendem Ausmaße gerade in der Realität. Mehr als einhundert Millionen Schußwaffen in den USA befinden sich in Privatbesitz, wovon auf mehr als die Hälfte aller amerikanischen Haushalte mindestens eine entfällt. Die Zahl der Morde durch Schußwaffen ist in Amerika mehr als zweihundertmal so groß wie in den meisten anderen großen Ländern. In Tokio zum Beispiel, der am dichtesten bevölkerten Stadt der Welt, gab es im Jahre 1970 nur drei solcher Morde. Im selben Jahr wurden in New York mit nur dreiviertel der Bevölkerung über fünfhundert Tote durch Erschießen registriert.

In den meisten Großstädten der westlichen Welt gehört Mord immer noch zu den außergewöhnlichen und häufig auch verständlich motivierten Verbrechen. In amerikanischen Städten dagegen ist Mord, besonders an einer einzelnen Person, ein so alltägliches und unpersönliches Ereignis geworden, daß es kaum noch unser

Interesse erweckt, wenn es sich bei dem Opfer nicht um eine bekannte Persönlichkeit handelt. Heute richtet sich die Aufmerksamkeit nur noch auf die Massenmorde, bei denen eine Anzahl von Menschen oder eine ganze Familie getötet werden.

Mary Warner, Ende dreißig und Mutter von drei Kindern, wurde an einen der Autoren dieses Buches zur Psychotherapie überwiesen. Sie war trotz ihres leichten Übergewichtes eine attraktive Frau, machte aber einen ausgesprochen verstörten Eindruck. Sie selbst bezeichnete sich als ein nervliches Wrack. In ihrer Kindheit, erzählte sie, sei sie ein vertrauensvoller, zuversichtlicher Mensch von furchtlosem Unabhängigkeitssinn gewesen. Jetzt aber werde sie zunehmend ängstlicher. »Ich vertraue tatsächlich niemandem«, erzählte sie. »Immer wieder ertappe ich mich dabei, wie ich zum Fenster hinüberblicke, und an meinen Mann klammere ich mich geradezu. Ich mag abends nicht mehr mit dem Hund auf die Straße gehen. Jeder, mit dem ich zu tun habe, erscheint mir so kalt und unmenschlich.«

Wenn in einer größeren Stadt wie Los Angeles, Chicago, St. Louis, New York, Dallas oder ähnlichen ein Patient mit den geschilderten beunruhigenden Gefühlen von chronischer Angst, Mißtrauen gegen andere, Furcht vor der Umwelt und der Ahnung, daß man ihm etwas antun werde, zu einem Psychologen oder Psychiater kommt, ist für einen verantwortungsbewußten Psychotherapeuten Vorsicht bei der Diagnose angezeigt. Er muß zunächst einmal klar abgrenzen, welcher Anteil an diesen Gefühlen der normalen Reaktion auf die traumatische Wirklichkeit unserer Gesellschaft zukommt, bevor er sie als Symptom individueller seelischer Gleichgewichtsstörungen einordnet.

Tatsächlich könnte die »paranoide« Einstellung zur Umwelt schließlich die normale, realitätsbezogene werden. Offenheit und Vertrauen werden mehr und mehr als naive, kindische, ja sogar als selbstzerstörerische Reaktionsweisen empfunden. Sie führen allzu oft zu Leid und Enttäuschung. Kein Wunder, daß ein gewisser Zynismus, eine kühle, unbeteiligte Haltung die praktikable und oft sogar bewunderte Reaktion auf Situationen und Menschen geworden ist. Im Gegensatz zu dem verbreiteten Lippenbekenntnis zu den Werten und Freuden von Ehrlichkeit und Offenheit, sind die anerkannten Personen in unserer Gesellschaft in der Regel diejenigen, die gelernt haben, ihre wahren Gefühle und Motivationen zu verbergen und die ihren Mitmenschen mit kalkulierter Zurückhaltung begegnen.

Jedoch ist eine gründliche Auseinandersetzung mit dem emotionalen Klima dieses Landes nicht der Zweck dieses Buches. Ebenso wenig richtet sich unser Zorn in erster Linie gegen diesen Stand der Dinge. Wir empören uns gegen die unglaubliche Tatsache, daß sogar die grenzenlose Gewalttätigkeit und die Atmosphäre des Mißtrauens und der Entfremdung in unserer Gesellschaft keine Veränderung unserer puritanischen, moralisierenden, naiven Einstellung zum Phänomen Aggression bewirken konnte. Jegliche offen und persönlich zum Ausdruck gebrachte Aggression, wie eine Äußerung des Ärgers, ein offenes Zugeständnis der Ablehnung oder eine ehrlich ausgedrückte Meinungsverschiedenheit werden nach wie vor als zumindest peinliches, geschmackloses oder unhöfliches Verhalten abgelehnt. Noch häufiger gilt es als ungezogen, unpassend und sogar als exzentrisch.

Alle Äußerungen von Aggression auf Partys oder anderen gesellschaftlichen Ereignissen werden unweigerlich mit »gesellschaftlicher Verbannung« beantwortet. Nur »freundliche«, »angenehme«, »höfliche« und »interessierte« Unterhaltungen gelten als passend und akzeptabel. Kein Wunder, daß immer mehr Leute derlei gesellschaftliche Zusammenkünfte langweilig, oberflächlich und schwer erträglich finden. Da die wichtige Dimension der aggressiven menschlichen Beziehung tabu ist, werden alle anderen gesellschaftlichen Beziehungen zur Routine, vorhersagbar und damit gefühlsmäßig steril und unrealistisch. Als Folge wird bei solchen Anlässen als Ersatzhandlung zuviel getrunken und zuviel gegessen.

Es ist bezeichnend für die vorherrschende bewußte Ablehnung und Furcht vor persönlich aggressiver Offenheit, welche Art von Personen in dieser Gesellschaft beliebt ist und in welcher Form man von ihnen spricht:

1. Sie ist zu keinem einzigen unfreundlichen Gedanken fähig.
2. Er könnte keiner Fliege etwas zuleide tun.
3. Er ist sanft wie ein Lamm.
4. Sie sind ein wunderbares Paar. Bei ihnen gibt es niemals Streit.
5. Er ist so süß. Er tut einfach alles, worum man ihn bittet.

In allen diesen Beispielen werden nicht-aggressive Eigenschaften als lobenswert herausgestellt.

In unserer Gesellschaft gibt es institutionalisierte Möglichkeiten, unterdrückte Aggression abzureagieren. Politiker schaffen Ventile für rechtmäßige Feindseligkeitsgefühle, indem sie »Feinde« aufbauen; die Unterhaltungsmedien zeigen gewalttätige Phantasien im Film, in Fernsehserien, in Büchern und als Bestandteil vieler jugendlicher Rock-Konzerte. Berufssportarten, bei denen die brutalste Aktion gefordert wird, zählen zu den beliebtesten. Die höchsten Auflagen haben Zeitungen, die sich auf sensationelle Meldungen über Kriegsopfer oder Verkehrsunfälle spezialisieren oder die brutale Mordtaten als Schlagzeilen benutzen. Diese erfolgreiche Ausnutzung unpersönlicher und anonymer Feindseligkeitsventile ist hauptsächlich deshalb möglich, weil persönliche Äußerungen von Aggression in unserer Gesellschaft tabu sind. Wir leben in einer Zeit, in der einerseits intensivste und geradezu wahnsinnige Gewalttätigkeit an der Tagesordnung ist, andererseits aber die leiseste Äußerung persönlicher Aggressionsgefühle vermieden werden muß.

Diese Art von Ethik bewirkt eine eigentümliche Doppeldeutigkeit, wonach es gerechtfertigt erscheint, an Bosheit und Grausamkeit, wenn sie auf anonyme, indirekte Weise verübt wird, Genuß zu empfinden, jedoch jede persönliche Äußerung von Ärger oder Widerwillen als »ungehörig« zu verurteilen.

Die Geschichte der Menschheit ist übervoll von Mechanismen und Versuchen, den Aggressionstrieb unter Kontrolle zu halten. Die Menschen haben versucht, ihn wegzubeten, wegzuwünschen oder zu überspielen. Seit neuestem versuchen wir, ihn durch Psychoanalyse zu eliminieren oder wegzumeditieren. Manch einer glaubt, ihn mit Alkohol oder Rauschgift aus der Welt schaffen zu können. *Aber er verschwindet nicht!* Wir erreichen nichts weiter, als daß wir ihn der politischen Ausbeutung überlassen.

Die Zunahme von Gewalt und Brutalität in unserer Gesellschaft beweist, daß unsere bisherigen Versuche, die Aggression zu kanalisieren, nicht erfolgreich gewesen sind, und wir empfinden die Notwendigkeit einer neuen Aggressionsethik.

Man verwechselt Aggression häufig mit ihren verschiedenen Äußerungsformen, wodurch sie zu einer Quelle von Angst geworden ist. Für die meisten Menschen ist Aggressivität gleichbedeutend mit grundloser, sinnloser und verletzender Feindseligkeit. Diese erschreckende Definition des Begriffs hat sich ziemlich fest im

Bewußtsein der meisten Menschen eingenistet und dadurch unsere Einstellung zu aggressivem Verhalten in den meisten Fällen von Grund auf vergiftet.

In diesem Buch soll der Begriff Aggression eine ganze Skala von Verhaltensweisen umfassen. Genauer gesagt, es ist damit jedes Verhalten gemeint, das im wesentlichen das Gegenteil von Passivität und Zurückhaltung darstellt. Unsere Definition umfaßt Verhaltensweisen wie den direkten und persönlichen Ausdruck von Ärger und Ablehnung, Wutausbrüche, Willensäußerungen, offene Konfrontationen mit anderen, aktive Annäherung an Situationen und Menschen anstelle von passivem Abwarten, Konflikte aussprechen und ausforschen, offene Machtkämpfe und die Fähigkeit, mit der gleichen Unbefangenheit und Direktheit »Nein« zu sagen, mit der wir gewohnheitsmäßig nur »Ja« sagen können; außerdem gehören auch körperliche Äußerungen wie Schreien, Kreischen und Schlagen dazu. Aggressive Energie, wie wir sie verstehen, schafft kritische Vitalität für den Lebensprozeß. Sie kann die Tiefe und Wirklichkeit des Lebens intensivieren.

Leider hat die traditionelle Ethik den offenen Ausdruck und die Freude an persönlicher Aggression gehemmt. Der Prozeß beginnt schon in der Kindheit mit den Ermahnungen der Eltern, nicht so laut zu sprechen, keinen Widerspruch zu äußern, nicht zu streiten, zu schreien oder mit einem entschiedenen »Nein« zu rebellieren. Wenn also aggressive Kommunikation in zwischenmenschlichen Beziehungen, seien sie von flüchtiger oder engster Art, blockiert und zurückgedrängt wird, schließen wir in Wirklichkeit einen unrealistischen, unehrlichen Vertrag mit den Mitmenschen. Wir sagen damit nichts anders als »du tust so, als ob solche Gefühle und Impulse in mir nicht existierten und ich tue so, als existierten sie auch nicht in dir.« Diese gegenseitige, weitgehend unbewußte Heuchelei zerstört zum größten Teil die Fähigkeit, die ganze Wirklichkeit in uns selbst und in anderen zu erkennen und zu beherrschen. Es sind die verhängnisvollen Anfänge, die Individuen und Gesellschaften »terrorisierbar« machen. Wenn also die Fähigkeit abhanden gekommen ist, das aggressive Potential in anderen wie auch in uns selbst zu erkennen und zu steuern, wird jeder einzelne ein leichtes Opfer der Manipulation unserer latenten Aggressivität durch uns selbst und andere. Durch unsere Angst vor der Konfrontation und vor negativen Erlebnissen verlieren wir die

Unterscheidungskraft zwischen wirklichen und eingebildeten Gefahren in unserer Gesellschaft. Manipulatoren können ihre wahren Absichten hinter einem Lächeln, einer Schmeichelei oder einer freundlichen Geste verbergen und dabei völlig sicher sein, daß man sie nicht fordern oder demaskieren wird. Diese unsere Unfähigkeit, das aggressive Potential in anderen zur Kenntnis zu nehmen, bewirkt bei uns den Schock und die Überraschung, wenn sich plötzlich herausstellt, daß der »nette«, »ruhige« und »hilfsbereite« junge Mensch von nebenan ein kaltblütiger Verbrecher ist. Besonders beunruhigend und von großem persönlichem Schaden ist die Tatsache, daß die Unterdrückung von Aggression die Widerstandskraft und Haltbarkeit auch unserer engsten Beziehungen aufs äußerste gefährdet.

Wir können erleben, daß eine Beziehung von intensivster Intimität zu völliger Entfremdung führt. Dieses ist sogar eine sehr häufige Erfahrung in unserer Gesellschaft. Ein Vater empfindet sich plötzlich seinem Sohn gegenüber als Fremder. Eine Schwester wendet sich gegen ihre Schwester. Kollegen, die sich noch gestern gut verstanden, schauen sich heute nicht mehr an, weil einer von ihnen etwas »Falsches« gesagt hat, und langjährige Ehepaare werden plötzlich zu Todfeinden wegen einer »kleinen Krise«.

Aggressive Gefühle, deren bewußter Ausdruck im Interesse des normalen Ablaufs der Beziehung immer unterdrückt wurde, äußern sich plötzlich in indirekten, intensiven und unkontrollierbaren Erscheinungsformen. Die bisher für »harmonisch« gehaltene Beziehung bekommt auf einmal einen Riß, wenn alle angesammelten, versteckten Vorwürfe und Feindseligkeiten hervorbrechen.

Die Unterdrückung von Aggression kann ebenfalls eine Atmosphäre der Entfremdung bewirken, die nichts anderes ist als eine Art Schutz gegen mögliche eigene Aggressionsäußerungen oder solche von anderen. Gemeinhin führen wir die Entfremdung zurück auf den Fortschritt der Technik, die Krankheit unserer Zeit oder die Wettbewerbsnatur des Kapitalismus. Dabei übersehen wir allerdings die Hauptwurzel des Übels, nämlich die Angst vor und die Unfähigkeit zu einer echten Beziehung, in der wir einander als die aggressiven Wesen mitteilen, die wir sind.

Im Laufe der Jahre konnten die Autoren drei bestimmte Verfahrensweisen erkennen, direkte aggressive Zusammenstöße zu vermeiden. Die vorherrschende Methode ist die, seine Befriedigung in den unpersönlichen materiellen Gütern unserer Gesellschaft zu suchen. Man betrinkt sich, sitzt endlos vor dem Fernsehapparat, läßt sich von Stereoanlagen einlullen oder versteckt sich in seinem Auto. Die zweite Ausweichmöglichkeit besteht darin, daß man in seiner Haltung gegenüber seinen Mitmenschen absoluten Zynismus zur Schau trägt. Menschen werden als Objekte betrachtet, die man benutzt, um irgendein Bedürfnis zu befriedigen und die man zur Seite wirft, wenn man sie nicht mehr braucht. Auf diese Weise interessiert man sich für seine Mitmenschen nur im Hinblick auf ihren momentanten Nutzen. Die dritte Methode trägt die Maske der Verzweiflung. Die Vertreter dieser Richtung beurteilen alle Menschen als verabscheuungswürdige Wesen und das Leben als häßlich, deprimierend und nicht der Mühe wert. Diese Haltung der Resignation führt zu Depressionen, Nervenzusammenbrüchen oder Selbstmord.

Es muß ein neues Verständnis und ein Weg gefunden werden, Aggression anzunehmen und mit ihr zu leben, oder es wird sich ein noch grausamerer, noch entfremdeterer Lebensstil entwickeln als wir ihn heute schon erleben. Zunächst müssen die zerstörerischen Aspekte persönlicher Aggressionsunterdrückung zur Kenntnis genommen und eine neue Ethik entwickelt werden, die an die Stelle der unrealistischen, menschlich unmöglichen tritt, die uns bisher leitete. Diese neue Ethik soll nicht nur unsere aggressiven Impulse freisetzen, sie soll Richtlinien, Techniken und eine Orientierungsbasis zum Verständnis und zur Kontrolle dieses Phänomens schaffen. Außerdem soll sie uns aufmerksam machen auf all die vielen versteckten und indirekten Äußerungen von Aggression, die uns selbst entschlüpfen und auf die, deren Opfer wir täglich sind. Wie viele schizophrene Kinder werden zum Beispiel von scheinbar idealen Müttern erzogen. Forschungen auf diesem Gebiet haben gezeigt, daß diese Mütter sich ihrer Aggressivität und ihres destruktiven Einflusses durchaus nicht bewußt sind. Sie empfinden ihre Motive und Gefühle als liebevoll und wissen nichts von dem Zorn und der Ablehnung, mit denen sie das Kind zerstören.

Die Erkenntnis der vielen Formen und Gesichter indirekter Aggression, die unweigerlich bei jedem einmal zum Vorschein kommt, der ein Teil dieser aggressionsrepressiven Gesellschaft ist, bedeutet den ersten Schritt zum Schutz gegen die zerstörerischen

Feindseligkeitsäußerungen und Perversionen der Aggression, die heutzutage überhand nehmen.
In ihrer psychotherapeutischen Praxis haben die Autoren ein konkretes Aggressions-Trainingsprogramm und gleichzeitig den theoretischen Rahmen dazu entwickelt. Dieses Programm soll ein Baustein sein zu einer realistischen Aggressionsethik. Unsere Vorstellung von Aggression, auf der die in diesem Buch behandelte Ethik gegründet ist, beruht auf der Überzeugung, daß das sogenannte »wilde Tier« Aggression gezähmt und seine Kraft zum Besten der Menschen und der Gesellschaft genutzt werden kann. Wir glauben, daß die herkömmliche Angst vor der Aggression auf einer pervertierten Form dieser potentiell konstruktiven Quelle menschlicher Energie basiert.
Die letzten zehn Jahre haben bereits gezeigt, wie grundlegend neue Formen der Psychotherapie Veränderungen von tief verwurzelten Verhaltensweisen bewirkt haben, nämlich durch die Anwendung konstruktiver Äußerungsformen aggressiver Energien. Diese Änderungen wären mit den traditionellen Methoden nicht möglich gewesen. Noch ermutigender ist die Entdeckung, daß der offene Austausch aggressiver Gefühle, besonders des Ärgers, effektiv nutzbar gemacht werden kann zur individuellen Entfaltung und zu tiefer, intimer zwischenmenschlicher Bindung. Wir haben beobachtet, wie Teilnehmer an unseren Aggressions-Trainingsprogrammen diese Gefühle auf konstruktive Weise innerhalb ihrer Familie oder am Arbeitsplatz zu äußern lernten und dadurch zu einem erstaunlichen Grad der Selbstverwirklichung gelangten. Sie haben dabei ebenfalls gelernt, daß diese Gefühle geäußert werden können, ohne einen Schuldkomplex auszulösen, ohne unbedingt besonders verletzen zu müssen, sondern daß dabei sogar eine Atmosphäre von echter Wärme und Menschlichkeit entstehen kann.
Die zwischenmenschlich aggressionsrepressive Gesellschaft ist die terrorisierbare Gesellschaft. Die Aggression, die in offener, persönlicher Form verboten ist, bewirkt unmerklich eine perverse Anziehungskraft für – und indirekte oder direkte Ermutigungen zu – extrem gewalttätigen Verhaltensweisen, entweder auf den Straßen, auf den Schlachtfeldern, zu Hause oder auch als Ersatzhandlung durch die Unterhaltungsmedien. Die unterdrückte aggressive Energie sucht sich Ersatzziele in Form von Sündenböcken,

Stereotypen und politisch sanktionierten Feinden. Es entsteht ein paranoides Klima, wenn die Aggression, die in jedem einzelnen von uns unterdrückt ist, auf andere projiziert wird, die dadurch viel furchterregender erscheinen, als sie in Wirklichkeit sind. Unser eigenes Leben und unsere Beziehungen werden ebenfalls unsicherer, da wir weder den mächtigen Einfluß von außen kontrollieren noch die Motivationen für die Handlungen unserer Mitmenschen begreifen können.

Die Forderung, die dieses Buch aufstellt, ist gebieterisch. Die beiden Hauptverdrängungsbereiche beim Menschen der westlichen Welt und primären Quellen seiner seelischen und zwischenmenschlichen Probleme waren von jeher die des Sexualtriebs und des Aggressionstriebs. Die sexuelle Befreiung ist inzwischen recht weit fortgeschritten. Übriggeblieben ist die psychologische Schranke zum Aggressionsbereich. Befreiungsversuche auf diesem Gebiet werden zweifellos auf stärkeren Widerstand stoßen als es bei der sexuellen Revolution der Fall war – denn die Aggression hat eine Aura des Schmerzes um sich, während die Sexualität eine solche des Vergnügens um sich hat.

Unsere Wahl ist allerdings klar. Entweder wir fangen an, die Risiken auf uns zu nehmen, die damit verbunden sind, daß wir die Aggression, die in jedem von uns vorhanden ist, erkennen und erleben und dabei lernen, ihre Kraft konstruktiv anzuwenden, oder wir leugnen weiterhin ihre Existenz und übergeben anderen die Verantwortung, gesellschaftlich anerkannte und akzeptierte Ventile zu schaffen und befinden uns damit in zunehmendem Maße in einem terrorisierbaren und paranoiden Lebensklima.

Die Autoren hoffen, bis zum Ende dieses Buches die äußerst zerstörerischen Konsequenzen, die die letztere Wahl in physiologischer, emotionaler und sozialer Hinsicht haben würde, genügend überzeugend dargestellt zu haben. Diese letztere Wahl würde uns mehr als irgend etwas anderes zu noch terrorisierbareren Opfern der plötzlichen, unvorhersagbaren, explosiven und höchst zerstörerischen Wirkung unterdrückter Aggression machen.

2. Die liebevollen Mütter

Aggression in der Entwicklung des Kindes

»Hoppe hoppe Reiter,
wenn er fällt, dann schreit er,
fällt er in den Graben
fressen ihn die Raben;
fällt er in den Sumpf,
macht der Reiter plumps.«

Wie viele Mütter achten wohl beim Singen dieses Kinderreims bewußt auf den Text und seine feindselige Aussage. Der Inhalt steht zweifellos in direktem Gegensatz zu dem, was im Bewußtsein der Mütter vorgeht, während sie ihren Kindern dies Liedchen zur Beruhigung vorsingen. Die meisten von ihnen wären auch zutiefst erschrocken bei der Vorstellung, sie könnten ihrem Kind gegenüber ablehnende, destruktive Gefühle und Impulse in sich haben.

Zum Teil reagieren Mütter deshalb so negativ auf alle aggressiven Äußerungen ihres Kindes, weil sie ihre eigenen aggressiven Impulse dem Kind gegenüber so entschieden unter Kontrolle zu halten versuchen. Besonders beunruhigend wirken auf aggresionsängstliche Mütter Weinen, Schreianfälle, Wutausbrüche und wildes Herumtoben – lauter völlig normale Äußerungen für ein gesundes Kleinkind –, und sie werden alles tun, um solches Verhalten bei ihrem Kind zu verhindern.

Dabei ist eine gesunde Beimischung von Aggression in den Entwicklungsprozeß von entscheidender Bedeutung, um das Kind allmählich zu befähigen, seine Umgebung und seinen Lebenskampf in einer komplizierten, wettbewerbsorientierten Welt zu bestehen. Besonders heute, da Leistung und Erfolg – normalerweise die Folge von selbstbewußtem individuellem Einsatz – so hoch eingeschätzt werden, ist die Fähigkeit zu konstruktiver Aggression eine unentbehrliche Voraussetzung für ein erfülltes Leben.

Einer Mobilisierung von Aggression bedarf es besonders etwa in folgenden Entwicklungsbereichen: Zur Aneignung körperlicher und intellektueller Fähigkeiten; bei der Realisierung des Entdekkungstriebs; bei der Entwicklung von völliger Abhängigkeit als Kleinkind zu teilweiser Autonomie im Schulalter und allmählicher Unabhängigkeit in der späteren Jugend; zum Erkennen, Ausdrükken und Befriedigen der individuellen Bedürfnisse; zur Überwindung von frustrationsverursachenden Hindernissen; bei Entscheidungen über berufliche und andere Lebensziele; im Bemühen um das Realisieren von befriedigenden Beziehungen und bei der erfolgreichen Verwirklichung der Sexualität.

Angefangen von der Empfängnis ist das Wachstum und die Entwicklung aufs engste mit einem gewissen Maß an notwendiger Aggressivität verbunden. Der gesunde Fötus macht sich seiner Mutter durch Fußtritte bemerkbar. Die erste Reaktion des gesunden Babys auf die Trennung vom Körper der Mutter ist sein aggressiver Geburtsschrei. Dieser symbolische Ausdruck der »Lebenswut« hat die wichtige biologische Funktion, das Atmen des Kindes in Gang zu setzen.

Während der ersten Lebensmonate kann das Baby sein Mißbehagen und seine Bedürfnisse nur durch Schreien mitteilen. Das ruhige Baby, das so oft fälschlich als das »brave Kind« bezeichnet wird, erweist sich statt dessen sehr häufig als körperlich oder seelisch krank. Während das gesunde hungrige Baby, das man vorzeitig von der Brust oder Flasche wegnimmt, durch lautes Schreien und wildes Um-sich-Schlagen protestiert, wird das sogenannte brave Kind ruhig liegen bleiben und passiv akzeptieren, was mit ihm geschieht, wobei allerdings seine Bedürfnisse nicht in gleicher Weise klar und direkt zum Ausdruck kommen.

Im Laufe des ersten Lebensjahres erlaubt seine aggressive Kraft dem Baby, Arme und Beine zu bewegen, herumzurollen, sich hochzuziehen, auf allen Vieren zu krabbeln und sich aufzusetzen. Diese aggressive Energie, die man oft als selbstverständlich hinnimmt, fehlt bei manchen Babys, besonders bei denen, die in Heimen ohne individuelle mütterliche Betreuung leben. Ohne diese nötige mütterliche Anregung können Kinder ihren aggressiven Entwicklungsimpuls verlieren. Sie ziehen sich zurück in eine apathische Abgeschiedenheit, eine passive Gleichgültigkeit, verbunden mit einer Unfähigkeit zu menschlichem Blickkontakt. Diese Krankheit, die in der Forschungsliteratur erstmals von Dr. René A. Spitz beschrieben wird, der sie bei seinen Studien an Heimkindern entdeckt hat, heißt Marasmus oder anaklitische Depression. Tatsächlich gleicht dieses Verhalten dem eines in tiefer Depression befindlichen Erwachsenen.

Das vitale Baby, das mit Beißen und Reißen reagiert und in Schränke kriecht, befindet sich im Prozeß, seine Auffassungsgabe und Koordinationsfähigkeit sowie manuelle Geschicklichkeit zu entwickeln. Wenn solche Impulse durch elterliche Strafmaßnahmen wie Schläge oder Eingesperrtwerden blockiert werden, erfährt damit das Kind, daß spontane Freude an körperlicher Aktivität und Entdeckungsstreifzügen »böse« ist. Diese Aktivitäten oder Impulse lassen dann beim Kind mehr und mehr nach. Sein Lebensbereich verengt sich, das Maß seiner Reaktionsbereitschaft wird geringer, und schließlich wird es sich auf derartige Aktivitäten nur noch schüchtern, vorsichtig und mit Schuldgefühlen einlassen.

Im zweiten Lebensjahr nimmt das Kind seine Umwelt realistischer wahr und reagiert empfindlicher auf Frustration. Sein aggressives Verhalten ist häufiger absichtsvoll. Das Kind erkennt allmählich bestimmte Hemmnisse bei seinen Unternehmungen und Impulsen und gleichzeitig, durch wen diese Hemmnisse verursacht werden. Auch beginnt es nun, etwas von seinem Allmachtgefühl zu verlieren, diesem herrlichen Gefühl, Mittelpunkt der Welt zu sein, in der jeder seiner Befehle befolgt wird. Während es anfängt, die Wirklichkeit kennenzulernen, beginnt gleichzeitig der Kampf um seine Selbstbehauptung.

Die Zeit zwischen eineinhalb und zweieinhalb Jahren ist für das normale Kind eine Periode der Negation und des Widerstandes. In dieser Zeit lernt das Kind das Neinsagen. Auch Wutausbrüche sind hier ganz normal. Diese Ausbrüche erreichen ihren Höhepunkt im Alter von zwei Jahren, die Oppositionsphase ist mit zweieinhalb Jahren am stärksten ausgeprägt. Je mehr das Kind die Mutter als eine Person begreift, um so besitzergreifender wird es und um so leichter werden sein Zorn und seine Eifersucht erregt. Daher reagieren Kinder in diesem Alter oft feindselig gegen andere Kinder oder Erwachsene, wenn sie glauben, diese könnten ihnen etwas von der mütterlichen Liebe und Aufmerksamkeit wegnehmen. Das extrem passive und anspruchslose Kind, bei dem sich diese negativen Gefühle nicht äußern, gibt Grund zu der Annahme, daß es schon einiges von seiner entwicklungsnotwendigen Vitalität verloren hat. Sogar schon in diesem jungen Alter kann man feststellen, wie sich eine frühe Unterdrückung von Aggression in selbstzerstörerischen Impulsen manifestiert. Diese entwicklungsgehemmten Kleinkinder beißen sich aus fehlgeleiteter, selbstzerstörerischer Wut selbst oder schlagen mit dem Kopf auf. Beim älteren Kind und Jugendlichen äußern sich die gleichen Symptome auf subtilere Art. Man beobachtet bei ihnen häufig Zähneknirschen im Schlaf, Fingernägelkauen, Lippenzupfen oder nervöses Kratzen. Noch unauffälliger werden die Anzeichen beim Erwachsenen. Hier gibt es die Fälle der besonderen Anfälligkeit für Krankheiten und Unfälle, krankhafte Zerstreutheit und häufig wechselnde unbefriedigende, selbstzerstörerische Beziehungen und Situationen.

Einige Theoretiker sehen in der Tendenz zur maßlosen Zerstörung aller bestehenden Verhältnisse und zur Gewalttätigkeit der Menschen untereinander zumindest teilweise die Auswirkungen der modernen westlichen Zivilisation, in der die Menschen dazu veranlaßt werden, einen Großteil ihrer natürlichen Neugierde, Entdeckerfreude und Aggression bereits in ihrer Kindheit zu unterdrücken. In der Stadt lebende Kinder werden durch beständige Ermahnungen und Verbote in ihrer Bewegungsfreiheit eingeschränkt – eine Erfahrung, die ihnen in primitiveren Lebensverhältnissen erspart geblieben wäre. Ein Großteil der kindlichen Entdecker- und Eroberergelüste wird schon im Keim erstickt, indem man dem Kind immer wieder die Gefahren des Straßenverkehrs vorhält, um seinen Bewegungsdrang einzudämmen und es eindringlich ermahnt, Fremden mit Vorsicht zu begegnen, ja möglichst gar nicht mit ihnen zu sprechen. Zu Hause begegnet das Kind den ständigen Warnungen vor elektrischen Geräten, dem Ofen, dem Medizinschrank und Ermahnungen zur Vorsicht bei der Annäherung an zerbrechliche Gegenstände, die überall im Zimmer herumstehen. Außerdem führt verbreiteter Kult der Privatsphäre dazu, daß gewisse Räume oder Bereiche im Haus nicht betreten oder gar erforscht werden dürfen. Und schließlich ist die große Bedeutung, die in unserem Kulturkreis der persönlichen Sauberkeit, der ordentlichen und gepflegten Erscheinung beigemessen wird, auch nicht dazu angetan, das Kind zu spontaner Bewegung zu ermuntern.

Sobald das Kind ins Schulalter kommt und in Gruppenbeziehungen eintritt, braucht es die Fähigkeit zur aggressiven Selbstbehauptung besonders notwendig, um Gruppenanerkennung zu erringen und um den zunehmenden sozialen Hindernissen und Frustrationen standhalten und sie überwinden zu können.

Das »brave«, passive Kind ist möglicherweise des Lehrers Liebling, von den anderen Kindern wird es aber wahrscheinlich zur Zielscheibe ihres Spottes und ihrer Grausamkeit und muß bei gemeinsamen Spielen meistens zuschauen.

Besonders schwierig wird für das zur Aggression unfähige Kind die ohnehin belastete Zeit der Pubertät. Gerade jetzt braucht der Jugendliche alle selbstbewußte Energie, die er nur aufbringen kann, um den Schritt in die unabhängige Existenz zu tun, nämlich Entscheidungen für geeignete Berufsziele zu treffen, seinen persönlich befriedigenden Lebensstil zu finden und in Beziehungen zum anderen Geschlecht zu treten. Bei passiven Jugendlichen werden sich in den meisten Fällen unter dem Druck dieser Lebensphase ihre passiven Verhaltensweisen, ihre Schüchternheit und geistige Unklarheit stärker verfestigen. Manchmal suchen sie eine Lösung im Drogenrausch, im religiösen Kult, in esoterischen Philosophien oder in der Lebensform einer Kommune. All dies sind Versuche, der Wirklichkeit zu entfliehen, einer Wirklichkeit, die die gewaltige und schmerzhafte Anstrengung zur Selbstbehauptung von ihnen fordert, um sie zu selbständigen, unabhängigen Menschen zu machen, die sich im Leben zurechtfinden können.

Der erwachsene und der alte Mensch müssen sich eine aggressive, nach außen gerichtete Reaktionsfähigkeit erhalten, sowohl um der Gefahr der Isolation zu entgehen wie auch der Versuchung, sich in besonderen Bewährungsperioden in Krankheiten zu flüchten. Die anhaltende Fähigkeit zu dieser aggressiven Reaktion entscheidet darüber, ob der Mensch in jedem Alter kreative, persönlich befriedigende Alternativen in einer Gesellschaft finden kann, die die Jugend vergöttert und das Alter ignoriert. Für den passiven Menschen kann das Alter zur trostlosen Wiederholung der Kindheit werden, zur Rückkehr in Abhängigkeit und Bedürftigkeit, was schließlich zu seiner Zurückweisung und Vereinsamung führt.

Wie man versteckte Aggressoren erzieht

Wenn der offene Ausdruck aggressiver Gefühle oder zwischenmenschliche Zusammenstöße unterdrückt werden, sei es aus dem Wunsch heraus, höflich und freundlich zu wirken, sei es aus tieferer Motivation, wie etwa der Angst vor heftigen Auseinandersetzungen, so gehen diese Gefühle gleichwohl nicht verloren. Sie werden nur ins Unterbewußtsein abgedrängt, um dann hinter einer gesellschaftlich akzeptablen Maske wieder aufzutauchen.

Die Unterdrückung feindseliger Gefühle kann zu einer Spirale der kompliziertesten Kommunikationsmuster ausarten. Man hindert zum Beispiel ein vierjähriges, den Windeln längst entwöhntes, Kind daran, seine Abneigung, Eifersucht und Wut über die Geburt des neuen Brüderchens zu äußern. Die Eltern reden dem Kind ein, wie glücklich es sein *sollte,* einen neuen Bruder zu haben und wie ungezogen es von ihm ist, sich so eifersüchtig und selbstsüchtig zu gebärden.

Um sich die Anerkennung und Liebe der Eltern zu erhalten, unterdrückt das Kind seine Gefühle. Plötzlich wird das vierjährige Kind wieder zum Bettnässer. Dies ist der indirekte Ausdruck seines Hasses und Zorns, dessen direkte, schuldlose Äußerung blockiert worden war. Hier wird der ursprüngliche Ärger zu einem »medizinischen« Problem, womit ein weit komplizierteres Phänomen vorliegt, da sich das Kind der ursprünglichen, seinem jetzigen Verhalten zugrundeliegenden Gefühle nicht mehr bewußt ist. Das Kind hat jetzt ein Mittel, seine Eltern zu bestrafen, ohne eine offene Konfrontation zu riskieren, da es durch sein »Problem« geschützt ist. Auf diese Weise kann ein gewöhnliches Gefühl von unterdrückter Abneigung zu einer anhaltenden Quelle von Frustration werden.

Die Tragödie des »braven Babys«

Wie wir schon weiter oben erwähnten, gelten einige der seelisch am schwersten gestörten Kinder anfangs bei ihren Müttern als

Musterkinder. Solch ein »braves Kind« war ein besonders ruhiges, anspruchsloses Baby, das nie schrie.

In manchen Fällen ist das Verhalten des »braven Babys« ein frühes Symptom von Autismus, einer Form von Kinderschizophrenie. Dieses Kind gilt als »brav«, weil es das funktionsbedingt notwendige Schreien nicht entwickelt hat. Autismus ist eine der schwersten Formen von Psychosen bei Kindern, in welcher das Kind jeglichen menschlichen Kontakt ablehnt, ja sogar heftig gegen alle Art menschlicher Teilnahme oder Betreuung rebelliert. Das Kind entspannt sich nur, wenn es von Gegenständen umgeben ist, nicht in Gegenwart von Menschen. Es kann stundenlang einer Waschmaschine zuschauen oder das gleiche Lied anhören.

Psychologische Studien haben ergeben, daß die Eltern solcher autistischer Kinder häufig überdurchschnittlich intelligent, gebildet und sprachgewandt sind, dabei aber gefühlsmäßig kalt. Sie vermeiden nach Möglichkeit jeden aggressiven Wortwechsel, da sie sich dadurch bedroht fühlen und reagieren überempfindlich auf die kleinste Regung ihres Säuglings. Die partnerschaftliche Interaktion zwischen ihnen ist vorwiegend ruhig und beherrscht. Ärger- oder Wutausbrüche ihres Kindes sind für diese Eltern so unerträglich, daß sie jeden physischen oder gefühlsmäßigen Kontakt zu ihm vermeiden, solange solche Ausbrüche andauern.

Autistische Kinder können sich gegen andere Menschen nicht behaupten. Ihre aggressive Energie wird häufig zu selbstzerstörerischem Verhalten fehlgeleitet. Es ist bekannt, daß sie sich selbst ins Gesicht schlagen, mit dem Kopf gegen die Wand rennen, sich beißen und an ihrem eigenen Körper reißen und zerren.

Erst kürzlich wurde von Dr. Robert Zaslow von San José, California, eine neue Technik zur Behandlung autistischer Kinder eingeführt. Die Therapie besteht kurz gesagt aus der Anwendung zorndämmender Methoden. Er wiegt das Kind wie ein Baby in seinen Armen und behält diesen Kontakt und die Kontrolle über das Kind so lange, bis es schließlich zu freiwilligem Augenkontakt in entspannter Interaktion fähig ist. Bevor dieses Ziel erreicht ist, protestiert das Kind leidenschaftlich und wehrt sich auf jede erdenkliche Art gegen diesen menschlichen Kontakt. Bei seinem Versuch auszubrechen, zeigt es unglaublich intensive Zorn- und Wutreaktionen. Wenn es aber schließlich diese gewaltigen Gefühle der Wut und Abneigung losgeworden ist – manchmal dauert dieser

Prozeß mehrere Stunden – beginnt es allmählich, sich zu entspannen und kann zu echtem liebevollen Augenkontakt gelangen.
Nach eigener Aussage hat Dr. Zaslow mit dieser Technik viele verschiedene Fälle von seelischer Störung, die auf unterdrückter Aggression beruhten, erfolgreich behandelt. Darunter Hyperkinese, Allergien und schulische Lernprobleme. Dr. Zaslow tut mit seiner Methode nur das, wozu die Eltern nicht fähig waren, nämlich er leitet das Kind, toleriert seine aggressiven Äußerungen und erleichtert ihm diese Äußerungen und entsprechende Handlungen, indem er sie in seine Beziehung zum Kind einbezieht. Nach erfolgreicher Beendigung dieser Therapie ist das Kind fähig, dem Therapeuten gegenüber seinen Ärger direkt zu äußern und muß es nicht mehr indirekt und manipulativ tun. Es kann dem Therapeuten zum Beispiel in die offene, einladend hingehaltene Hand boxen ohne dabei den direkten Augenkontakt zu unterbrechen. Erst dann kann das Kind auch lernen, liebevolle und positive Gefühle in menschlicher Beziehung zu zeigen, wie Zuneigung, Lächeln und Verspieltheit.

Der Mythos vom grausamen Kind

In dem vielgelesenen Buch »Lord of the Flies«, das auch verfilmt wurde, werden die grausamen »Spiele« von Kindern dargestellt. Dieser Film beruht auf dem traditionellen Glauben, daß Kinder von Natur aus grausame kleine Wilde sind, was immer dann zum Ausdruck kommt, wenn man sie unbeaufsichtigt läßt. Die Autoren glauben – und das wurde auch schon von anderen Forschern auf dem Gebiet des kindlichen Verhaltens aufgezeigt –, daß diese Grausamkeit ein Nebenprodukt oder fehlgeleiteter Ausdruck aggressiver Gefühle ist, die ursprünglich innerhalb der Familie aufgekommen waren, dort aber unterdrückt, bestraft und verdrängt wurden.
Aggressionsrepressive Eltern, die ihre Erziehung unter den Grundsatz stellen, Kinder solle man sehen aber nicht hören, Schläge seien gesund für die Entwicklung und Respekt bedeute, daß Kinder ihren Eltern nie widersprechen, legen damit in ihrem Kind ein mächtiges, destruktives Reservoir von unterdrückter Aggression

an. Das Kind sucht sich andere, sichere Ziele für diese Gefühle und findet sie in schwächeren Kindern oder hilflosen Tieren. Tatsächlich hat sich gezeigt, daß Härte und Strenge in der mütterlichen Erziehung, die Anwendung despotischer Macht über das Kind zu dem Maß an Feindseligkeit in Beziehung steht, das das Kind anderen Kindern gegenüber entwickelt und zu seinem Widerstand gegen soziale Einflüsse.

Eine Untersuchung von herausforderndem Verhalten bei Kindern, das von Erwachsenen oft zu leicht genommen wird, obgleich seine Auswirkungen auf die wehrlosen Opfer von traumatischer Wucht sein können, hat ergeben, daß dieses bei Kindern aus strengem, autoritärem Elternhaus wesentlich häufiger vorkommt als bei Kindern, die an offene, direkte Aggressionsäußerungen und individuelle Selbstbehauptung in der Familie gewöhnt sind.

Ein Kind, das sich auf solche Weise provozierend verhält, drückt indirekt seine Feindseligkeit aus. Dieses Verhalten bezeugt seine Unfähigkeit, Aggression offen und direkt zu äußern. Das provozierende Kind reagiert nicht auf tatsächliche, unmittelbare Verärgerung. Es sucht sich ganz einfach einen Sündenbock, um seine allgemeine Unzufriedenheit abzureagieren, die ihm daraus erwächst, daß die direkte Äußerung aggressiver Gefühle in ihm unterdrückt wurde.

Das biblische Gebot »Du sollst Vater und Mutter ehren« wäre sinnvoller in der abgewandelten Form: »Du sollst einen fairen Kampf mit Vater und Mutter führen.« Viele der bekannten Formen von fehlgeleiteter Aggression wie Herrschsucht, Vorurteile und Grausamkeit gegen Schwächere lassen sich zurückführen auf innerhalb der Familie entstandene aber unterdrückte aggressive Gefühle.

In einer konstruktiv aggressiven Familie wird der offene und direkte Ausdruck dieser Gefühle nicht nur akzeptiert, er wirkt auch aktivierend auf alle Energien, die nötig sind zur Verwirklichung echter Beziehungen, in denen aggressive neben liebevollen Gefühlen bestehen dürfen, da wirkliche Intimität nur erreicht werden kann, wenn die für ein kreatives Zusammenleben notwendigen »Informationen« ausgetauscht werden.

Vorsicht beim Musterkind

Die neuesten Untersuchungen des Psychologen Megargee auf dem Gebiet der Gewalttätigkeit haben gezeigt, daß von einem impulsiven, offen aggressiven Kind weniger zu fürchten ist als von dem sogenannten Musterkind. Sanftmütige Passivität und potentielle Heftigkeit können zwei Seiten derselben Persönlichkeit sein. Aus Megargees Untersuchungen geht hervor, daß viele der brutalsten, sinnlosesten Morde der vergangenen zwanzig Jahre von Personen begangen wurden, die bei ihren Mitmenschen als sanftmütig, schüchtern und gut erzogen galten. Es scheint, daß hier die fortgesetzte Unterdrückung von Aggression einen gefährlichen Dampfkessel geschaffen hat. Wenn dann die Selbstbeherrschung unter besonderem Druck einmal nicht standhält, bricht die Aggression in brutaler und bizarrer Weise hervor.

Das Kind braucht die Frustrationserfahrung

Eine beliebte Theorie über den Ursprung der Aggression, die vor vielen Jahren aufgestellt wurde, besagt, daß der Grund von Aggression Frustration sei. Viele Eltern ließen sich hierdurch so beeindrucken, daß sie in ihrem Bemühen, friedliebende, nichtaggressive Kinder heranzuziehen, versuchten, ihnen durch größtmögliche Nachgiebigkeit jegliche Frustration zu ersparen. Diese Einstellung rächte sich. Viele Kinder gingen aus dieser Erziehung aggressiver und mit mehr Problemen behaftet hervor als Kinder, die mit beträchtlichen Frustrationserlebnissen aufwachsen mußten.

Diese frustrationslose Erziehung hatte dem Kind ein unrealistisches Gefühl der persönlichen Allmacht verliehen. Es bekam immer alles, was es wollte, und hatte dabei obendrein das Gefühl, es auch zu verdienen. Heute stimmen fast alle Psychologen darin überein, daß ein Kind Frustration erfahren und damit umzugehen lernen muß, um die Fähigkeit zu entwickeln, sich in der Wirklichkeit zu behaupten und seine eigenen Grenzen zu erkennen und zu akzeptieren. Kinder, denen durch Nachgiebigkeit Frustrationen erspart bleiben, können auch keine Toleranz für sie entwickeln. Als junge Erwachsene fällt es ihnen besonders schwer, bei schwierigen Aufgaben durchzuhalten und weitgesteckte Ziele zu erreichen. Sie haben nie gelernt, sich aggressiv und selbstbewußt durchzusetzen, da sie es als Kinder nicht nötig hatten. Sie wurden zu der Erwartungshaltung ermutigt, daß ihnen doch alles von selbst zufallen werde. Die Opfer dieses Erziehungsstils finden wir unter den vielen intelligenten, ziellosen jungen Leuten, die ständig ihren Arbeitsplatz und Wohnort wechseln und nicht fähig sind, zu einer integrierten Lebensform zu finden.

Am Widerstand und an der Opposition der Eltern lernen Kinder, das Leben zu meistern und ihre aggressiven Energien konstruktiv anzuwenden. Die Frustration-Aggression-Theorie wurde zum Teil deshalb so beliebt, weil sie der Vorstellung vom aggressionsfreien Menschen Nahrung bot. Eltern, die Angst davor haben, aggressiv zu sein oder ihre Kinder zu frustrieren, schaden ihnen ungewollt, da sie ihnen Situationen und Personen vorenthalten, gegen die sie ihre Widerstandskraft beweisen könnten. Das Kind erhält keine Gelegenheit, sich zu unabhängiger Selbstbehauptung zu entwickeln. Wenn die kindliche Aggression nie auf Widerstand trifft, kann sie sich schließlich gegen die eigene Person richten, zum Beispiel durch die selbstzerstörerische Betäubung durch Rauschgift, durch eine Tendenz zu Depressionen und Passivität und sogar Selbstmord. Die Eltern, die ihrem Kind aus falschem Erziehungsverständnis keinen Widerstand entgegensetzen, zerstören damit unbewußt seine Fähigkeit, in dieser Welt zu bestehen.

Erziehung zu »Tauben« und »Falken«

Die Women's-Liberation-Bewegung hat uns die Fragwürdigkeit der Annahme, der Mann sei »von Natur« aggressiver als die Frau, deutlich vor Augen geführt. Sie haben darauf aufmerksam gemacht, daß ein Großteil dieses Unterschiedes auf den gesellschaftlichen Erziehungsprozeß zurückgeführt werden muß, in dem auf aggressives Verhalten bei Mädchen negative Sanktionen erfolgen, ihre Passivität hingegen positiv verstärkt wird, während es bei Jungen genau umgekehrt vor sich geht.

Zwei Soziologen von Yale, Louis Wolf Goodman und Janet Lever, haben diese unterschiedliche Einstellung zu Jungen und Mädchen kürzlich in einer Untersuchung dargestellt und dabei beschrieben, wie sie sich deutlich in der Auswahl des Spielzeugs zu Weihnachten ausdrückt. In dreißig Stunden der Beobachtung in der Spielwarenabteilung eines Kaufhauses wurde kein einziger Kauf eines technischen Spielzeugs für ein Mädchen festgestellt. Für Jungen wurden hauptsächlich Spielsachen für aktive Gemeinschaftsspiele gekauft. Außerdem waren sie verschiedenartiger und teurer als die Spielsachen für Mädchen. »Weibliches« Spielzeug ist für passive, einfache Spiele gedacht, die allein gespielt werden können.

Bei den Kinderkostümen sah man für Jungen aggressive Rollen mit hohem Prestigewert wie Rennfahrer, Superman, Indianerhäuptlinge, Astronauten und Polizisten. Die Mädchen mußten dagegen mit wesentlich weniger imponierenden und weniger aggressiven Rollen vorliebnehmen; für sie gab es die Auswahl zwischen Märchenprinzessinnen, Ballerinen, Krankenschwestern und Bräuten. Auf den Katalogbildern, wo die Spiele und Spielsachen in Aktion demonstriert wurden, sah man den Vater oft in der Rolle des »Anleitenden« oder »Spielkameraden« des Kindes. Die Mutter erschien als »Zuschauer«, und mindestens zweimal wurde sie sogar im Hintergrund beim Saubermachen gezeigt.

Mädchen bekommen normalerweise keine Spielsachen für aggressive Spiele, wie zum Beispiel Gewehre. Ein großer Prozentsatz der Mädchenspielsachen besteht aus Modepuppen, die die kleinen Mädchen offenbar dazu anregen sollen, sich selbst in die Rolle eines Mannequins, Sexobjekts oder einer Hausfrau einzuleben. Eine Puppe, genannt »das fleißige Lieschen«, war das Abbild einer Frau mit einem Mop in der einen und einem Bügeleisen in der anderen Hand; einen Staubwedel gab es noch als Wahlausrüstung.

Ein seelisch besonders destruktiver Aspekt dieser einseitigen Ausrichtung der weiblichen Rolle in der Gesellschaft ist darin zu sehen, daß viele erwachsene Frauen unfähig sind, innerhalb ihrer Liebesbeziehungen einen konstruktiven, kommunikativ aggressiven Meinungsaustausch zu ertragen. Sie fühlen sich durch jede aggressive Auseinandersetzung bedroht, brechen sofort in Tränen aus, verlieren entweder die Beherrschung oder ziehen sich zurück. Ihre eigene Aggression zeigt sich nur indirekt durch die Anwendung der sogenannten »weiblichen Tricks«. Sie fordern psychologisch und physiologisch ihren Tribut durch die bedeutend größere weibliche Empfindlichkeit gegen ungünstige Einflüsse, die sich in Migräne, Neurasthenie und masochistischen Handlungen äußert.

Zumindest eine Wurzel haben alle diese Übel gemeinsam: unterdrückte Aggression.

Es ist dabei besonders bemerkenswert, daß es sich bei 3,7% aller registrierten Morde um Kindes- und Säuglingsmorde handelt, bei denen in fast 100% der Fälle diese Morde von Müttern begangen werden. Die Autoren sind der Ansicht, daß diese Tatbestände den Schluß nahelegen, daß eine Frau, die ihren Zorn und ihre Frustration nicht gegen ihren Mann abreagieren kann, sondern sich seinen Wünschen fügen muß, obgleich sie unbewußt seine Macht über sich haßt, ihre mörderische Wut an ihrem Kind ausläßt.

Da Mütter normalerweise bei ihren Söhnen die stärkere Aggressivität fürchten, neigen sie dazu, bei ihnen besonders auf Zeichen von Aggressivität zu achten und diese bei ihrem Auftauchen sofort zu unterdrücken. Diese Tatsache könnte sehr wohl eine Erklärung dafür sein, daß vorwiegend bei Jungen ernste psychologische Störungen wie Autismus, Leseschwierigkeiten und Stottern festgestellt werden. Die zurückgedrängten aggressiven Gefühle des Jungen kommen nun auf passive, indirekte Weise zum Ausdruck, nämlich in seinem Widerstand gegen das Lernen und gegen die Gemeinschaft. Ebenso verhängnisvoll für die emotionale Entwicklung des männlichen Kindes ist die Neigung der Mutter, die Bestrafung des Jungen dem Vater zu überlassen, der dadurch in die Rolle des »Bösewichts« gedrängt wird. Die Mutter kann sich dann voll Mitgefühl dem gekränkten und niedergeschlagenen Jungen zuwenden. Dieses Verhalten bewirkt einen größeren inneren Abstand zwischen Sohn und Vater als zwischen ihm und der Mutter und erschwert ihm die Identifizierung mit dem Vater, da er diesen bedeutend mehr fürchtet als die Mutter.

Die Women's-Liberation-Bewegung hat gewiß wesentlich dazu beigetragen, daß sich das aggressive Verhalten der Frau grundlegend ändern und in zunehmendem Maße zu direkteren Äußerungen gelangen wird. In dieser Entwicklung sehen die Autoren die Möglichkeit einer äußerst günstigen Auswirkung auch auf die Befreiung des Mannes. Er wird in Zukunft der Frau gegenüber nicht mehr die schuldbewußte, nachsichtige Beschützerrolle spielen müssen. Er braucht sich dann nicht mehr als Elefant im Porzellanladen zu fühlen, als das Ungeheuer, das die zarte weibliche Blume ohne Gefühl zerdrückt. Außerdem kann er dann endlich auf den Anspruch verzichten, der tüchtige Versorger zu sein, der kühne Jäger, Krieger und unfehlbare Ernährer – ein Anspruch, den er bislang vor aller Welt an sich zu stellen die Verpflichtung fühlte.

Aggression und Protest

Eine konstruktive, entwicklungsfördernde Nutzung von Aggression besteht in der Loslösung des jungen Menschen aus seiner körperlichen, gefühlsmäßigen und geistigen Abhängigkeit von den Eltern und anderen Bezugspersonen. Unter unseren neurotischen Patienten befinden sich viele Erwachsene, die es noch immer nicht geschafft haben, die Nabelschnur zu durchschneiden, obgleich dieser Prozeß längst abgeschlossen sein sollte. Viele unserer jüngeren Patienten (zwischen 21 und 30) mußten buchstäblich von zu Hause weglaufen, um sich aus einer allzu beschützenden, allzu vorsorglichen und damit abhängigkeitsverstärkenden Umgebung zu befreien.

In Kalifornien wimmelt es geradezu von »psychologischen Flüchtlingen«, die ihren Eltern im Osten des Landes davongelaufen sind, weil sie anders keine Möglichkeit sahen, ihre Abhängigkeit abzuschütteln. Diese Eltern hatten ihre Kinder in der Furcht vor der kalten, grausamen Welt erzogen, um sie auf diese Weise an das schützende Elternhaus zu binden. Aggression und Protest bedeuten für die Jugend einen Schutz gegen entwicklungshemmende Einflüsse im elterlichen und schulischen Bereich. Um den abhängigkeitsverstärkenden, verunsichernden und angstauslösenden Einwirkungen standzuhalten, bedarf es einer aggressiven Widerstandskraft. Auch von den unvernünftigen, rigiden Rollenvorstellungen älterer Familienmitglieder kann sich ein junger Mensch nur unter Aufbietung seiner ganzen aggressiven Energie innerlich freimachen. Je früher Kinder lernen, die Möglichkeiten der Aggression konstruktiv zu nutzen, um so größere Chancen haben sie, ihr menschliches Potential voll zu entwicklen.

Aggression und Liebe

Jeder, der Katzen oder Hunde im Hause hat, weiß, daß die Tiere, die gerade in einen anscheinend wütenden Kampf verwickelt sind, im nächsten Moment friedlich miteinander spielen können oder Seite an Seite ein Schläfchen halten. Wir sind der Meinung, daß auch Kinder fähig sind, auf diese Art Aggression und Liebe in ihren Beziehungen zu verbinden.

Dr. Bach beobachtete kürzlich zwei Jungen im Kindergartenalter, die verbissen um ein Feuerwehrauto kämpften, obgleich noch mehrere von der Art herumlagen. Noch bevor die Kindergärtnerin vermittelnd eingreifen konnte, waren die beiden schon wieder Arm in Arm in innigster Freundschaft verbunden.

3. Die »fürsorglichen« »Verrücktmacher«

Es gibt eine ganz besondere und äußerst hinterhältige Form der indirekten Aggression, die dazu angetan ist, das emotionale Gleichgewicht eines Menschen langsam aber sicher zu zerstören; wir sprechen bei dieser Verhaltensweise vom »Verrücktmachen«. Man kann sich kaum eine nervenaufreibendere und erschöpfendere Erfahrung vorstellen als die, an einen »Verrücktmacher« gebunden und von ihm gefühlsmäßig abhängig zu sein! Wenn man für die psychische Situation eines solchen Menschen einen Vergleich aus dem physischen Bereich wählen wollte, müßte man etwa an einen Pingpong-Ball in seiner von ihm selbst unkontrollierbaren, unaufhörlichen Hin- und Herbewegung denken. Als Gefühlserlebnis ist es ein Abwechseln zwischen der Sicherheit, geliebt zu werden, und der Angst, diese Liebe zu verlieren oder sie plötzlich in Haß umschlagen zu sehen.

Die folgenden Merkmale bilden die grundlegenden und notwendigen Voraussetzungen für eine Beziehung auf »Verrücktmacher«-Basis:

1. Gefühlsmäßige Abhängigkeit und daraus entspringende Verletzlichkeit bei einem der beteiligten Partner.
2. Unausgeglichenes Machtverhältnis.
3. Unbewußte und daher kaum zum Ausdruck kommende, aber tiefverwurzelte Empfindungen von Zorn und Widerwillen beim »Verrücktmacher«. Der indirekte Einfluß dieser verdrängten Gefühle auf die Beziehung ist jedoch so eindringlich, daß er alle Interaktionen durch unerklärliche, zerstörerische und realitätsentstellende Eindrücke ständig vergiftet.
4. Eine konventionelle Beziehung, die solches »Verrücktmacher«-Verhalten hinter der Maske der besten Absichten, Hilfsbereitschaft, Fürsorge und Liebe verbirgt.

»Verrücktmacher«-Verhalten gibt es zwischen Eltern und Kind, Mann und Frau, Chef und Angestelltem und zwischen Freunden. Am verhängnisvollsten wirkt sich eine solche Beziehung natürlich in der Eltern-Kind-Beziehung aus, denn hier finden wir die intensivste Abhängigkeit und damit stärkste Verletzlichkeit, die deutlichste Unausgeglichenheit des Machtverhältnisses, und außerdem ist das Kind an diese Beziehung gefesselt und kann ihr nicht entkommen. Bei »Verrücktmacher«-Interaktionen im Berufsleben übernimmt der Vorgesetzte aufgrund seiner überlegenen Position in den Augen des Angestellten die Rolle des Vaters, und der Angestellte reagiert entsprechend kindlich, abhängig und äußerst empfindlich. In der Eltern-Kind-Beziehung resultieren die »Verrücktmacher«-Interaktionen aus dem unbewußt empfundenen und daher auch nicht eingestandenen Haß und Widerwillen der Eltern gegen ihre Elternschaft und die damit verbundene Verantwortung. Natürlich werden diese negativen Gefühle aus dem Bewußtsein verbannt, da sie allem widersprechen, was nach anerzogener Vorstellung das Wesen von »guten« und »liebevollen« Eltern ausmacht.

In einer Zeitschrift für kindliche Entwicklung konnte man kürzlich folgende Episode lesen: Ein fünfjähriges Kind kam völlig zerkratzt nach Hause und erklärte ganz sachlich, diese Kratzwunden hätte ihm sein »bester Freund« zugefügt. Für das Kind existierte kein Widerspruch zwischen den Kratzwunden und seiner »besten Freundschaft«.

Manchmal kommen sich Eltern recht töricht vor, wenn sie ein Kind für seine Ungezogenheit gegen ein anderes bestrafen wollen und sich das mißhandelte Kind plötzlich zum Verteidiger des Missetäters aufwirft. Als eigentlicher Bösewicht erscheint dann der strafende Elternteil. Im aggressionsscheuen Bewußtsein der meisten Erwachsenen ist es ein Ding der Unmöglichkeit, daß zwei Kinder sich mögen und gleichzeitig leidenschaftlich miteinander kämpfen. In der Phantasie der Erwachsenen bringen die Kinder einander um, wenn man nicht dazwischentritt.

Es kann nicht oft genug betont werden, daß in einer zwischenmenschlichen Beziehung das Gefühl der Liebe nicht unbedingt aggressive Gefühle ausschließen muß. Daher darf man nicht in den weitverbreiteten Fehler verfallen und Kinder lehren, ihre Gefühle aufzuteilen, so daß alle aggressiven Gefühle auf Feinde und

Außenseiter gerichtet werden und alle Liebesgefühle für die Familie und Freunde reserviert bleiben. Um dem Kind eine psychisch und physisch gesunde Entwicklung zu ermöglichen, muß ihm erlaubt sein, beiderlei Gefühle innerhalb der intimen Familienbeziehung auszuleben.

Die Mutter als »Verrücktmacher«

In den »Verrücktmacher«-Beziehungen mit der Mutter ist sie diejenige, die unter dem Druck, in ständiger liebevoller Fürsorge alle Bedürfnisse des völlig von ihr abhängigen Kindes zu befriedigen, frustriert wird und inneren Widerwillen entwickelt. Sie hat selbst noch eine Menge unbefriedigter, kindlicher Bedürfnisse und daher die unbewußte Empfindung, zu kurz gekommen zu sein, was unklare Wut- und Frustrationsgefühle in ihr auslöst. Diese Gefühle werden jedoch verdrängt, da sie nicht zu dem Mutterbild passen, das ihr von Kindheit an vermittelt wurde, und deshalb zu Gewissenskonflikten und Schuldgefühlen führen müßten. Nur »böse«, »destruktive« Mütter können so fühlen. Die Folge ist, daß sich diese tiefverwurzelte Frustration, dieser Konflikt nie lösen kann und daher ständig die Beziehung zum Kind vergiftet. Die Mutter fühlt sich fortwährend hin und her gerissen zwischen schuldbewußter »Zuneigung« und »Sorge« und plötzlichen unberechenbaren Anfällen von Feindseligkeit, Wut, krankhafter Zerstreutheit, Depressionen und intensiver Angst, die durch irgendein wie auch immer geartetes Verhalten des Kindes ausgelöst werden können.
Die Mutter verbirgt alle ihre Reaktionen hinter dem Mantel ihrer gut-mütterlichen Absichten. Sie glaubt bei allem, was sie tut, daß es aus Liebe und zum Besten ihres Kindes geschieht. Statt dessen schaden ihre plötzlichen unberechenbaren Reaktionen dem Kind, indem sie bei ihm zunehmende Verwirrung und Unsicherheit bewirken. Das Kind weiß nie, welches Verhalten bei der Mutter eine unfreundliche und welches eine herzliche Reaktion hervorruft. Es verliert sein emotionales Gleichgewicht und flüchtet aus gefühlsmäßigem Selbstschutz allmählich aus der Einflußsphäre seiner launischen Mutter, indem es sich innerlich aus der engen Bindung an sie zurückzieht.

Der Vater als »Verrücktmacher«

Genau wie die Mutter versucht auch der verrücktmachende Vater, gewissenhaft alle an ihn in seiner Rolle als Vater gestellten Erwartungen zu erfüllen. Aber auch sein Verhalten befindet sich in ständigem Konflikt mit seinen eigenen verborgenen Bedürfnissen, seinem eigenen Wunsch nach Abhängigkeit, nach liebevoller Zuwendung und Anerkennung. Bei seinem Wunsch nach einem Kind spielte die Erwartung der Gesellschaft eine große Rolle sowie die Wünsche seiner Eltern und seiner Frau. Er wollte auf diese Weise Liebe, Anerkennung, Lob und die Bestätigung seiner Männlichkeit erringen. Aber nun, da er tatsächlich Vater ist, fühlt er sich frustriert, da das Baby alle Aufmerksamkeit bekommt und er selbst weitgehend ignoriert wird. Und nicht genug, daß das Baby alle Aufmerksamkeit und Liebe seiner Frau für sich beansprucht, hindert es ihn auch daran, seinen eigenen Vergnügungen nachzugehen. Er kann sich nicht mehr nach Herzenslust den attraktiven Frauen, die ihm täglich begegnen, zuwenden, mit seinen Freunden ausgehen, Sport treiben oder sonstigen Interessen nachgehen. Wenn er es trotzdem versucht, nagt das schlechte Gewissen an ihm und erinnert ihn daran, daß er als Vater und Ehemann Pflichten gegenüber seiner Frau und seinem Kind hat. Also zwingt er sich zu dem Verhalten, das von einem Ehemann und Vater erwartet wird. Er benimmt sich aufmerksam, fürsorglich und liebevoll. Jeden Abend sitzt er zu Hause, wechselt auch wohl die Windeln, ermutigt die Mutter und fühlt sich bei alledem zunehmend vernachlässigt. Seine versteckte Abwehr kommt immer wieder einmal zum Vorschein und beeinträchtigt das harmonische Familienleben. Sein Verhalten wird unbeständig. An einem Tag sucht er die Nähe von Frau und Kind in einem geradezu sentimentalen Liebesbedürfnis, worauf er sie dann tagelang ohne jede Erklärung gar nicht beachtet oder sogar in explosive Wutausbrüche und wilde Vorwürfe verfällt. Dann ist er zum Beispiel nicht zu bewegen, von der Zeitung hochzublicken oder sich einmal vom Fernsehapparat zu lösen. Oder er gerät in finsteres Grübeln oder verliert die Fassung über Kleinigkeiten wie ein schmutziges Waschbecken, einen fehlenden Strumpf oder ein etwas verspätetes Mittagessen.

Der Vorgesetzte als »Verrücktmacher«

Das verrücktmachende Verhalten des Vorgesetzten im Berufsleben nimmt eine etwas andere Form an. Nach außen hin genießt er das gesellschaftliche Ansehen, das seine Position mit sich bringt. In seinem Unterbewußtsein wehrt sich dieser Mann aber gegen den Druck der Verantwortung, der auf ihn ausgeübt wird. Oder er spielt die Rolle des »leutseligen« Chefs und verbirgt dahinter sein starkes Machtbedürfnis und seine autoritäre Natur. Als Folge leben seine Angestellten in einem Alptraum seiner unberechenbaren Sinnesänderungen, da er an einem Tag lächelt und sich am nächsten völlig unzugänglich zeigt, einmal gibt er sich kameradschaftlich, und dann wieder stellt er unzumutbare und unerfüllbare Forderungen. Er verunsichert seine Angestellten mit dieser inkonsequenten Haltung, so daß sie nie wissen, was er von ihnen erwartet, oder er behandelt sie wie dumme, hilflose Kinder.
Alle diese »Verrücktmacher«, zu Hause oder im Beruf, fühlen sich in ihrem Verhalten von den besten Motiven geleitet. Ihre unterdrückte Aggression kommt dabei jedoch in mehreren, verschiedenartigen Formen zum Ausdruck:

1. Ihre Reaktionen sind gekennzeichnet durch große Unbeständigkeit und Unberechenbarkeit. Bei ihnen kann in kürzester Zeit und aus den scheinbar belanglosesten Anlässen ein freundliches, teilnehmendes, liebevolles Verhalten in kritische, abweisende, strafende und sogar beleidigende Ausfälle umschlagen.
   Bei den verrücktmachenden Eltern wirkt sich das so aus, daß sie das Kind an einem Tag mit Zuneigung, Geschenken und Aufmerksamkeiten überhäufen und am nächsten Tag seine liebevollen Annäherungsversuche unfreundlich zurückweisen. Der verrücktmachende Vorgesetzte ermuntert seine Angestellten an einem Tag durch sein Verhalten zu größerer Offenheit, Zutraulichkeit und Nachlässigkeit und gerät am nächsten Tag in Wut darüber, daß nicht genug gearbeitet würde.
2. Der »Verrücktmacher« stellt gerne so unrealistische Forderungen, daß das Opfer unweigerlich zu der Überzeugung kommt, es sei unfähig und niemals in der Lage, irgend etwas richtig zu machen. Die Leistung des Kindes wird mit der besseren anderer Kinder verglichen; dem Angestellten wird das Gefühl der

Unfähigkeit vermittelt, da er nicht einmal diese »einfache« Aufgabe zu lösen vermöchte.

3. Der »Verrücktmacher« nimmt oft eine besorgte, besonders beschützende Haltung an und behandelt aus lauter Liebe und Fürsorge sein Opfer wie ein Kind, das unfähig ist, selbständig zu handeln. Damit hemmt er seine Entwicklung zu einem unabhängigen Menschen.

Das Verhalten der »Verrücktmacher« ist ein Ausdruck der emotionalen Selbstverteidigung, das ursprünglich von Freud als Reaktionsbildung bezeichnet wurde. In diesem Prozeß der Reaktionsbildung werden Aggressionsgefühle, die bewußt als unerträglich empfunden würden, in ihr Gegenteil verwandelt. So wird Zorn zum Beispiel zu Sanftmut, und ein Todeswunsch äußert sich als besondere Besorgtheit um die Gesundheit und Sicherheit des Menschen, auf den er sich bezieht. Durch diesen Selbstverteidigungsmechanismus kann sich der »Verrücktmacher« die Illusion bewahren, ein wohlmeinender, liebevoller Mensch zu sein.

Diese verrücktmachende Verteidigungshaltung veranlaßt Eltern zu ihrer destruktiven übermäßigen Besorgtheit um das Wohlergehen ihres Kindes. Sie bemühen sich so sehr darum, es zu beschützen und alles für es zu tun, daß es dem Kind unmöglich wird, sich zu entfalten. Sie machen sich pausenlos Gedanken über alle möglichen Gefahren wie Kindesentführung, Autounfälle, schlechtes Wetter, Sittlichkeitsverbrechen, schlechte Einflüsse und über die richtige oder falsche Ernährung. Das Kind lebt unter dem Eindruck, von einer angst- und schreckenerregenden Welt umgeben zu sein, in der überall Gefahren auf es lauern. So zerstören die Eltern ihr Kind im Glauben, das Beste für es zu tun.

Eine dieser Mütter, deren dreiundzwanzigjähriger Sohn sich im Krankenhaus aufhielt und wegen Schizophrenie behandelt wurde, besuchte ihren Sohn nie, ohne ihm so viel zu essen, warme Kleidung und Medikamente mitzubringen, daß er die ganze Station davon hätte versorgen können. Sie fragte ihn jedesmal eindringlich, ob er sich auch genügend ausruhe; sie ermahnte ihn, im Regen die Gummistiefel anzuziehen und nicht zu vergessen, regelmäßig seine Vitamintabletten einzunehmen. Sie sprach mit ihm wie mit einem unreifen neunjährigen Kind.

Der verrücktmachende Vorgesetzte verhält sich entsprechend, da er sich davor fürchtet, Verantwortung und Autorität abzugeben.

Unter dem Vorwand der Hilfsbereitschaft hindert er seine Untergebenen daran weiterzukommen, macht sie zunehmend abhängig, passiv und lähmt jegliche Eigeninitiative.

Ein Beispiel für einen solchen verrücktmachenden Vorgesetzten wäre der Direktor eines Stellenvermittlungsbüros, der sich jeden Morgen bei jedem Angestellten nach seinem Befinden erkundigte und dabei gelegentlich eine Bemerkung über das schlechte Aussehen bei diesem oder jenem fallen ließ. Hiermit entmutigte er indirekt jede Produktivität, die über das absolute Minimum hinausging, und profitierte selbst insofern davon, als ihm daraus ein anhaltendes Gefühl der Sicherheit erwuchs, da er auf diese Weise keine Konkurrenz von anderen, ihm vielleicht überlegenen Angestellten zu fürchten hatte.

Das »Verrücktmachen« unter Erwachsenen sieht gewöhnlich ganz anders aus als das zwischen Eltern und Kind. Allerdings haben wir auch hier die Einflußnahme und den Sadismus (wenngleich nicht bewußt so beabsichtigt), und auch hier ist das destruktive Verhalten gesellschaftlich sanktioniert. Im beruflichen Bereich stellt der verrücktmachende Vorgesetzte unklare und unrealistische Forderungen und beschwert sich hinterher darüber, daß seine Anordnungen mißverstanden worden seien. Ein anderes Beispiel zeigt einen Fotografen, der sich mit seinem Fotomodell über einen Auftrag unterhält, den er mit ihm ausführen will, und dem er telefonisch die Anweisung gibt, »irgend etwas Dummes« anzuziehen. Auf die Frage des Mädchens, was er unter etwas Dummem verstünde, meinte er nur ungeduldig: »Nun ja, halt etwas Dummes, Sie wissen schon.« Sie nahm nun an, er meinte eine etwas alberne Freizeitkleidung und erschien entsprechend gekleidet am nächsten Tag bei ihm zu den Aufnahmen. Als er sah, was sie anhatte, bekam er einen Wutanfall, und es stellte sich schließlich heraus, daß er mit »einem dummen Aufzug« ein einfaches, unauffälliges Kleid gemeint hatte.

Auch gibt es Vorgesetzte, die ihre Angestellten zu unabhängigen Entscheidungen ermutigen, sie dann aber gleich nach einer solchen Entscheidung zur Rechenschaft ziehen für ihr »impulsives« oder »dummes« Verhalten, wodurch sie eine falsche Entscheidung getroffen hätten oder jedenfalls eine, die dem Vorgesetzten nicht recht wäre. Bei anderer Gelegenheit, wenn er sich gerade in großmütiger Stimmung befindet, gebärdet er sich als »der nette Kerl«

und läßt eine Atmosphäre der Nachlässigkeit, der Entspanntheit und Unbekümmertheit entstehen, nur um sich nach ein paar Tagen wütend über den Mangel an Respekt und Disziplin zu beklagen, was darauf zurückzuführen sei, daß seine Gutmütigkeit ausgenutzt werde. Wie er sich auch stellen mag, der Angestellte ist hierbei in jedem Fall der Verlierer. Wenn er tut, was der Vorgesetzte von ihm verlangt, muß er mit Vorwürfen rechnen; tut er es nicht, ist er in der gleichen Lage.

»Verrücktmacher«-Beziehungen sind deshalb als solche so schwer zu erkennen, weil sie nach außen hin als völlig vertretbares Verhalten erscheinen. Die »Verrücktmacher« geben sich den Anschein von besorgten, verantwortungsbewußten, hingebungsvollen und gerechten Menschen. Auch von Nachbarn, Bekannten und Freunden würden sie sicher als gewissenhafte und gute Menschen bezeichnet. Und dies ist das besonders Tückische am »Verrücktmacher«-Verhalten. Hier wird tödliche Aggression mit wohlmeinendem, gesellschaftlich respektablem Verhalten bemäntelt und kann deshalb nur äußerst schwer entlarvt werden, wodurch eine Abwehr dagegen so gut wie unmöglich ist. Die Zerstörung wird durch subtile Bindungen und Manipulationen bewirkt und geschieht im Namen der Sorge, Zuneigung und der guten Absichten.

Eine Änderung in einer »Verrücktmacher«-Beziehung herbeizuführen, ist hauptsächlich auch deshalb so schwierig, weil die Opfer gewöhnlich ihre Peiniger unterstützen. Ein Mensch kann sich selbst verrückt machen, z.B. durch exzessive Isolation. Niemand kann jedoch einen anderen verrückt machen ohne die völlige Bereitschaft des Opfers, wenngleich diese Bereitschaft weitgehend unbewußt ist. Obgleich die Wirkung für das Opfer verhängnisvoll ist – es führt zu extremer Geistesabwesenheit, Unausgeglichenheit, Abhängigkeit, chronischen Angstzuständen und sogar Nervenzusammenbrüchen – klammert sich das Opfer an die »Verrrücktmacher«-Beziehung, die ihm für seine Minderwertigkeitskomplexe als die einzige Zuflucht erscheint, da er selbst an eine Beziehung keine Ansprüche zu stellen wagt und den als Liebe getarnten Haß verdient zu haben vermeint. Man könnte viele Beispiele dafür aufzeigen, wie sich junge Menschen in Nervenheilanstalten zu leidenschaftlichen Verteidigern ihrer »liebevollen« und »guten« Eltern aufwerfen und sie von aller Schuld an ihrem psychischen

Leiden freisprechen. Auch Personen, die im Beruf einem verrücktmachenden Vorgesetzten ausgeliefert sind, versuchen häufg, sich selbst einzureden, er sei in Wirklichkeit ein wohlwollender, gerechter Chef trotz einiger »kleiner Schwächen«. Allen diesen Opfern ist die Furcht vor der machtvollen Grausamkeit der bösen Welt gemeinsam, und so scheint ihnen ihre »Verrücktmacher«-Beziehung trotz ihrer destruktiven Auswirkungen sicherer und schützender als die »wirkliche« Welt da draußen. Man kann hier auf das Verhalten von gerade entlassenen Strafgefangenen hinweisen, die sofort wieder irgendein Verbrechen begehen, das sie ins Gefängnis zurückbringt, wo sie sich relativ sicher, versorgt und auf gewisse Weise auch anerkannt gefühlt hatten; oder darauf, wie Patienten in Nervenheilanstalten, die als gesund entlassen werden sollen, um so stärker in ihr gestörtes Verhalten zurückfallen, je näher ihr Entlassungstermin herannaht.

Eine längerdauernde Beziehung zu einem »Verrücktmacher« erschöpft einen Menschen sowohl psychisch wie auch physisch. Im Gegensatz zu einer gesund aggressiven Bindung, in der sich immer wieder alle Kräfte regenerieren, führt die »Verrücktmacher«-Beziehung zur totalen Verunsicherung durch chronische Stimmungsschwankungen, Unberechenbarkeit, manipulatives Verhalten und widersprüchliche Aussagen. Manchmal kann sich ein Opfer aus einer solchen Verbindung nur durch einen völligen Nervenzusammenbruch, eine ernste physische Krankheit oder durch einen Gewaltakt befreien. Man fühlt die entnervenden Auswirkungen schon in einer kurzfristigen Verbindung mit einem »Verrückmacher«, was sich darin äußert, daß man manchmal am liebsten weglaufen möchte, öfter als gewöhnlich zur Zigarette oder zum Alkohol greift, zu Erschöpfung und Müdigkeit neigt und an Kopfschmerzen zu leiden beginnt. Diese Reaktionen können die ersten Anzeichen dafür sein, daß ein »Verrücktmacher« seinen unseligen, zerstörenden Einfluß auszuüben begonnen hat.

Die häufigste Form einer »Verrücktmacher«-Beziehung ist die Ehe, und zwar um so ausgeprägter je unterschiedlicher die Abhängigkeit der Partner voneinander ist, wodurch die Verletzlichkeit, die Angst vor Zurückweisung oder Verlassenwerden einseitig überwiegt. Wenn eine Ehefrau ihren Mann anschreit und ihm vorhält, sie wüßte genau, was er in Wirklichkeit dächte, wenn sie ihn pausenlos auffordert: »Sag doch etwas! Antworte mir endlich!« mitten in einem Wutanfall voll zorniger Anklagen, so daß er gar keine Gelegenheit findet, ein Wort zu sagen, so gebärdet sie sich in dieser Situation als »Verrücktmacher«. Der Mann seinerseits tut das gleiche, wenn er von seiner Frau erwartet, daß sie aus einer »Eingebung« heraus wissen müßte, was sie für ihn hätte erledigen sollen, und zwar wann und wie, ohne daß er seine Wünsche und Erwartungen je präzisiert hätte, und der dann eine vorwurfsvolle Haltung einnimmt, wenn nicht geschehen ist, was er gewünscht hatte. Der verrücktmachende Partner zeigt heute seine Liebe und Teilnahme und zieht sich morgen kühl zurück, wenn der andere durch die herzliche Zuwendung ermutigt seine Nähe und Wärme sucht.

Das soziale Image

Der »Verrücktmacher« kann etwa auf einer tieferen Bewußtseinsebene starke tyrannische Neigungen haben oder aber eine ausgeprägte Abneigung gegen alle Verantwortung und lieber versorgt werden wollen als selbst für andere sorgen zu müssen. »Verrücktmacher« fühlen sich durch die Ehe eingeschränkt, und eine Partnerschaft auf gleichberechtigter Basis widersteht ihnen. Nur um den Schein zu wahren, finden sie sich mit der Situation ab und spielen die Rolle der liebevollen Ehefrau oder des sorgenden Ehemannes. Dabei können sie allerdings nicht vermeiden, daß der unterdrückte, tiefwurzelnde Ärger über ihre Lage immer wieder zum Vorschein kommt, wodurch die Beziehung vergiftet und der Partner verunsichert wird.

Das kulturelle Tabu sowohl gegen offen gezeigte und realisierte Machtwünsche als auch gegen den zugegebenen Wunsch nach Abhängigkeit ist ein weiterer wesentlicher Aspekt und indirekter Anlaß für solche »Verrücktmacher«-Beziehungen. Wir werden in der Vorstellung erzogen, daß Machtstreben ebenso verwerflich ist wie Passivität und Abhängigkeit beschämend. Viele Eltern versuchen heutzutage aus diesem Gefühl heraus, ihre Machtposition den Kindern gegenüber dadurch auszugleichen, daß sie sie wie Erwachsene oder Gleichgestellte behandeln. Ein weiteres Beispiel sehen wir in dem ehrgeizigen Politiker, der seinen Machthunger hinter Äußerungen über seine Bemühungen um soziale Wohlfahrt verbirgt.

Ebenso bemühen sich die Menschen, ihre Sehnsucht nach Geborgenheit und Abhängigkeit zu verbergen, da solche Gefühle als verächtlich gelten. Daher ist es vielen Männern unbehaglich, ja geradezu peinlich, wenn sie sich umsorgt und bemuttert fühlen, und viele Frauen fühlen sich verpflichtet, ständig ihre Unabhängigkeit unter Beweis zu stellen.
Durch diese weithin geltenden Tabus auf den Gebieten der Macht und der Abhängigkeit werden »Verrücktmacher«-Beziehungen bewirkt. Die machthungrige Person gebärdet sich als »Verrücktmacher«, indem sie einmal allgemeine Gleichberechtigung proklamiert und persönliche Bescheidenheit zur Schau trägt und bei anderer Gelegenheit ihre höhere Stellung herauskehrt und sich völlig unzugänglich verhält. Entsprechend protestiert die abhängige Person entschieden gegen alle Fürsorge und ist dann frustriert und vorwurfsvoll, wenn sie sich nicht genügend umsorgt fühlt. Die Kommunikation besteht in beiden Fällen aus einem unentwirrbaren Durcheinander von Liebe, Haß und Wut.

4. Heimliche Aggressoren zu Hause und am Arbeitsplatz

Es gehört zum Wesen der versteckten Aggression, daß sie schließlich jede zwischenmenschliche Beziehung in Unsicherheit und Unaufrichtigkeit versanden läßt, obgleich es nie zu einer offenen aggressiven Konfrontation kommt. Eine solche Beziehung lebendig zu erhalten, die um so stärker zur Stagnation und endlich zum Auseinanderbrechen neigt, je länger sie andauert, je mehr sich also die Fälle der Aggressionsverdrängung häufen, wird in zunehmendem Maße erschwert. Die einst beglückenden Seiten der Verbindung verlieren jeglichen Reiz und von aller ursprünglich vorhanden gewesenen Spontaneität, Freude und Unbekümmertheit ist keine Spur mehr zu finden. Die folgenden kurzen Anekdoten sollen einige Auswirkungen von versteckter Aggression illustrieren. In jedem dieser Fälle handelt es sich um einen Schaden, den eine Person einer anderen indirekt zugefügt hat, wobei die Motive nach außen hin liebevoll und freundschaftlich erscheinen. Da sich beide Partner der versteckten Aggression nicht bewußt waren, hatten sie die Situation nicht in der Hand und waren ihr somit hilflos ausgeliefert. Erst in der unheilvollen Wirkung der vorgeblich so gut gemeinten Worte oder Handlungen machte sich die heimliche Feindseligkeit bemerkbar.

1. Rudi Shapiro war von seinem Arzt ermahnt worden, unbedingt dreißig Pfund abzunehmen, da er sonst ständig mit einem Herzinfarkt rechnen müsse. An seinem Geburtstag, nachdem er in fünf Wochen seiner Gewichtskontrolldiät bereits vierzehn Pfund abgenommen hatte, überraschte ihn seine Frau Sheila mit einer Einladung zum Essen in ihrem italienischen Lieblingsrestaurant. Rudi bestellte einen Salat, Sheila ließ sich Ravioli und eine Pizza kommen. Sie konnte nur den kleinsten Teil

davon aufessen und sagte zu Rudi, der schon hungrige Blicke auf ihre Ravioli geworfen hatte: »Ach, iß es doch ruhig auf, Schatz. Schließlich hast du heute Geburtstag, und morgen kehrst du wieder zurück zu deiner Diät. Du warst so eisern die ganze Zeit, daß du dir wirklich eine Belohnung verdient hast.« Rudi wollte nur zu gern glauben, daß Sheila recht hatte, und so aß er alles auf, was sie übriggelassen hatte. Dadurch wurde er in seiner Diät so aus dem Rhythmus gebracht, daß es zwei Wochen dauerte, bis er wieder abzunehmen begann.

2. Skip und Jean lagen im Bett und tauschten Zärtlichkeiten aus. Skip hatte in der letzten Zeit Schwierigkeiten, eine Erektion zu halten. In seiner jetzigen Erregung jedoch wurde sein Penis so hart, daß seine Frau Jean voll Freude ausrief: »Skip, wie schön! Du bist wunderbar. Hoffentlich kannst du die Erektion diesmal halten!«, woraufhin Skips Penis wieder weich wurde.
3. Karen Smitty war ein schüchternes vierundzwanzigjähriges Mädchen. Sie hatte eine College-Ausbildung, lebte zu Hause, ging nie aus und arbeitete in einer untergeordneten Stellung als Buchhalterin, was weit unter ihrem geistigen Niveau lag. Eines Abends las sie einen Artikel über Psychologie und das brachte sie auf den Gedanken, sie könnte möglicherweise eine psychologische Behandlung brauchen. Als sie so nebenbei eine Bemerkung darüber machte, blickte ihr Vater von der Zeitung auf und sagte in liebevollem, tröstendem Ton: »Ach wo, du brauchst diesen psychotherapeutischen Unsinn nicht, mein Kleines. Du bist halt ein Spätentwickler, aber ansonsten vollkommen in Ordnung. Außerdem ist es gar nicht so leicht, einen wirklich fähigen Psychiater zu finden, dem man auch vertrauen kann. Ob du's glaubst oder nicht, Julie Nimitz, die Tochter einer Freundin deiner Mutter, war bei so einem Spezialisten, und der hat doch tatsächlich versucht, sie zu vergewaltigen.«
4. Tom und Ginger wollten in der kommenden Woche für vierzehn Tage zum Angeln fahren. Tom hatte seit einem Jahr keinen Urlaub gemacht und freute sich sehr auf diese Reise. Ginger wollte Tom die Freude nicht verderben, obgleich sie Angelferien nicht ausstehen konnte. Um Tom ihre Liebe zu beweisen, täuschte sie große Begeisterung vor, während sie tatsächlich nur mit Widerwillen an diese Reise denken konnte. Zwei Tage vor ihrer geplanten Abfahrt verunglückte Ginger in

der Küche, wobei sie ihre Kniescheibe so verletzte, daß der Urlaub abgeblasen werden mußte.

5. Der Besitzer einer Reihe von Mietshäusern, ein launischer, unfreundlicher Mann, geriet in finanzielle Schwierigkeiten, da ein großer Teil seiner Mieter regelmäßig mit der Miete im Rückstand war. Er gab nun seinen Hausverwaltern die Anweisung, in Zukunft sofort Kündigungen zu verschicken, wenn die Miete nicht rechtzeitig bezahlt würde.
   Einer der Hausverwalter interpretierte die Anweisung seines Chefs auf eigene Weise. Er meinte, sie sei nur aus einer besonders schlechten Laune hervorgegangen und in Wirklichkeit gar nicht so gemeint. Die strikte Befolgung könne seinem Chef nur schaden, da er dadurch unter Umständen eine Menge Mieter verlieren würde. Also sagte er den Mietern gar nichts, statt dessen »frisierte« er die Unterlagen, um die säumigen Zahler zu decken. Acht Monate lang blieben seine Machenschaften unbemerkt, dann wurde bei einer Buchprüfung alles aufgedeckt und er für sein Tun zur Verantwortung gezogen. Außerdem traf einige Mieter die jetzt erfolgte Kündigung völlig unvorbereitet.
6. Michael Rubin arbeitete seit acht Jahren für die Schuhfirma Lawrence und war der Meinung, einer ihrer besten und fleißigsten Verkäufer zu sein.
   Eines Tages wurde die Stelle eines Geschäftsführers in einem der Lawrence-Schuhgeschäfte in seinem Wohnbezirk frei. Er bekam diesen Posten nicht, statt dessen wurde jemand eingestellt, der bisher noch gar nicht für diese Firma gearbeitet hatte. Herr Rubin äußerte seine bittere Enttäuschung seiner Frau gegenüber, die daraufhin ohne sein Wissen bei dem Chef der Firma anrief und ihm in bösen Worten seine Undankbarkeit gegen seinen treuesten Angestellten vorwarf. Kurze Zeit später erhielt Michael Rubin seine Kündigung.

Rudis Frau Sheila, Jean, Karens Vater, Ginger, der Hausverwalter und Frau Rubin – sie alle waren der Meinung, aus den lautersten Motiven gehandelt zu haben. In jedem einzelnen Fall jedoch hat ihr gutgemeintes, liebevolles Verhalten Schaden angerichtet. Rudi wurde von seiner Diät abgebracht. Wir können annehmen, daß Rudis Diät auf einer tieferen Bewußtseinsebene eine Bedrohung für Sheila bedeutete. Sie hatte immer in dem Bewußtsein für Rudi gekocht, ihm damit ihre Liebe zu beweisen und hieraus ihre Bestätigung als Ehefrau gewonnen. Durch Rudis Diät war ihr ein wichtiger Wirkungsbereich entzogen worden.

Skips Erektion fiel zusammen, als sich Jean so enthusiastisch darüber äußerte. Wir sind so gut wie sicher, daß sich unter Jeans »freudiger« Reaktion der Wunsch verbarg, Skip impotent zu erhalten. Auf diese Weise konnte sie sich einreden, sie selbst sei eine stark erotisch empfindende Frau, und alle sexuellen Schwierigkeiten in ihrer Ehe lägen nur bei ihrem Mann. Außerdem gab ihr Skips Impotenz ein gewisses seelisches Übergewicht, das sie unbewußt sehr genoß.

Karen wurde die Aussicht auf Hilfe in dem Moment versperrt, als sie selbst endlich erkannt hatte, daß an ihrem Leben etwas nicht in Ordnung war und eine Änderung einleiten wollte. Ihr Vater hatte unbewußt das Bedürfnis, Karen abhängig zu erhalten, um dadurch Einfluß auf sie ausüben zu können, weshalb ihr plötzlicher Wunsch nach einer Lebensänderung und mehr Selbständigkeit eine Bedrohung für ihn bedeutete.

Tom konnte seine langersehnte Angeltour nicht antreten. Gingers Abneigung gegen diese Reise, die sie aus Liebe zu Tom nicht zugeben mochte, manifestierte sich in ihrem Unfall. Dadurch mußte die Reise abgeblasen werden, und Ginger konnte sich einbilden, nicht sie sei daran schuld, was der Fall gewesen wäre, wenn sie ihren Widerwillen gegen die Reise geäußert und sie dadurch verhindert hätte.

Der Hausverwalter war der Meinung, im Interesse des Hausbesitzers zu handeln. Im Bemühen, gegen dessen Willen doch das Beste für seinen Chef zu bewirken, brachte er sich in die größten Schwierigkeiten. In seinem Unterbewußtsein verabscheute er die autoritäre und herablassende Einstellung des Hausbesitzers und hatte nun unbewußt eine Situation geschaffen, in der er sich in einer Machtposition befand, die darauf beruhte, daß er ohne dessen Wissen gegen die Anweisungen seines Chefs handelte. Er hatte unbeabsichtigt nicht nur dem Hausbesitzer geschadet, sondern auch mehreren Mietern, die jetzt unvorbereitet ihre Kündigung erhielten.

Schließlich sorgte Frau Rubin in ihrer berechtigten Empörung und in dem Wunsch, als liebende Ehefrau ihren Mann zu unterstützen, dafür, daß er seine Stellung verlor. Ihr Telefonanruf bei dem Vorgesetzten zeigt, daß sie ihrem Mann nicht die Kraft zutraute, seine Probleme selbständig zu lösen. Durch ihre ständige Hilfestellung schwächte sie sein Selbstbewußtsein und sicherte sich in ihrer Beziehung zu ihm die stärkere Position. Jetzt, da er arbeitslos war, konnte sie sich als der treue Kamerad erweisen, der auch in schlimmen Zeiten tapfer an seiner Seite ausharrt.

In all den Beispielen wurde indirekte Aggression in gesellschaftsfähiger Form zum Ausdruck gebracht. Keiner der heimlichen Aggressoren wäre von einem unbeteiligten Beobachter als solcher erkannt worden. Offene aggressive Zusammenstöße hatte man in jedem Fall erfolgreich vermieden. Aber gerade weil sie vermieden wurden, wird die verdrängte Aggression immer wieder auf immer andere Weise zum Vorschein kommen und ihre destruktive Wirkung auf die Beziehung nicht verfehlen. Sheila wird bei all ihrer Liebe bewirken, daß Rudi einen vorzeitigen Herzinfarkt erleidet. Skips Impotenz wird durch jeden weiteren Beweis seines Versagens zunehmen. Er wird zweifellos seiner Frau gegenüber immer stärkere Minderwertigkeitskomplexe und Schuldgefühle entwikkeln, da er sie sexuell nicht befriedigen kann. Karens Vater wird weiterhin jeden Versuch seiner Tochter, sich selbständig zu machen, unterdrücken, bis er sie schließlich in solchem Maße verunsichert hat, daß sie zu keiner eigenen Entscheidung mehr fähig ist und auf einen Nervenzusammenbruch zusteuert. Tom und Ginger werden nach außen hin fortfahren, das ideale Paar darzustellen – voller Rücksicht und Verständnis füreinander –, bis auch sie in einer unvermeidlichen Krise schließlich erkennen, daß es zwischen ihnen nie eine echte Kommunikation und keine wirkliche Bindung gegeben hat. Der Hausbesitzer wird die Peinlichkeit und die Kosten, die ihm durch seinen Angestellten entstanden sind, tragen und in Zukunft nur noch mißtrauischer gegen seine Untergebenen sein. Auch die gekündigten Mieter haben unter dem Fehlverhalten des Hausverwalters zu leiden. Die Frau von Herrn Rubin wird ihre stärkere Position ausnutzen und durch die besorgte Haltung ihrem Mann gegenüber diesen daran hindern, sein persönliches Selbstbewußtsein zu stärken.

In dem Kapitel über die »liebevollen« Mütter haben wir ausführlich dargestellt, wie der Sozialisierungsprozeß von den meisten Menschen von Kindheit an eine Maskierung ihrer Feindseligkeiten fordert. Dadurch werden schon Kinder zu »heimlichen Aggressoren« erzogen. Da aggressive Gefühle nicht offen zum Ausdruck gebracht werden dürfen, es sei denn unter ganz bestimmten, anerkannten Voraussetzungen, lernen die Kinder ihre Aggressionen auf manipulativem Wege, sei es durch passiven Widerstand oder verschiedene andere versteckte und indirekte Methoden, abzureagieren. So wird im Namen der guten Erziehung und Höflichkeit jede wahrhaftige Kommunikation unterbunden. Beim Jugendlichen und erst recht beim Erwachsenen finden dann die über so lange Zeit unterdrückten, ursprünglich aggressiven, Gefühle ihren Ausdruck in verwandelter, indirekter, aber »gesellschaftsfähiger« Form. Die den Handlungen zugrunde liegenden aggressiven Motivationen sind nun weder dem bewußt, der sie begeht, noch dem Opfer dieser Handlungen.

Die Masken der Feindseligkeit

Wir haben für unsere Beispiele einige der häufigsten Ausdrucksformen oder Masken der versteckten Feindseligkeit gewählt. Sie alle entstammen dem Unterbewußtsein und werden automatisch angenommen. Daher ist sich der Aggressor der wahren Absichten seines Verhaltens selbst nicht bewußt. Die Aggression ist nur an der schädigenden Wirkung des Verhaltens auf das Opfer erkennbar. Typisch für diese Art der Interaktion ist die Tatsache, daß auch das Opfer die wahre Bedeutung der Verhaltensweise seines Partners nicht erkennt, da die Feindseligkeit vollkommen hinter den zur Schau getragenen edlen und teilnahmsvollen Motiven verschwindet.

Es ist also wichtig, diese Verhaltensmuster deutlich darzustellen, um sie bei ihrem Erscheinen als das erkennen zu können, was sie tatsächlich bedeuten. Die Erkenntnis selbst und die Demaskierung der indirekten Aggression durch eine klare Stellungnahme zum »heimlichen Aggressor« muß dem Opfer selbst überlassen bleiben. Wir versuchen, zusätzlich zu unseren Darstellungen und Beispielen, auch Anregungen zu geben, wie man sich gegen versteckte Aggression absichern und schützen kann. Dabei unterschätzen wir keineswegs die Schwierigkeit, diese durch ihre subtile Einflußnahme so sicher funktionierenden Interaktionen siegreich zu bekämpfen.

Verschwörung

Der Vater, der seinen neunundzwanzigjährigen Sohn aus Herzensgüte ermutigt, im Elternhaus wohnen zu bleiben, und ihm Geld für Alkohol gibt, ist ein »heimlicher Aggressor«. Er verbündet sich mit dem Widerstreben seines Sohnes, sich auf eigene Füße zu stellen und für sich selbst zu sorgen. Der gleiche Typ eines heimlichen Aggressors ist der Vorgesetzte, der seiner zu Übergewicht neigenden Sekretärin zum Geburtstag eine Schachtel Pralinen schenkt. Er verbündet sich mit ihrer verhängnisvollen Eßlust. Die Mutter, die ihr wohlgefülltes Portemonnaie offen in Sichtweite ihrer rauschgiftsüchtigen Tochter liegen läßt, verbündet sich mit deren unüberwindlichen Schwäche. Die »liebenswürdigen« Komitteemitglieder des Fakultätsausschusses einer Universität, die routinemäßig die Lehrfähigkeit eines jungen Fakultätsmitgliedes hervorheben und loben, ohne ihn auf die Wichtigkeit eigener Publikationen hinzuweisen, verbünden sich mit seiner Nachlässigkeit und offensichtlichen Unkenntnis der Tatsache, daß er ohne eine genügende Anzahl von Publikationen keine akademische Zukunft haben wird, da es hierzu auf seine Lehrbefähigung erst in zweiter Linie ankommt. Auch die Sekretärin der Abteilung für technische Publikationen, die heimlich die gröbsten terminologischen Fehler eines noch unerfahrenen Autoren ausbessert, der seine Unsicherheit durch Alkohol auszugleichen versucht, erspart ihm zwar momentan einige Kritik, verbündet sich aber andererseits mit seiner selbstzerstörerischen Angewohnheit des Trinkens.

Über ein besonders extremes Beispiel für eine derartige Verschwörung berichtete ein Kollege aus einer Nervenheilanstalt in Denver, Colorado. Hier war die heimliche Aggression im Verhalten einer Patientin so offenkundig, daß es unglaublich schien, wie sie sich ihrer feindseligen Gefühle trotzdem nicht bewußt sein konnte. Die Patientin war eine dreiundvierzigjährige, verheiratete Frau mit einer neunzehnjährigen Tochter. Sie war gekommen, um sich Rat für ihren Mann zu holen, der sich in der letzten Zeit seltsam betrage. Sein Verhalten wechsele zwischen äußerster Zurückhaltung und plötzlicher Heftigkeit. Im Laufe der Gespräche kam heraus, daß der Ehemann sexuelle Beziehungen zu der Tochter gehabt hatte, als diese zwölf Jahre alt war. Die Tochter hatte ihrer Mutter davon erzählt, und die Mutter hatte ihren Mann angezeigt.

Er wurde für fünf Jahre in eine Heilanstalt für Triebtäter eingewiesen. Während der Abwesenheit des Vaters schlossen sich Mutter und Tochter einer Nudistenbewegung an und nahmen regelmäßig an den Veranstaltungen mit Gleichgesinnten teil. Als der Vater aus der Anstalt entlassen wurde, ermunterte ihn die Mutter sogleich, sich ihr und ihrer Tochter bei ihren Freikörperaktivitäten anzuschließen. Dabei benahm sich die Mutter so, als wäre zwischen ihm und der Tochter nie etwas vorgefallen.

Hier erkennt sogar der ungeübte Beobachter, daß die Frau ihren Mann unbewußt zu weiteren unerlaubten Aktionen herausforderte und einen entsprechenden Vorfall geradezu heraufzubeschwören schien. Außerdem konnte diese Frau, die selbst sowohl frigid war als auch betont an höchst moralischen Prinzipien festhielt, die Schwächen und psychischen Probleme ihres Mannes als Vorwand benutzen, um selbst jeder sexuellen Intimität mit ihm auszuweichen. Am liebsten hätte sie ihn überhaupt nicht in ihrer Nähe geduldet, doch dessen war sie sich nicht bewußt, da sich solche Empfindungen nicht mit ihrer Eigenvorstellung vertrugen. Daher forderte sie ihn unbewußt zu Handlungen heraus, durch die er sich selbst wieder von ihnen entfernen würde.

Es gibt andere Formen der Verschwörung, bei denen die Wurzel nicht so tief reicht und die sich daher nicht gar so versteckt manifestieren. Diese bewußteren Formen finden sich täglich bei den meisten Menschen und hüllen sich gewöhnlich in das Gewand der Höflichkeit. Hier ein paar Beispiele:

Die Familie Crawford – sie sind Farbige – haben gerade das Haus neben der Familie Berlinger, die Weiße sind, gekauft, und sie laden die Berlingers zum Abendessen ein. Mrs. Crawford hat einige Spezialitäten zubereitet, um ihre Gäste besonders zu erfreuen. Berlingers sind jedoch Juden und essen vorwiegend »koschere« Speisen, so daß sie kaum einen Bissen hinunter bekommen. Trotzdem tun sie aus Höflichkeit so, als äßen sie mit dem größten Appetit, und loben jedes Gericht überschwenglich. Um eine gefällige Konversation in Gang zu halten, sprechen Herr und Frau Berlinger ständig von einigen bekannten Negerpersönlichkeiten wie Ralph Bunche, Jackie Robinson und Martin Luther King und von ihrer Bewunderung für diese Männer. Die Crawsfords haben dadurch das Gefühl, nicht als Menschen, sondern als schwarze Symbole betrachtet zu werden, und fühlen sich durch diese Stereotypisierung gekränkt, was sie ihrerseits aus Höflichkeit verbergen und statt dessen größtes Interesse heucheln. Beim Abschied nach einem langen Abend werden Komplimente ausgetauscht, und beide Parteien versichern sich gegenseitig, wie sehr sie sich auf eine baldige Wiederholung des schönen Zusammenseins freuen. Natürlich findet diese Wiederholung nicht statt.

Eine junge, begabte Fernsehschauspielerin für Reklamesendungen wurde von ihrem Agenten zu Probeaufnahmen geschickt, bei denen die acht Frauen König Heinrichs für einen Reklamespot ausgesucht werden sollten. Die Schauspielerin bereitete sich sorgfältig vor. Sie beschaffte sich ein elegantes viktorianisches Kleid und kaufte eine teure Perücke. Der Leiter der Probeaufnahmen sah sofort, daß sie ein viel zu schmales Gesicht für die Rolle hatte. Da sie ihm persönlich aber gefiel und er sie nicht kränken wollte, rief er bei ihrem Anblick aus: »Sie sind ja phantastisch! Wie wundervoll! Ich bin hingerissen!« Das Mädchen war hocherfreut und ging im Glauben nach Hause, sicher angenommen worden zu sein. Als sie dann aber nichts mehr hörte, fühlte sie sich enttäuscht und betrogen. In Zukunft weigerte sie sich, wenn ihr Agent sie zu Probeaufnahmen zu demselben Aufnahmeleiter schicken wollte.

Wenn die Berlingers oder die Crawfords eine Unhöflichkeit riskiert hätten, wäre vielleicht der Grundstein zu einer echten Freundschaft gelegt worden. Diese Möglichkeit haben sie nun durch ihr unaufrichtiges Verhalten ausgeschlossen, da es beiden Parteien in erster Linie darauf ankam, einen »angenehmen« Eindruck zu machen. Ebenso hat der Reklamedirektor beim Fernsehen die Vertrauensbasis für eine künftige Zusammenarbeit mit dieser Schauspielerin zerstört, nur weil er es nicht über sich bringen konnte, ihr seine wahre Meinung zu sagen.

Abwehr der Verschwörung

In den Fällen, da beide beteiligten Partner unbewußt zusammenarbeiten, ist eine Verschwörung der oben beschriebenen Art äußerst schwer aufzubrechen. Wenn der Vorgesetzte seiner fettsüchtigen Sekretärin Schokolade mitbringt, so hat diese Geste momentan auf beide eine erfreuliche Wirkung. Hier muß der Empfänger, oder das Opfer (in diesem Fall die Sekretärin), dem im Namen der

»Zuneigung« Schaden zugefügt wird, die Verantwortung für das Geschehen übernehmen, indem sie hier etwa das Geschenk zurückweist. Freilich kann sie damit den Geber kränken, andererseits wird nur so der Weg zu einer echten, aufrichtigen Beziehung bereitet.

Zu der Situation bei den Crawfords und Berlingers hätte man ein aufrichtiges Eingeständnis seiner Vorbehalte etwa in Form eines Gesellschaftsspiels vorschlagen können. Frau Berlinger könnte beginnen mit der Aussage: »Es gibt etwas an diesem Abend, das mit nicht gefallen hat. Ich möchte es euch sagen und bitte euch gleichzeitig, dann ebenfalls auszusprechen, was jeden von euch gestört hat.« Daraufhin hätten dann die Crawfords Gelegenheit gehabt, ihr Mißfallen darüber auszudrücken, daß sie sich als Stereotypen behandelt gefühlt hätten.

Auch solche spielerische Konfrontation ist nicht ohne Risiko und wird Beklemmungen verursachen. Jedoch werden auf diese Weise eine Menge Verkrampfungen gelöst, und steife, heuchlerische Beziehungen können sich in vitale und dynamische verwandeln.

Hätte der Reklamedirektor einfach gesagt: »Sie gefallen mir sehr gut, und ich sehe, daß Sie sich gewissenhaft vorbereitet haben. Für diese Rolle sind Sie zwar leider zu dünn, aber ich würde mich freuen, wenn wir in Zukunft zusammenarbeiten könnten.«, wären alle Möglichkeiten für zukünftige Beziehungen offen geblieben.

Die Krankheitstyrannen

Die Krankheitstyrannen benutzen ihre Kränklichkeit, um damit das Maß an Macht und Einflußnahme zu erlangen, das sie offen und direkt nicht zu beanspruchen wagen. Ihre versteckte Aggression äußert sich in Bemerkungen wie »Wie kannst du nur so mit mir sprechen bei meinen Kopfschmerzen!« »Du ärgerst mich noch so lange, bis ich wieder krank werde!« oder »Willst du mich wirklich unbedingt ins Grab bringen?«

Natürlich schuldet man einem kranken Menschen einige Rücksichtnahme. Es ist allerdings etwas anderes, wenn ein tyrannischer Leidender, der ständig entweder krank oder gerade im Zustand der Genesung oder aber schon wieder von der nächsten Krankheit gezeichnet ist, diesen chronischen Zustand dazu benutzt, seine ganze Umwelt zu manipulieren, zu kontrollieren und Schuldgefühle anzuregen. Ein früherer Patient erzählte einem der Autoren, er wohne immer noch bei seiner Mutter, obgleich er schon zweiunddreißig Jahre alt sei, da sie mit ihrem kranken Herzen seinen Auszug aus der Wohnung einfach nicht überleben würde. Dieses kranke Herz war für die Mutter das Mittel, ihren Sohn an sich zu binden und so ihren Einfluß auf ihn zu behalten.

»Krankheitstyrannen« können anscheinend nie ganz gesund werden. Sie brauchen ihre »Symptome«, um ihre Beziehungen nach ihren eigenen Bedürfnissen zu beeinflussen. Selbst wenn sie sagen, daß sie sich wohlfühlen, klingt es so, als fühlten sie bereits ein neues Übel herannahen. Diese »Krankheitstyrannen« hatten gewöhnlich in ihrer Kindheit äußerst autoritäre Eltern und keine Möglichkeit zur kindlichen Selbstbehauptung, zu offenen und direkten Ärgerreaktionen oder Widerspruch. Als Kinder haben sie nie das Gefühl der Macht oder Überlegenheit erfahren. Nur wenn sie krank waren, wurden sie plötzlich zur Hauptperson; dann durften sie Ansprüche stellen, ihnen wurde Aufmerksamkeit und Interesse zugewendet, und sie erlebten das Gefühl der Macht. So wurde die Krankheit ihre wirkungsvollste Waffe, die sie auch als Erwachsene nicht mehr aus der Hand geben, denn durch sie gewinnen sie Macht und Einfluß, indem sie bei den Menschen ihrer Umgebung Schuldgefühle auslösen.

Abwehr gegen »Krankheitstyrannen«

Normalerweise hat ein kranker Mensch keinen größeren Wunsch als wieder gesund zu werden. Nicht so der »Krankheitstyrann«. Ihm muß man daher mit einer gewissen Härte entgegentreten, da er sonst seine Krankheitssymptome pflegt, um unangemessene Forderungen aus ihnen herzuleiten. Natürlich setzt man sich der Gefahr aus, als herzlos zu gelten, und muß sich sogar den Vorwurf gefallen lassen, man trage noch zusätzlich zur Krankheit des Leidenden bei, wenn man nicht bereit ist, die ständige Rücksichtnahme aufzubringen, die der Kranke zu fordern ein Recht zu haben vermeint. Tatsächlich kann es nur der psychischen Gesundheit aller Beteiligten dienen, wenn dem »Krankheitstyrannen«

klargemacht wird, daß auch seine Ansprüche Grenzen haben, und zwar genau da, wo er anfängt, seine Umgebung mit ihren Schuldgefühlen zu manipulieren. Solche Vorhaltungen werden den »Krankheitstyrannen« ohne Zweifel zutiefst kränken und zu den schwersten Vorwürfen veranlassen. Das sollte aber trotzdem niemanden daran hindern, diesen ersten notwendigen Schritt zu tun, um eine Beziehung der realistischen, aggressiven Interaktion zu ermöglichen.

Die passiven Aggressoren

Zu passiver Aggression neigen die Menschen, die in ausgesprochen autoritären und repressiven Elternhäusern aufgewachsen sind, in denen keine offene Aggressionsäußerung möglich war. Es gibt unendlich viele Variationen der passiven Aggression, von denen wir hier eine kleine Auswahl aufzeigen wollen.

Vergeßlichkeit

Die Vergeßlichkeit als Ausdruck versteckter Aggression hat zwei wesentliche Erscheinungsformen. Bei der ersten, leichter durchschaubaren Form richtet sich die Aggression gegen andere. Jemand vergißt eine versprochene Erledigung, auf die sich der andere fest verlassen hatte. Der chronisch Vergeßliche ist oft ein nach außen hin passiver, nachgiebiger Mensch, der niemals fertigbrächte, offen zu sagen: »Nein, das möchte ich nicht tun.« Statt dessen erklärt er sich zu allem bereit und reagiert dann auf seine ungewollte Nachgiebigkeit mit Vergeßlichkeit.

Diese Form der passiven Aggression ist dazu angetan, das Opfer auf die Palme zu treiben. Was kann man schließlich tun, wenn jemand sagt: »Mein Gott, das tut mir aber leid. Ich habe es total vergessen.«? Dieser heimliche Aggressor scheint jedoch den Gegenstand seiner Vergeßlichkeit sorgfältig auszuwählen, denn er vergißt offenbar nie etwas, das ihm selbst wichtig ist. Mit dieser Methode erreicht der Vergeßliche schließlich das, was er eigentlich will. Alle Menschen seines näheren Umkreises wissen allmählich aus böser Erfahrung, daß man sich auf ihn nicht verlassen kann,

und verschonen ihn hinfort mit jeder Art von wichtigen Aufträgen, ohne daß er gezwungen wäre, eine klare Absage zu erteilen, wozu er nicht imstande ist.
Die zweite Form der Vergeßlichkeit als passive Aggression richtet sich gegen den Menschen selbst. Hier schadet sich der Vergeßliche, da er Dinge vergißt, die ihm selber von Wichtigkeit wären. »Ich habe vergessen, ihn noch einmal anzurufen wegen der Geschäftsbesprechung.« »Ich habe meine Flugkarte und meine Brieftasche vergessen.« »Ich weiß nicht mehr, wo ich meine Autoschlüssel hingelegt habe.« »Ich habe die Belege für meine Steuererklärung verlegt.« Diese Form der Aggression gegen die eigene Person entspricht genau den oben dargestellten. Dieser Mensch kann seine wirklichen Bedürfnisse bzw. Abneigungen sich selbst gegenüber nicht eingestehen, weil er meint, er würde sich damit vor einer Verantwortung drücken; und so reagiert auch er mit Vergeßlichkeit.
Man braucht nur für »vergessen« den Begriff »nicht wollen« einzusetzen, und man versteht sogleich die tiefere Bedeutung dieser Art von Vergeßlichkeit. So kann man bei sich selbst und bei anderen die Vergeßlichkeit auf ihre Wurzel zurückführen.

Mißverständnis

Auch diese Form der passiven Aggression äußert sich in aller Unschuld. »Ich dachte, Sie wollten den Bericht erst am Donnerstag in einer Woche.« oder »Ich hatte gemeint, du wolltest unbedingt ein Hemd mit langen Ärmeln und nicht mit kurzen.« oder »Ich hätte schwören können, daß es in deinem Sinne war, als ich deinem Chef gegenüber deine Kündigungspläne erwähnte.« Diese Art von Mißverständnissen kann beim Opfer außerordentlichen Schaden anrichten. Gerade im Berufsbereich oder auf gesellschaftlicher Ebene wirkt sich ein solches Mißverständnis oft als äußerst kostspielig und destruktiv aus. Der »Mißversteher« erklärt unschuldig und naiv »Und ich dachte, du meintest...«, während sich das Opfer in Frustration und Verzweiflung die Haare rauft.
Ein bekannter Psychiater, Spezialist für Hypnose, hatte ein Institut gegründet, in dem er regelmäßig Seminare durchführte. Zur Organisation dieser Seminare stellte er eine vollzeitige Sekretärin

ein. Der Psychiater tyrannisierte seine Angestellten ständig mit plötzlichen Entscheidungen, worunter besonders seine Sekretärin zu leiden hatte, der er oft noch in letzter Minute eilige Anweisungen gab. Diese Angestellte war zu schüchtern, um gegen diese Behandlungsweise zu protestieren. Eines Tages faßte der Arzt den plötzlichen Entschluß, am kommenden Wochenende ein Seminar abzuhalten. Dazu mußten noch am gleichen Abend 150 Ankündigungen hinausgeschickt werden. Die Sekretärin fühlte sich unrechtmäßig unter Druck gesetzt und ausgenutzt, tat aber trotzdem alles, um dem Wunsch ihres Chefs zu entsprechen. Dabei passierte es ihr, daß sie die Nummer in der Adresse des Instituts verdrehte, so daß sie statt 6920 die falsche Zahl 6029 tippte. Die verhängnisvollen Folgen dieses Tippfehlers waren ihre Rache an dem tyrannischen Chef.

Hinhalten

Die ständige Redensart des »Hinhalters« lautet: »Keine Sorge, das werden wir in Kürze erledigen.« Hier besteht die passive Aggression in seinen zermürbenden Verzögerungen und seiner hartnäckigen Weigerung, sich festlegen zu lassen. Der »Hinhalter« löst sogar Schuldbewußtsein bei seinem Opfer aus, wenn er Bemerkungen macht wie »Sei doch nicht so ungeduldig« oder »Immer mit der Ruhe, und du hast mehr vom Leben«, woraufhin er dann seine innere Feindseligkeit dadurch zum Ausdruck bringt, daß er sein gemächliches Tempo ungerührt beibehält. Hierher gehört auch die Angewohnheit mancher Menschen, ihre Mitarbeiter warten oder sich wiederholt an eine Verabredung erinnern zu lassen, womit sie auf ihre Weise ihre Geringschätzung der Kollegen zum Ausdruck bringen. Die heimliche Aggression hinter diesem Hinhalteverhalten ist wie bei der Vergeßlichkeit leicht daran zu erkennen, daß auch hier ein deutliches Auswahlprinzip vorhanden ist. Es werden nur ganz bestimmte Menschen hingehalten und nur ganz bestimmte Belange aufgeschoben. Sobald es ihm um ein eigenes Anliegen geht, kann auch der »Hinhalter« ohne Verzögerung handeln. Wir wissen von einem arbeitslosen Schauspieler, der eine kurzfristige Arbeit bei der Post angenommen hatte, um sich bis zum nächsten Engagement über Wasser zu halten. Beim Postamt war er bald bekannt als einer, dem man alles dreimal sagen mußte, bevor er sich langsam an die Arbeit machte. Sobald er aber einen Termin für Probeaufnahmen hatte, war er die Pünktlichkeit in Person.

Zuspätkommen

Diese Form der passiven Aggression wurde bisher vorwiegend den Frauen zugeschrieben. Es wurde sogar als das normale und zu erwartende Verhalten einer Frau betrachtet, daß sie bei einer Verabredung auf sich warten ließ. Tatsächlich ist aber das chronische Zuspätkommen zu Verabredungen privater oder offizieller Art ein indirekter Ausdruck von Feindseligkeit gegen die Person oder Personen, die man warten läßt. Die Primadonnaeinstellung mancher Berühmtheiten, die bewußt oder unbewußt ihre Überlegenheit demonstrieren möchten, äußert sich im Zuspätkommen bei Besprechungen und Interviews.
Es kommt auch vor, daß ein Mensch sich von seinen Mitarbeitern ausgenutzt fühlt, aber unfähig ist, an der Situation etwas zu ändern und darum seine Unzufriedenheit den anderen gegenüber durch konstantes Zuspätkommen abreagiert. Ein solches Verhalten zeigte sich in der Zusammenarbeit dreier Partner einer Werbeagentur in Philadelphia. Die Agentur bestand erst seit etwas über einem Jahr, und alle drei Partner hatten bei Gründung des Geschäftes in einem Fünfjahresvertrag festgelegt, den Profit gleichermaßen durch drei zu teilen. Inzwischen hatte sich aber gezeigt, daß einer der drei Partner das Hauptgeschäft einbrachte, wovon die anderen beiden den gleichen Gewinn wie er selbst hatten. Die Arbeitssituation befriedigte ihn auf diese Weise nicht, und der versteckte Ärger, der sich bei ihm ansammelte, kam dann jedesmal durch sein Zuspätkommen zu den zweimal wöchentlichen gemeinsamen Mittagessen zum Ausdruck. Er brachte zwar jedesmal eine plausible Entschuldigung vor, doch indirekt wollte er durch sein Verhalten sagen: »Ich bin wichtiger als ihr, also könnt ihr auch ruhig auf mich warten«.
Ein anderes Beispiel zeigt deutlich die passive Aggression hinter dem chronischen Zuspätkommen. In der Mitte der 60er Jahre finanzierte die amerikanische Regierung ein Multimillionen-Dol-

lar-Projekt in den Armenvierteln des ganzen Landes. Im Zuge dieser Arbeit wurden in einer größeren Stadt an der Westküste eine Anzahl von Psychologen unter Vertrag genommen, die ein besonderes Programm für Vorschulkinder in Negergemeinden entwickeln sollten.

Die Psychologen waren fast ausnahmslos Weiße. Sie waren verpflichtet, einmal in der Woche einen 8-Stunden-Tag direkt im Armen-Ghetto zu verbringen, um ihre Studien an der Praxis zu orientieren, und wurden für diese Arbeit großzügig bezahlt. Da sie sich nur einmal in der Woche im Hauptbüro versammelten, wurde die dann stattfindende Konferenz oder Besprechung mit allen zuständigen Lehrern jeweils im voraus geplant, so daß jeder zur angegebenen Zeit anwesend sein konnte. Nun ergab es sich wohl bei jeder dieser Gelegenheiten, daß alle weißen Psychologen um 9 Uhr morgens an Ort und Stelle waren und feststellen mußten, daß ein Großteil des farbigen Lehrpersonals fehlte. Diese trafen dann allmählich nach und nach und offenbar lustlos innerhalb der nächsten Stunde ein.

Die Psychologen wollten von diesem frustrierenden Verhalten ihrer farbigen Mitarbeiter kein Aufhebens machen, da die Zusammenarbeit ohnehin schon außerordentlich schwierig war. Das Zuspätkommen vieler der farbigen Angestellten war der Ausdruck ihrer Ablehnung der weißen Eindringlinge, von denen sie sich sagen lassen mußten, wie man die Kinder ihres eigenen Wohnbezirks behandeln sollte. »Als ob ein Weißer einen Neger verstehen könnte!« war ihre unausgesprochene Meinung. Als nach etwa zwei Jahren die weißen Psychologen durch farbige Sozialarbeiter ersetzt wurden, hörte auch das Zuspätkommen auf.

Die meisten Zuspätkommer entwickeln eine schöpferische Phantasie beim Erfinden von Entschuldigungen. Sie können damit ihr Opfer aus der Offensive in die Defensive manipulieren. Die versteckte Aggression im Zuspätkommen läßt sich jedoch leicht an der Wirkung auf das Opfer ablesen, denn das Warten auf einen Menschen wirkt ärgerlich, frustrierend und demütigend. Wir nehmen also an, daß es genau das ist, was der heimliche Aggressor bezweckt: sein Opfer zu verärgern, zu frustrieren und zu demütigen.

Mancher wird aus Erfahrung nicht klug

Eine vor kurzem geschiedene Frau sprach zu Dr. Goldberg über ihren Mann und bemerkte dabei unter anderem: »Acht Jahre lang mußte ich ihm jedesmal von neuem sagen, wo meine Klitoris ist.« Er hatte die Wünsche seiner Frau nie wichtig genommen und war daher nicht bereit, in dieser Beziehung aus der Erfahrung zu lernen.

Dieser Typ des passiven Aggressors beachtet nie die Bedürfnisse anderer, deren Befriedigung von ihm abhängt, selbst wenn er sie aus vorhergehenden Erfahrungen genau kennen sollte. Auf die Weise zwingt er das Opfer, seine Wünsche immer wieder zu formulieren, was eine Gedankenlosigkeit zum Ausdruck bringt, die außerordentlich kränkend wirkt. Dabei versteht es der heimliche Aggressor, sein Opfer in die Defensive zu drängen, indem er etwa sagt: »Ich kann doch auch nicht immer an alles denken« oder »Reg' dich doch nicht auf. Wenn du etwas willst, so brauchst du es mir ja nur zu sagen«.

An der demütigenden Wirkung dieses Verhaltens zeigt sich die versteckt darin enthaltene Feindseligkeit. So äußert sich der unbewußte Widerwille des Ehemannes gegen seine Pflichten im Haushalt darin, daß seine Frau ihn täglich auf den vollen Mülleimer oder seine herumliegenden Kleidungsstücke aufmerksam machen muß.

Ein Teilnehmer an einem unserer Aggressions-Übungsseminare, der in einer kleineren Schuhreparaturwerkstatt arbeitete, erzählte Dr. Bach einmal, daß er seinen Chef jeden Freitag daran erinnern müsse, ihm seinen Lohn auszuzahlen. »Er gibt mir das Gefühl, Almosen zu empfangen«, war die Reaktion des Angestellten auf diese Gedankenlosigkeit.

Abwehr gegen passive Aggressoren

Jeder, der in enger Beziehung zu einem Kind, Liebhaber, Ehemann, Freund, Angestellten oder Geschäftspartner steht und irgendeine der beschriebenen passiv-aggressiven Verhaltensweisen feststellt, sollte sich die beiden folgenden Fragen stellen:

1. Beeinflusse und dominiere ich diesen Menschen (den passiven Aggressor) und hindere ihn dadurch an seiner Selbstbehaup-

tung? Mache ich es ihm also unmöglich, seinen Ärger und Unwillen offen zum Ausdruck zu bringen, und zwinge ihn so zur passiven Aggression?

2. Ist mir möglicherweise seine passive Aggression – so entnervend sie auch sein mag – doch angenehmer als es mir sein offen zur Schau getragener Widerstand wäre?

Wer beide Fragen ohne Zögern mit einem Nein beantworten kann und den aufrichtigen Wunsch nach einer Änderung des Zustandes hat, der sollte sich nun die nächste Frage stellen: Wieso kommt der passive Aggressor mit seinem Verhalten bei mir durch? Gewöhnlich bestehen Hemmungen, einem passiven Aggressor entgegenzutreten, weil niemand gern als kleinlicher Nörgler gelten möchte, denn immerhin besteht keine Absicht, irgend jemandem zu schaden. Passive Aggressoren sind wahre Künstler, wenn es gilt, sich als unschuldig und gutartig hinzustellen. Dadurch bewirken sie immer wieder Schuldbewußtsein bei ihrem Opfer, das sich am Ende jedesmal aus der Offensive in die Defensive gedrängt sieht. Schließlich entschuldigt es sich auch noch dafür, daß es überhaupt ärgerlich geworden ist.

Wenn man es mit einem passiven Aggressor zu tun hat, darf man sich nicht von seinem eigenen Schuldbewußtsein leiten lassen. Es kommt nämlich nicht auf die menschenfreundlichen Absichten des passiven Aggressors an, sondern auf die schädlichen Auswirkungen seines Verhaltens. Wer sich verletzt fühlt, der soll schreien vor Wut und sich nicht seiner verletzten Gefühle schämen. Denn wenn sich solches Verhalten ständig wiederholt, kann man sicher sein, daß ihm aggressive Motivationen zugrunde liegen.

Die ideale Art, einem passiven Aggressor zu begegnen, wäre die, seine versteckte Feindseligkeit aufzudecken und ihm all seinen unterdrückten Zorn und Haß entgegenzuhalten. Wenn das nicht möglich ist, müssen sich die Opfer der verschiedenartig geäußerten passiven Aggression auf irgendeine Weise gegen zukünftiges Vergessen, Hinhalten und Mißverstehen absichern, indem sie auf bestimmten Verhaltensmustern bestehen.

Um »Mißverständnisse« als Form der passiven Aggression zu vermeiden, sollte man sich immer alle Anordnungen oder Aufträge genau wiederholen lassen, bevor sie ausgeführt werden. Man darf sich niemals darauf verlassen, daß sie sofort richtig verstanden wurden.

Gegen den »Hinhalter« kann man nur erfolgreich vorgehen, wenn man ganz bestimmte Termine angibt, die unbedingt eingehalten werden müssen, und eine Strafe für Nichteinhaltung aussetzt. Die Strafe muß bei Versagen allerdings auch wirklich erfolgen. Ähnliches gilt für den Zuspätkommer: Es muß ein klar definiertes Übereinkommen bestehen, etwa: »Wenn du mehr als zehn Minuten zu spät kommst und nicht angerufen hast, gehe ich weg«. Wenn man aber einmal einen entschiedenen Standpunkt dieser Art eingenommen hat, wirkt sich jedes anschließende Nachgeben oder Zurückweichen verhängnisvoll aus, denn die passive Aggression ist ein unbewußtes Verhalten, das nur so lange möglich ist, wie jemand da ist, der es sich gefallen läßt.

Der »Rotkreuzschwester«-Komplex

Bei allem schuldigen Respekt für die ausgezeichnete Leistung des Roten Kreuzes haben wir doch diese Bezeichnung für ein bestimmtes Verhaltensmuster der heimlichen Aggression gewählt. Hiermit möchten wir solche Personen bezeichnen, die sich immer wieder zu schwachen, hilflosen Menschen hingezogen fühlen und bei ihnen ihre Selbstbestätigung finden. Der »Rotkreuzschwester«-Typ – es kann sich dabei sowohl um eine Frau wie um einen Mann handeln – wünscht sich eine Beziehung zu einem Partner, der mit irgendeinem Leiden oder Problem behaftet ist, denn nur in dem Gefühl, mit seinem Einsatz anderen zu helfen, kann er seine Befriedigung finden. Seine Hilfe besteht dann oft in übertriebener Fürsorglichkeit, die alle Selbsttätigkeit der hilfebedürftigen Person erstickt. Die »Rotkreuzschwester« stellt sich immer auf den Standpunkt des Opfers und sucht mit ihm alle Schuld für seine Probleme in der grausamen Umwelt, anstatt ihn auf seine eigene Verantwortung für sein Leben und seinen Zustand hinzuweisen. Es ist eine häufige Erfahrung, daß der »Rotkreuzschwester«-Typ sich in dem Maße bedroht fühlt, wie die Unabhängigkeit und eigene Kraft bei seinem Opfer zunimmt. Er fühlt sich dann nicht mehr gebraucht und verliert damit das Fundament für seine Stärke und Selbstsicherheit.

Besonders auffallend ist dieses Verhältnis in der Beziehung zwischen Alkoholikern und ihren Ehepartnern. Solange der Alkoholiker seiner Schwäche unterliegt, hat für seinen Partner oder seine Partnerin, der oder die sich zwar häufig über ihr Schicksal beklagt, das Leben einen Sinn. Daher zerbricht eine solche Verbindung oft zu dem Zeitpunkt, da der Alkoholiker seine Schwäche überwunden hat und zu trinken aufhört. Ein ähnliches Verhalten haben wir bei Eltern psychisch gestörter Kinder beobachtet, die sich ihrem hilfsbedürftigen Kind mit großer Liebe und Geduld zuwenden, solange der gestörte Zustand andauert. Wenn dieses Kind dann jedoch unter psychotherapeutischer Behandlung allmählich ein selbständigeres, aggressives Verhalten anzunehmen beginnt, beenden sie die Behandlung oft unvermittelt, bevor sie abgeschlossen ist.

Der Geschäftsführer einer kleineren Druckerei hatte ständig Ärger mit seinen Angestellten wegen seiner wechselhaften Stimmungen und seines oft beleidigenden Verhaltens. Dauernd kündigte der eine oder andere, weil er die Launen des Chefs nicht mehr ertragen konnte. Ein einziger Angestellter – ein »Rotkreuzschwester«-Typ – hielt unverbrüchlich bei ihm aus, arbeitete in Notzeiten auch 14 Stunden am Tag und an Wochenenden und unterstützte seinen Chef nachdrücklich in seiner Meinung, daß alle Schuld an dem ewigen Übelstand im Geschäft nur an den »undankbaren« Angestellten läge. Durch diese »hilfreiche« Haltung verfestigte sich der destruktive Kommunikationsstil des Geschäftsführers immer mehr.

Abwehr gegen die »Rotkreuzschwester«

Es ist zuzeiten sehr angenehm, von einem Menschen umsorgt zu werden. Wer sich jedoch zu tief auf ein derartiges Verhältnis einläßt, benutzt in den meisten Fällen den heimlichen Aggressor als Schutzwehr gegen die Welt und drückt sich vor den Aufgaben und der Verantwortung, die einem seelisch und geistig gesunden Menschen zukommen. Die Opfer einer »Rotkreuzschwester« fordern eine Art Bevormundung geradezu heraus. Nur durch die selbständige Annahme von Verantwortung kann man sich aus dem entwicklungshemmenden Einfluß einer solchen Verbindung lösen. Die »Rotkreuzschwester« bleibt so lang in Aktion wie sie Anlehnungsbedürftigkeit feststellt. Sobald sich ihr Opfer zur Selbständigkeit durchgerungen hat, muß sie es entweder verlassen oder ein anderes Verhalten annehmen, das nicht mehr die Hilfsbedürftigkeit des Partners voraussetzt, sondern das auf Gleichberechtigung und Gegenseitigkeit beruht.

Moralische Überlegenheit

Hinter der »heiligen« Fassade dieses Typs des heimlichen Aggressors verbirgt sich häufig sein Machtstreben. Der »Moralist« möchte unausgesprochen immer zum Ausdruck bringen, daß er sich auf einem sittlich höheren Niveau befindet als seine Mitmenschen.
»Moralisten« finden sich in vielen Lebensbereichen. In der Politik erscheinen sie gern als Pazifisten, die sich in echter Friedensliebe den mordlustigen Vertretern aller Kriegspolitik entgegenstellen. Das entgegengesetzte Extrem bildet der rechte Flügel, dessen Vertreter sich als die Verteidiger der wahren Demokratie fühlen und alle Andersdenkenden als kommunistisch verseucht ansehen. In der Religion vermeint der »Moralist« – sei es als Yogi, Buddhist oder Christ – im einzig wahren Glauben zu leben, fühlt sich also auf einer höheren Stufe der Erkenntnis mit einer direkten Verbindungsleitung zu Gott. Außerdem finden wir den »Moralisten« in anderen Bereichen, zum Beispiel in der Form des Vegetariers, der nicht »töten« will, um zu essen, oder des Bedürfnislosen, der über alle Habsucht erhaben ist und das Streben nach materiellen Gütern verachtet.
Damit wollen wir durchaus nicht alle diejenigen, die nach einem sinnvolleren Lebensstil streben, als »heimliche Aggressoren« abstempeln. Wir wollen nur auf Verhaltensweisen aufmerksam machen, in denen sich potentielle Aggression verbergen kann. Der Aggressor kann hier nämlich unter der Maske der Vergeistigung, des Gerechtigkeitssinnes oder der Wahrhaftigkeit sein Überlegenheitsbedürfnis befriedigen und seiner Menschenverachtung ungehemmt freien Lauf lassen. In der Gegenwart eines »Moralisten« fühlen die meisten Menschen Selbstzweifel in sich aufsteigen, die ihr Selbstbewußtsein bedrohen. Gerade diese Wirkung könnte die geheime Absicht des heimlichen Aggressors im »Moralisten« sein.
Auch hier zeigt sich die dem Verhalten zugrunde liegende Feindse-

ligkeit lediglich in seiner Wirkung. Wir haben zum Beispiel oft erlebt, daß sich Eltern über das Unglück beklagen, ihre Kinder an irgendeine religiöse Sekte oder kultische Gemeinde verloren zu haben. In den fanatischen Bemühungen der Kinder, ihre Familien zu ihrem neuen Glauben zu bekehren, versteckt sich ihre Überheblichkeit und Verachtung, die sich aus heimlicher Feindseligkeit herleitet und in Wirklichkeit nur zur Entfremdung der Eltern führen kann. Die Autoren beurteilen moralistisches Verhalten nach seiner Wirkung und finden hier die versteckte Aggression in dem Einnehmen eines überlegenen Standpunktes.
In den letzten Jahren hat sich ein neuer Typ des »Moralisten« herausgebildet, und zwar im Bereich der Psychotherapie. Zuerst zeigte sich dieses Phänomen bei Patienten, die sich einer Freudschen Psychoanalyse unterzogen hatten und nun meinten, tiefere Einsichten in die Psyche des Menschen gewonnen zu haben als ihre Mitmenschen. Ein geschiedener Mann erklärte nach Beendigung einer Analyse, er habe Schwierigkeiten, die richtige Partnerin zu finden, da er nun »psychologisch überqualifiziert« sei. Die psychotherapeutische Welle der letzten Jahre hat eine Menge Individuen hervorgebracht, die dadurch eine gewisse Überlegenheit beanspruchen, daß sie zu tieferen Empfindungen fähig seien oder bewußter und wahrer lebten als andere. Auch die Haltung eines solchen Menschen beurteilt man am besten nach ihrer Wirkung. Wenn man sich in seiner Gesellschaft wie ein minderwertiges Wesen zu fühlen beginnt, kann man unseres Erachtens getrost annehmen, daß dem Verhalten des »psychologischen Moralisten« versteckte Aggression zugrunde liegt.

Verteidigung gegen den »Moralisten«

Im Zusammensein mit einem »Moralisten« ist man versucht, seinen puristischen Prinzipien auf intellektueller Ebene zuzustimmen, während man sie gefühlsmäßig ablehnen möchte, ja geradezu Widerwillen gegen sie empfindet. Das letztere Gefühl löst dann gewöhnlich ein Schuldbewußtsein aus, da man sich anscheinend gegen einen Menschen auflehnt, der nur nach dem Höchsten und Besten strebt. Wir wollen dagegen geltend machen, daß gerade dieser Widerwille eine gesunde Reaktion auf den unausgesprochenen Überlegenheitsanspruch des »Moralisten« darstellen könnte. Darum soll man dieses Gefühl akzeptieren, ihm trauen und es getrost zum Ausdruck bringen, anstatt sich seinetwegen Vorwürfe zu machen und seinen eigenen menschlichen Wert anzuzweifeln. Nur so kann man dem »Moralisten« entgegenwirken.

Wenn sich ein Jugendlicher von seiner Familie ab- und einer religiösen Sekte zugewendet hat, versucht seine Familie normalerweise, ihn zur Heimkehr zu überreden. Dabei nimmt sie gewöhnlich eine bittende, schuldbewußte Haltung ein, da sie nur auf seine religiöse Aussage reagiert, die in ihnen das Gefühl erweckt, diesem Kind nie gerecht geworden zu sein – also versagt zu haben. Nur wenn die Familie in der Lage ist, die heimliche Aggression hinter dem religiösen Verhalten ihres Kindes zu erkennen, kann sie verständig und wirkungsvoll darauf reagieren.

Die »Intellektualisten«

Zunächst müssen wir eine klare Abgrenzung zwischen den Begriffen Intelligenz und Intellektualismus herstellen. Intelligenz dient dem Menschen dazu, sein Leben zu erleichtern und zu verbessern. Die Intellektualisten dagegen benutzen ihre Redensarten und Gedankengänge als Instrument, um sich einen Abstand von den anderen Menschen zu verschaffen und dadurch emotionalen Erfahrungen auszuweichen. Der Intellektualist kann sich kaum anders äußern als in Urteilen, Erklärungen und philosophischen und analytischen Exkursen. Sein Eindruck auf die Menschen ist kalt und unpersönlich. Wer einmal versucht, in emotionalen Kontakt zu einem Intellektualisten zu treten, wird sich sehr bald von seiner Unzugänglichkeit frustriert fühlen. Der Intellektualist gehört zu den heimlichen Aggressoren, und er bringt seine Feindseligkeit dadurch zum Ausdruck, daß er sich gefühlsmäßig völlig verschließt, sich dem anderen gewissermaßen vorenthält. Seine Aggression äußert sich in seiner Unnahbarkeit und seinem unausgesprochenen Anspruch auf intellektuelle Überlegenheit. Er maskiert seine Feindseligkeit mit seiner Vernünftigkeit und seinem Verständnis.

Der Intellektualist sucht für die Lösung seiner Probleme immer nach irgendwelchen Methoden und Richtlinien, die er anwenden könnte, womit er einer aufrichtigen, aggressiven Auseinandersetzung, etwa mit einem anderen Menschen, auszuweichen versucht. Ein Beispiel dafür wäre eine Ehepaar mit sexuellen Schwierigkeiten, das sich ein Buch mit sexuellen Anleitungen kauft, um herauszufinden »was sie falsch machen«. Damit gehen sie einer offenen Konfrontation aus dem Wege, die allein ihnen helfen könnte, ihre tieferliegenden Vorbehalte und Konflikte aufzudecken und damit zur Wurzel ihres Problemes vorzudringen.

Innerhalb einer kleineren chemischen Fabrik gab es plötzlich Kommunikationsschwierigkeiten, da die Zusammenarbeit zwischen der Forschungs- und der Verkaufsabteilung aus irgendwelchen ungeklärten Unstimmigkeiten heraus nicht mehr klappte. Der Fabrikdirektor versuchte, das Problem dadurch zu lösen, daß er einige »Experten« einlud, um Vorträge über Psychologie und zwischenmenschliche Verhaltensweisen zu halten. Damit hatte er das Problem intellektualisiert, anstatt ihm auf den Grund zu gehen.

In einem anderen Fall hatte eine weibliche Angestellte ständig Schwierigkeiten mit ihrem Chef, woraufhin sie ihn eines Tages um eine Unterredung bat. In dieser Aussprache setzte ihr Chef ihr auseinander, daß ihre Schwierigkeiten durch eine starke latente Abneigung gegen männliche Autoritätspersonen verursacht würden. Er intellektualisierte das Problem, indem er ihr Verhalten psychologisch interpretierte, und war damit einer echten Auseinandersetzung mit gegenseitigem Engagement ausgewichen.

Kampf dem »Intellektualisten«

Da der Intellekt in unserer Gesellschaft in hohem Ansehen steht, finden die »tiefsinnigen« Aussprüche, Definitionen, Abstraktionen und Reflexionen der »Intellektualisten« gewöhnlich ein dankbares Publikum, obgleich sich das Zusammenleben mit ihnen meist als eine langweilige und frustrierende Erfahrung erweist. Das unbefangene Verhalten von Kindern, die in Gegenwart eines »Intellektualisten« gähnen und unruhig werden, ist die spontane, aufrichtige Reaktion auf den völligen Mangel an lebendigem Gefühl. Es gibt jedoch nur wenige Erwachsene, die sich dazu überwinden können, als Reaktion auf einen »Intellektualisten« zu ihm zu

sagen: »Ihre Geistreicheleien langweilen mich und halten uns nur davon ab, uns gegenseitig unsere wahren Gefühle mitzuteilen, und das gefällt mir nicht«.
Im Kampf gegen den »Intellektualisten« muß man seine spontane Reaktion auf ihn, nämlich das Gefühl von Langeweile und Ungeduld akzeptieren und sich dazu bekennen. Man soll auf sein Gefühl vertrauen und den Widerwillen gegen diese Art der gefühlsmäßig sterilen Kommunikation nicht als Beweis der eigenen Minderwertigkeit betrachten. Anstatt sich auf einen intellektuellen Wettstreit einzulassen, sollte man den »Intellektualisten« lieber zu einem Austausch auf emotionaler Ebene herausfordern. »Hör doch mal mit dem intellektuellen Quatsch auf und erzähle mir lieber, wie du dich fühlst«, könnte dazu als Einleitung dienen.

Der Anerkennungsverweigerer

Beim Vorgesetzten, Ehepartner, Lehrer, Freund, Geschäftspartner oder Liebhaber kann sich Aggression darin äußern, daß er niemals eine positive, anerkennende Äußerung macht. Er oder sie wird niemals sagen »Das hast du aber gut gemacht«, »Das gefällt mir sehr«, »Das war gute Arbeit« oder »Das war großartig«. Dadurch wird in denen, die von solchen Menschen abhängig sind, eine ständige Unsicherheit und Sorge wachgehalten, aus der heraus sie sich dauernd einbilden, sie hätten irgend etwas gesagt oder getan, das dem Partner mißfallen hat. Mit der Anerkennungsverweigerung hält man andere auf Distanz und hindert sie daran, unerwünschte Forderungen zu stellen oder zu nahe heranzukommen. Die Ehepartner von Anerkennungsverweigerern enden oft beim Psychiater oder in den Armen eines Liebhabers, wo sie die positive Verstärkung suchen, die sie zu Hause nicht bekommen. Freunde ziehen sich nach einiger Zeit frustriert zurück und die Angestellten eines Anerkennungsverweigerers müssen ihr ganzes Selbstwertgefühl mobilisieren, um standhalten und ihren Gleichmut bewahren zu können.
Der Anerkennungsverweigerer ist sich nicht bewußt, daß seine Zurückhaltung wie Zurückweisung auf seine Mitmenschen wirkt. Er braucht deshalb die direkte Herausforderung in Form einer Bitte um eine positive oder negative Beurteilung – etwa: »Was

halten Sie von meiner Arbeit?« Besonders wichtig wäre eine solche Konfrontation im Berufsleben, wo das Bewußtsein vom Wert der eigenen Leistung die Voraussetzung für die Selbstsicherheit des Menschen ist.

Der Zweifler

Wenn sich ein Mensch in einer kritischen Situation befindet und besonders anfällig ist, erregt der Zweifler Angst und Unsicherheit in ihm, indem er sich betont besorgt gebärdet. Zum Beispiel sagt die Ehefrau zu ihrem Mann: »Hast du gesehen, wie mißmutig dein Chef gestern abend beim Essen aussah? Ob ihm wohl irgend etwas nicht gepaßt hat, was du gesagt hast?« Oder »Du solltest vielleicht doch lieber in eine Lehre gehen als zu studieren. Akademiker sollen ganz schlechte Berufsaussichten haben, und außerdem sind die Universitäten so überfüllt, daß man überhaupt nicht zugelassen wird«. Hier werden unter dem Mantel der Hilfeleistung Zweifel eingepflanzt.

Nach dem Tode des Vaters übernahm der Sohn die Geschäftsführung des elterlichen Restaurants zusammen mit seiner Mutter. Der Vater hatte viele Gelegenheiten, das Geschäft zu erweitern, vorbeigehen lassen, weil die Ängste und Zweifel seiner Frau ihn immer zurückgehalten hatten. Folglich hatten sie dauernd zu kämpfen, um sich finanziell über Wasser zu halten.

Nun aber wollte der ehrgeizige Sohn die großartigen Möglichkeiten, die er für sein Geschäft sah, realisieren und unterbreitete seiner Mutter einen konkreten, durchführbaren Plan, durch den das Restaurant in relativ bescheidenem Rahmen ausgebaut werden könnte. Die Antwort der Mutter lautete: »Du hast nie eine Inflation erlebt und weißt also nicht, was das heißt. Die nächste Inflation steht vielleicht schon vor der Tür. Außerdem ist es furchtbar schwer, zuverlässiges Personal zu finden. Und wenn wir mehr Leute einstellen, mußt du auch mehr aufpassen, daß sie dich nicht bestehlen. Du willst doch wohl nicht am Herzinfarkt sterben, bevor du fündunddreißig bist? Ich sage dir das alles nur zu deinem Besten.«

Unter der Maske der Sorge und Hilfsbereitschaft streut der Zweifler den Samen der Angst und der Selbstzweifel in die Herzen der Menschen. Seine Einstellung zu Menschen und Situationen ist immer negativ. Hinter seinem »hilfreichen« Rat verbirgt er den versteckten, feindseligen Wunsch, der andere möge seinen Zynismus und seine Frustrationen teilen und auch nicht erfolgreicher im Leben sein als er selbst.

Abweisung des Zweiflers

Die Zweifler üben eine emotional verderbliche Wirkung aus. Sie versuchen, ihre eigenen Unzulänglichkeiten und Selbstzweifel dadurch zu kompensieren, daß sie sie auf andere übertragen. Sie mögen auf keinem Gebiet übertroffen werden und ertragen es nicht, wenn ein ihnen Nahestehender zu selbstsicher oder erfolgreich wird. Man sollte ihre negative Einstellung ignorieren oder ihnen geradeheraus sagen, daß ihre Besorgtheit ganz und gar keine Hilfe bedeute.

Der hilflose Aggressor

Die Hilflosigkeit als versteckter Aggressionsstil bedient sich der Schwäche, Tränen, Empfindlichkeit und Zartheit, um Schuldgefühle zu wecken, jeder Verantwortung auszuweichen und andere zu tyrannisieren. Die unausgesprochene Botschaft heißt: »Du kannst einfach alles, und ich bin so unzulänglich. Du mußt mir helfen.« Wenn aber der hilflose heimliche Aggressor ein Opfer gefunden hat, wird er sogleich damit beginnen, Besitzansprüche und Forderungen zu stellen und ihm Schuldgefühle einzuflößen. Hier haben wir es mit einer äußerst wirkungsvollen Form der Ausnutzung und Manipulation zu tun. In einer solchen Beziehung geht auf die Dauer der hilflose Aggressor als Inhaber der Machtposition hervor. Seine hilflose Pose verdeckt sein starkes Bedürfnis zu dominieren und zu beeinflussen.

Absicherung gegen Hilflosigkeit

Die leichtesten Opfer für den hilflosen Aggressor sind Menschen, die der ständigen Selbstbestätigung bedürfen. Mit anderen Worten, Personen mit starken Selbstzweifeln und großer Empfänglichkeit für Schmeicheleien werden sich am ehesten von einem hilflosen Aggressor angezogen fühlen. Um sich gegen diesen Typ abzusichern, sollte man aufmerksam darauf achten, bei welchem Menschen sich Beschützerinstinkte in einem regen und man das Bedürfnis verspürt, Dinge für ihn zu tun. Die Art, in der der heimliche Aggressor andere dazu veranlaßt, ihm Pflichten und Aufgaben abzunehmen, ist unweigerlich verführerisch und anziehend.

Um aber die wirkliche Stärke und Entschlossenheit hinter der Hilflosigkeit aufzudecken, raten wir zu folgendem Experiment. Wenn sich beim nächsten Zusammensein die Hilflosigkeit wieder einmal in aller Schwäche, in Tränen oder dem waidwunden Blick zur Schau stellt, sage der zur Zielscheibe dieser Szene gewählte Partner: »Ich glaube dir einfach nicht. Ich habe sogar das Gefühl, daß du mich zu manipulieren versuchst und in Wirklichkeit viel stärker bist als ich.« Man kann voraussagen, daß sich die Pose der Hilflosigkeit schlagartig verwandeln wird, und zwar zu einer Reaktion irgendwo zwischen einem Wutanfall und eisigem Schweigen. Nun hat man endlich die wahre Person hinter der hilflosen Maske erreicht.

Die in diesem Kapitel beschriebenen Stile der verborgenen Feindseligkeit sind nur eine kleine Auswahl aus unendlich vielen Möglichkeiten der indirekten und versteckten Aggression. Sie alle entstehen, weil offene, direkte aggressive Beziehungen unterdrückt werden und wir uns nicht von der romantischen Vorstellung lösen können, der Mensch sei ein altruistisches und friedliebendes Wesen, das nur dann zu einem aggressiven Verhalten neigt, wenn es herausgefordert wird oder sich aus Gründen der Gerechtigkeit dazu gezwungen fühlt.

Man kann dem heimlichen Aggressor nur schwer entgegentreten, da er sich immer herausreden wird mit Aussprüchen wie »Ich wollte doch nur helfen«, »Ich habe es nicht böse gemeint«, »Ich bin wirklich nicht böse«. Seine Vorstellung von sich selbst wird ihm nicht erlauben, sich als einen Aggressor zu sehen, geschweige denn als einen tückischen, weil heimlichen Aggressor.

Wie wir schon mehrfach bemerkten, kann heimliche Aggression nur an ihrer Wirkung auf das Opfer erkannt und verstanden werden. Diese Art der Aggression bewirkt Kontrolle, Demütigung, Strafe, Schuldgefühle und Abhängigkeit, und sie verfolgt ihren aggressiven Zweck hinter einer gesellschaftlich sanktionierten Maske.

Für den Moment kann die heimliche Aggression offen aggressive Handlung verhindern. Auf die Dauer jedoch muß man diesen Pseudofrieden teuer bezahlen. Jegliche Kommunikation wird verzerrt und undurchsichtig. Manipulation tritt an die Stelle von echter Zuwendung. Das lebendige Potential einer zwischenmenschlichen Beziehung wird wesentlich vermindert und durch Gefühlskälte, Stagnation und Routineverhalten ersetzt. Das Schlimmste dabei, daß man die Aggression auf Schleichwege abdrängt, ist die Tatsache, daß man sich ihrer nun nicht mehr bewußt ist und damit die Kontrolle über sie verloren hat, wodurch wir ihrem unvorhergesehenen, unerwarteten und verhängnisvollen Zugriff hilflos ausgeliefert sind.

5. Die unheilvollen psychologischen Auswirkungen fehlgeleiteter Aggression

So wie zu Freuds Zeiten die unterdrückte Sexualität als Hauptursache aller emotionalen Probleme galt, sind wir Heutigen geneigt, diese Ursache in der verdrängten Aggression zu sehen. Zur Zeit von Sigmund Freud entdeckten die Psychoanalytiker erstmals die enorme Bedeutung der zurückgedrängten Sexualität für die Entwicklung von emotionalen Störungen. Freud selbst hatte seine Theorie aus der Arbeit mit zahlreichen Patienten, bei denen sich hysterische Symptome wie Lähmungen, Fehlreaktionen der Sinnesorgane und andere körperliche Fehlleistungen zeigten, für die keine physiologischen Ursachen zu existieren schienen, entwickelt. Er erkannte die Bedeutung dieser hysterischen Symptome als eine Selbstschutzreaktion gegen uneingestandene sexuelle Wünsche wie Onanie, inzestuöse Gefühle, nymphomanische Neigungen, Exhibitionismus, Voyeurismus oder einfach voreheliche oder außereheliche sexuelle Beziehungen. Der »gelähmte Arm« eines Patienten wurde zum Beispiel interpretiert als die unbewußte Abwehrreaktion gegen den Drang zur Onanie, während die »Blindheit« eines anderen Patienten ihre Erklärung in den voyeuristischen Neigungen des Patienten fand. In den schwereren Fällen geistiger Gestörtheit, wie zum Beispiel den verschiedenen Formen von Paranoia, entdeckte Freud als eine der wesentlichsten Ursachen zurückgedrängte homosexuelle Bedürfnisse. Beim Studium des Falles eines kleinen Jungen mit phobischen Reaktionen auf Pferde, die aus der Erfahrungswirklichkeit des Jungen keine Erklärung boten, entdeckte und präzisierte Freud seinen umstrittenen Ödipuskomplex, als er erkannt hatte, daß diese Reaktion die fehlgeleitete Furcht des Jungen vor seinen unterdrückten inzestuösen Wünschen darstellte. Ganz allgemein legte Freud seinen analytischen Nachdruck, wie heute weithin bekannt ist, auf die ungeheuren Auswirkungen sexueller Unterdrückung auf die Persönlichkeitsentwicklung des Individuums und die Entwicklung vieler Arten emotionaler Symptome.

Seit Freuds Zeit hat sich dem kulturellen Bewußtsein die sexuelle Befreiung als eine notwendige Entwicklung mit aller Eindringlichkeit eingeprägt. Alte mythologische Vorstellungen über die Sexualität wurden von Forschern und Aufklärern nachdrücklich zerstört. Ein äußerst anschauliches Beispiel für die Veränderung im gesellschaftlichen Bewußtsein bietet die enorme Beliebtheit des Bestsellers »Die sinnliche Frau«. In diesem Buch empfiehlt die Autorin den Frauen die sexuelle Selbstbefriedigung als ein probates Mittel, einen Orgasmus zu erreichen und ganz allgemein zur Erleichterung ihrer sexuellen Beziehungen. Noch vor zwanzig oder dreißig Jahren beruhte der landläufige Vorbehalt gegen die Selbstbefriedigung auf der Vorstellung, sie könne zur Geisteskrankheit führen. Von solchen destruktiven und schädlichen Verzerrungen der Tatbestände sind wir heute freilich weit entfernt. Heute werden vor- und außereheliche sexuelle Beziehungen, Abtreibungen, Selbstbefriedigung, öffentliche Nacktheit und die verschiedenen Erscheinungsformen der Pornographie weitgehend als integrierte Bestandteile des Kulturbewußtseins akzeptiert. Als Folge davon verlor die unterdrückte Sexualität ihre Bedeutung als Wurzel aller emotionalen Gestörtheit.

Nichtsdestoweniger gibt es weiterhin seelische Krankheiten und weitverbreitete emotionale Probleme, wenn sich auch ihre Ausdrucksformen und Ursachen ändern. An die Stelle der vormals vorherrschenden hysterischen Symptome treten nun Depressionen, Angstzustände und die Unfähigkeit zu Gefühlsäußerungen. Wir glauben, daß allen diesen emotionalen Problemen ein großes Maß an unterdrückter Aggression zugrunde liegt. Die vielen Forschungsstudien, die uns aus den psychiatrischen und psychologischen Zeitschriften bekannt sind, haben diese Tatsache erhellt. Tatsächlich zielen viele Neuerungen in der Psychotherapie darauf ab, Ärger- und Wutventile darzubieten. Hierin zeigt sich die Übereinstimmung mit der zunehmenden Erkenntnis der unterdrückten Aggression als der Ursache vieler krankhafter emotionaler Symptome.

Depression

Die Beziehung zwischen Karl und Ruth, einem Ehepaar Anfang fünfzig, bietet ein Beispiel für das Verhältnis zwischen verdrängter Aggression und der allmählichen Entwicklung einer tiefen Depression. Seit Beginn ihrer Verbindung hegte Karl ein starkes Gefühl der Auflehnung gegen Ruth, wobei er sich gleichzeitig von ihr abhängig fühlte. Oft mußte er seine Frustration und den aufkommenden Zorn in sich unterdrücken, wenn ihm ihre Bevormundung überhand zu nehmen schien. Als er zum Beispiel einmal erwähnte, daß er am Abend gern mit seinem Freund Jack zusammenkommen wollte, um sich bei einem Glas Bier wieder einmal mit ihm zu unterhalten, regte sie sich über alle Maßen auf. Sie schrie und drohte so lange, bis er nachgab und die Verabredung absagte. Wenn er mit Ruth auf der Straße ging und es begegnete ihnen eine attraktive Frau, durfte er auch nicht den flüchtigsten Blick auf sie werfen, ohne von seiner Frau den Vorwurf zu hören, er benehme sich »wie ein Tier« und behandle sie wie Luft. Abends saß er häufig gelangweilt vor dem Fernsehapparat und wagte nicht zu tun, wonach ihm eigentlich zumute war, nämlich mit seinen Freunden Karten zu spielen oder zu einem Fußballspiel oder Boxkampf zu gehen. Wenn dann Ruth auch noch bissige Bemerkungen über sein ewiges Fernsehen machte und ihm seinen Mangel an Aktivität vorwarf, wurde er oft innerlich so wütend über seine Situation, in der er sich, ganz gleich was er tat, im Unrecht befand, daß er ihr im tiefsten Herzen den Tod wünschte.

Dann entdeckte man bei Ruth, die immer als eine kräftige Frau erschienen war, plötzlich einen bösartigen Gehirntumor, der bei der Operation nicht ganz entfernt werden konnte. Während der nachfolgenden Behandlung wurde sie zusehends schwächer, zeigte sich oft verstört und verfiel zuzeiten in geistige Umnachtung. Acht Monate nach der Operation starb sie.

Daraufhin versank Karl in eine tiefe Depression. Er wiederholte immer wieder, wie sehr er wünschte, an ihrer Stelle gestorben zu sein. Manchmal sprach er mit kaum hörbarer Stimme und nannte Ruth seinen Engel; dabei erging er sich in Erinnerungen an ihre liebevolle Fürsorge. Wenn man ihn anhörte, mußte man meinen, er sei ein rücksichtsloses Scheusal gewesen, das immer nur seinen eigenen Wünschen und Vergnügungen nachgegangen war. Manchmal gab er sich selbst die Schuld an ihrer Krankheit. Er sagte dann wohl: »Ich habe ihr das Leben so wenig lebenswert gemacht, während sie mir alles gab. Ich habe das Leben aus ihr herausgesogen«.

Alle Gefühle der Abneigung, der Wut und des Ärgers, die er je gegen sie empfunden hatte, wenn sie ihn zu ihren Lebzeiten kontrolliert und eingeengt hatte, waren verschwunden. Er konnte sich jetzt nicht einmal mehr an eine einzige der vielen Gelegenheiten erinnern, bei denen er sich über sie geärgert hatte. Wenn ihm doch einmal irgend etwas Derartiges einfiel, gab er sofort sich selbst die Schuld daran. Von ihr war ihm nur ihre »Sanftmut« und »Herzensgüte« in Erinnerung.

Es vergingen Monate, ohne daß Karls Depression nachließ. Er wurde immer unbeweglicher. Außer daß er sich noch mühsam zur Arbeit schleppte, saß er fast nur herum und starrte vor sich hin, wobei man höchstens hin und wieder Selbstanklagen von ihm zu hören bekam. Schließlich brachte ihn seine Schwester, die keinen Ausweg mehr wußte, auf Anraten des Hausarztes zu einem Psychiater. Karl unterzog sich auf den Rat des Psychiaters einer Elektroschocktherapie, die ihn aus seiner Depression reißen sollte.

Bei Ruths Tod überwältigte Karl sein Schuldbewußtsein, das sich aus all seinen aggressiven Gefühlen gegen sie herleitete. Auf irgendeine unklare Weise sah er in seinen Ärgergefühlen, seiner Abneigung, seinen Wünschen und Versuchen, sich innerlich zu befreien, und seinem gelegentlichen Interesse an anderen Frauen lauter Gründe, die zum Tode seiner Frau beigetragen hatten. Alles, was sie ihm je angetan hatte, war ihm völlig aus dem Gedächtnis verschwunden.

In unserer aggressionsscheuen Gesellschaft gilt es traditionsgemäß als »unrecht«, innerhalb einer Ehe Gefühle des Ärgers, der Abneigung oder solche der unabhängigen Selbstbehauptung zu hegen, geschweige denn, solche Gefühle nach dem Tod des Ehepartners zuzugeben oder gar seine Erleichterung, Freude und Befriedigung über den Tod kundzutun. Solche Gedanken und Gefühle empfinden wir als unerträglich. Es wäre »erschreckend« und »feindselig«, wenn man sie ausgesprochen hörte. Und so ist es kein Wunder, daß so viele Menschen nach dem Tod ihres Partners oder nach einer Scheidung peinvolle Depressionen erleben. Sie ersticken an ihrem unterdrückten Ärger und ihren Schuldgefühlen!

Karls Reaktion, die zwar in vieler Beziehung extrem erschien, war durchaus nicht atypisch. In unserer aggressionsrepressiven Gesellschaft ist die Depression sowohl in ihrer milderen wie auch in ihrer schwersten Form ein weitverbreitetes Phänomen. Dieses Phänomen ist unlösbar verbunden mit dem Schuldgefühl und der daraus resultierenden Unterdrückung von Ärger, Abneigung und Wut. Um diese Gefühle verborgen zu halten, verschwören wir uns alle miteinander. Zum Beispiel vermieden es Karls Freunde einmütig, die ständigen Nörgeleien und Streitereien, die sie jahrelang miterlebt hatten, zu erwähnen, oder an Ruths Bevormundung, ihre bissigen Bemerkungen und ihre demütigenden Ausfälle gegen ihn in Anwesenheit von Freunden zu erinnern. Statt dessen versuchten sie, Karl zu »helfen«, indem sie ihm versicherten, er sei durchaus kein Scheusal, sondern ein rücksichtsvoller, zärtlich liebender Ehemann gewesen. Dabei stellten sie allerdings das von ihm entworfene Bild seiner Frau als einer mustergültigen Ehefrau, einem »Engel«, nie in Frage. Das hätten sie als außerordentlich geschmacklos empfunden. Auf diese Weise fand aber Karl keine Erlösung von all seinem unterdrückten Ärger. Er wurde von wohlmeinenden Freunden, die ihm keine Aufregung verursachen wollten, daran gehindert, sich aus seiner Depression zu befreien. Ihre freundliche Anteilnahme beschränkte sich darauf, ihn zu Wochenendausflügen zu ermuntern, ihm ein gelegentliches Gläschen Wein zu empfehlen oder ihm ein paar Leckerbissen mitzubringen.

Ärger hilft

Es ist interessant und auch bezeichnend, daß man in unserem Kulturkreis unter »helfen« immer nur Gesten der Freundlichkeit, der Rücksichtnahme, der Unterstützung, mit einem Wort, positive Reaktionen versteht. Wir sind nicht darauf eingestellt, das Konstruktive und Hilfreiche in der Ermutigung eines Menschen zu aggressiver Interaktion zu sehen, in der Herausforderung zum Kampf, in Ärgeräußerungen oder in der Bereitschaft, dem anderen die Möglichkeit zu seinen Ärgerreaktionen gegen einen selbst einzuräumen. Sobald jemand seinen Ärger gegen den zum Ausdruck bringt, der ihm angenommenermaßen zu »helfen« versucht, würden die meisten von uns ihn für undankbar, bösartig oder gar paranoid halten.

Wenn es auch paradox erscheint, so hätte man Karl nur helfen können und ihm dadurch die Elektroschocktherapie erspart, wenn man ihn veranlaßt hätte, die ihn ängstigenden, aber nichtsdestoweniger sehr menschlichen Gefühle der Wut, die er zu ihren Lebzeiten gegen Ruth gehegt hatte, zuzugeben, auszudrücken und zu akzeptieren. Nach allem, was Psychotherapeuten heute über Depressionen wissen, erstickte Karl an der Schuld, die ihm zu groß schien, um sie auf sich nehmen oder aussprechen zu können, und nun wendeten sich diese verdrängten Gefühle gegen ihn, um sich in Form von Selbsthaß und Selbstanklagen zu äußern. In seinen Augen traf nur ihn allein alle Schuld an den Schwierigkeiten, die es in seiner Ehe gegeben hatte. Er hatte sich rücksichtslos verhalten, nur er war schuld an allem. Umgeben von »teilnahmsvollen« Freunden versank Karl immer tiefer in sich selbst, bis er sich in echter Selbstmordgefahr befand und zur Elektroschocktherapie bewogen werden mußte. Daran wird klar, daß Karl mehr als nur liebevolle Anteilnahme gebraucht hätte.

Für einen Psychotherapeuten, der eine depressive Person behandeln will, stellt sich als erstes die Frage: »Gegen wen richtet sich die Aggression, die einen solchen Schuldkomplex ausgelöst hat, daß sie nicht mehr zum Ausdruck gebracht und akzeptiert werden kann?« In extremen Fällen von Depression, die sich nahe an der Grenze zu Selbstmordimpulsen befinden, muß die Frage sogar heißen: »Wen möchte diese Person töten?« (wenngleich dieser Wunsch nur im Unterbewußtsein zu suchen ist) oder »Wen möchte diese Person durch ihren leidenden Zustand bestrafen?«, wobei wir davon ausgehen, daß tiefe Depressionen intensive verdrängte Wut- und Haßgefühle verdecken.

Die Autoren haben sich in ihrer Arbeit als Psychotherapeuten in Fällen von Depression und Hoffnungslosigkeit, besonders bei Witwen und Witwern, immer von der Überzeugung leiten lassen, daß eine Äußerung von Ärgergefühlen als erstes Behandlungsziel anzustreben sei. Die Trauerrituale in der westlichen Welt bieten keine Möglichkeit, seinen normalen Ärger gegen den toten Partner auszudrücken. Und doch gibt es so viele legitime Gründe für diesen Ärger. Zunächst ist da der ganz akute Ärger darüber, von der verstorbenen Person alleingelassen zu sein. Da ist außerdem das bittere Gefühl bei dem Bewußtsein, daß es nun zu spät ist, die Konflikte auszutragen, wie es nötig gewesen wäre, zu spät auch für

ie Diskussionen und Auseinandersetzungen, die sie so notwen-
ebraucht hätten. So ist die Depression nach einem Todesfall
eng verflochten mit hilflosen Wutgefühlen.

erste Aufgabe müssen diese Witwen und Witwer in unserem therapeutischen Programm eine Liste zusammenstellen, die detailliert alle Worte und Handlungen des verstorbenen Partners enthalten soll, die sie zu ihrer Zeit als bewußte Kränkung empfunden hatten, was sie ihrem Partner gegenüber jedoch nicht zum Ausdruck zu bringen vermochten. Danach werden sie aufgefordert, sich einer Ersatzperson gegenüberzustellen und ihr laut und zornig den Inhalt der Liste vorzuhalten. Manchmal stellen wir zu diesem Zweck eine Stoffpuppe zur Verfügung, die mit Fäusten, Fußtritten oder den sogenannten Batacas (das sind wattierte Schläger) traktiert werden dürfen, wodurch zusätzlich zu den zornig geschrienen Anklagen die Aggression auch physisch abreagiert werden kann.

Die Intensität der Wutgefühle, die sich hier offenbaren und die anschließend empfundene Erleichterung, die eine Auflösung der Depression bewirkt, beweisen deutlich, welch ein verhängnisvoller Zusammenhang zwischen der Depression und der unterdrückten Verzweiflung über »unerledigte Angelegenheiten« mit der oder dem Toten besteht.

Selbsthaß

Bei den milderen Formen von Depression, unter denen heute so viele Menschen leiden, handelt es sich u. E. um das Resultat ständiger Unzufriedenheit mit sich selbst. Diesen Menschen möchten wir eine Übung empfehlen, die wir »Selbsthaß – Selbstvergebung« nennen und die jeden Abend vor dem Schlafengehen durchgeführt werden sollte. Man muß sich dabei alle Ereignisse des Tages ins Gedächtnis zurückrufen, bei denen man sich über sich selbst geärgert hat. Dann soll man sich selbst mit den beleidigendsten Ausdrücken beschimpfen, wie etwa »Du Idiot!«, »Du blödsinniges Rindvieh!«, »Du gottverdammtes, gedankenloses Miststück!«. Diese Schimpforgie wird am besten von leichten Schlägen unterstützt und so lange fortgeführt, bis sich ein Gefühl der Genugtuung einstellt und die Sache einem albern vorzukommen beginnt. Man sagt sich dann: »Dies ist doch Unsinn. So schlimm bin ich ja gar nicht!« oder »Jetzt will ich es gut sein lassen. Ich habe mich genug bestraft.« Darauf sollen dann Äußerungen der Selbstvergebung folgen wie etwa: »Du bist schließlich ein Mensch und hast auch das Recht, wie ein Mensch zu handeln«, was mit einem freundlichen Streicheln des Gesichts begleitet werden sollte.

Der charakteristische Erziehungsstil unserer Gesellschaft, besonders der Mittelschicht, tendiert zur Bestrafung von Aggressionsäußerungen bei Kindern. Das Kind hört ständig Ermahnungen wie »Sprich nicht in diesem Ton zu einem Erwachsenen«, »Widersprich mir nicht«, »Kinder soll man sehen aber nicht hören«. Manchmal nehmen diese Ermahnungen eine Tonart an, deren schädliche Wirkung gar nicht bezweifelt werden kann. Wenn es etwa heißt: »Wenn du deiner Mutter weiter in diesem Ton widersprichst, wird sie krank, und nur du bist schuld daran«, »Wenn du noch einmal frech zu deiner Großmutter bist, wird Vater dich bestrafen«, »Wenn du nicht aufhörst, mit deiner Schwester zu streiten, geben wir dich weg« oder »Wir rufen die Polizei, und die sollen dich mitnehmen«. Auf fast jeder Stufe des Sozialisierungsprozesses werden Aggressionsäußerungen durch Androhung von Strafe oder durch das Einflößen von Schuld- und Schamgefühlen zurückgedrängt. Je stärker die repressiven und Schuldgefühle auslösenden Einflüsse sind, um so sicherer entsteht ein Fundament für emotionale Probleme.

Man kann mit Sicherheit annehmen, daß emotionale Konflikte aller Art und aller Grade der Intensität eine gemeinsame Wurzel haben, nämlich die Unfähigkeit, mit seinen aggressiven Gefühlen fertig zu werden und sie in angemessener Form zum Ausdruck zu bringen, was darauf zurückzuführen ist, daß diese Gefühle bei ihrem ursprünglichen Erscheinen in der Kindheit bestraft wurden und daher in der Folge Schuldgefühle auslösten. Das hat in vielen Fällen dazu geführt, daß sich der Mensch gar nicht bewußt ist, solche Gefühle in sich zu haben, denn er hat sich daran gewöhnt, Regungen dieser Art mit einer oder mehreren der folgenden unheilvollen Konsequenzen zu assoziieren:

1. Verlassen. In der Kindheit hatte die Äußerung von Aggressivität häufig die Drohung zur Folge, man werde verlassen. »Wenn du noch einmal in dem Ton mit Mammi sprichst, geht sie weg und kommt nie wieder« oder »Wir werden dich zu anderen Leuten geben und dich nie wieder zurückholen«.

2. Übermäßige Bestrafung. In diesem Fall folgte auf Aggressionsäußerungen die Androhung besonders empfindlicher Strafen wie Schläge oder Entzug von Vorrechten. »Sag noch einmal so etwas, und ich schlage dich windelweich« oder »Wenn du deiner Mutter noch einmal widersprichst, bleibst du den ganzen Monat nach der Schule zu Hause« sind zwei Variationen zu diesem Thema.
3. Unheilverkündung. Unheilverkündende Drohungen bewirken beim Kind die Vorstellung von einem Kausalzusammenhang zwischen seinem aggressiven Verhalten und dessen grauenvollen Auswirkungen auf die Person, auf die es gezielt war. Dieser Zusammenhang ist natürlich meist ganz außer Proportion. Zum Beispiel: »Wenn du deine Mutter so anschreist, wird sie sehr krank werden und nur du wirst schuld daran sein!« oder »Willst du denn, daß Großpapa einen Herzanfall bekommt, wenn du immer mit ihm streitest?«
4. Zerstörung. Dieser Fall steht in Zusammenhang mit den unheilverkündenden Drohungen. Hier droht man dem Kind mit ernstlich zerstörerischen Auswirkungen auf die Familienbeziehungen. Zum Beispiel: »Weil du nicht gehorchst, müssen Mammi und Pappi dauernd streiten. Eines Tages werden wir uns deinetwegen noch scheiden lassen« oder »Wenn du nicht endlich freundlicher zu Großmama bist, wird sie schließlich überhaupt nicht mehr zu uns kommen«.
5. Tod. Seelisch gestörte und damit besonders destruktive aggressionsrepressive Eltern schrecken auch wohl vor Selbstmord- und Todesdrohungen nicht zurück. »Hör endlich auf mit deinen ewigen Frechheiten, oder ich bring mich um« oder »Wenn Mammi und Pappi tot sind, wird es dir leid tun, daß du immer so ungezogen warst«.

Die Autoren stimmen aus eigener klinischer Anschauung mit vielen anderen Psychologen und Psychiatern darin überein, daß Eltern von seelisch gestörten Kindern diese durch ihre verrücktmachende Art der Aggressionsunterdrückung in unerträglichen Zwangsverhältnissen leben ließen. Einerseits provozieren die Eltern bei ihren Kindern Ärger- und Wutgefühle durch Beleidigungen und schmachvolle Strafen, andererseits droht dem Kind bei jeder Ärgeräußerung Strafe. Auf diese Weise bleibt ihm keine Möglichkeit, seine normalen Gefühle direkt und ungefährdet zum

Ausdruck zu bringen. Aus einem emotionalen Selbsterhaltungstrieb zieht sich das Kind schließlich innerlich zurück und verliert häufig jeden Bezug zu diesen Gefühlen. Es weiß inzwischen, daß es gefährlich ist, aggressive Gefühle zu zeigen. Um sich selbst gegen sie zu schützen, entwickelt das Kind einen Verdrängungsmechanismus, mit dessen Hilfe es schließlich alle Aggression in sich selbst verleugnen kann. Wenn dieses Kind dann heranwächst, wird es immer häufiger allen intimen zwischenmenschlichen Beziehungen ausweichen, um Interaktionen zu vermeiden, bei denen Aggressionsgefühle plötzlich hervorbrechen könnten, was im Bewußtsein dieses Menschen zu unerträglichen Konsequenzen führen muß.

Katatonische Schizophrenie

Die während der Kindheit unterdrückte Aggression äußert sich beim Erwachsenen häufig in Form von chronischen Kopfschmerzen und Depressionen oder in extremen Fällen als eine Psychose, die unter dem Namen katatonische Schizophrenie bekannt ist. Ein Opfer dieser Psychose wurde Leonard M., ein Flugzeugingenieur bei einer der führenden Flugzeugfirmen in Kalifornien. Bei seinen Kollegen war er als äußerst fähig und zuverlässig bekannt. Obgleich von Natur aus still und unaufdringlich, fiel doch allmählich auf, daß er zunehmend wortkarger und zurückhaltender wurde. Dies begann im März 1972. Am 12. April rief seine Frau in der Firma an und teilte mit, Leonard sei ernstlich krank und müsse sich einer Operation unterziehen.

In Wahrheit war Leonard plötzlich vollkommen bewegungslos geworden. Er saß nur noch da, steif wie eine Statue und mit geschlossenen Augen. Er weigerte sich zu essen und ließ sich auch nicht füttern. Schließlich brachte man ihn in die psychiatrische Klinik, wo man sogleich die Diagnose »Schizophrene Reaktion – Typ Katatonie« stellte. Dort verharrte Leonard noch tagelang in seiner unbeweglichen und teilnahmslosen Haltung. Wenn ein Arzt oder eine Krankenschwester seine Hand bewegte, ließ er es widerstandslos geschehen, ohne die neue Position von sich aus zu verändern. Bei dem Versuch, ihm den Mund zu öffnen, um ihn zu füttern, biß er die Zähne fest zusammen. Nachdem dieser Zustand einige Tage angehalten hatte, bekam er unvermittelt einen heftigen, explosiven Wutanfall, bei dem er sich auf eine Krankenschwester zu stürzen versuchte, die ihn gerade versorgte, und mußte von drei Personen zurückgehalten werden. Von dem Tage an begann seine Besserung; er bewegte sich wieder und fing an, sich selbst zu versorgen.

Es bedurfte noch einiger Wochen intensiver Psychotherapie, bevor er so weit hergestellt war, daß er über seine Krankheit sprechen konnte. Es stellte sich heraus, daß seine zunehmende Zurückhaltung mit einem wachsenden Schuldgefühl zusammenhing, das ihm aus seiner Arbeit erwuchs, die er als zerstörerisch empfand, da sie auch die Waffenproduktion umfaßte. Seine Phantasievorstellungen und Selbstanklagen, die er tief in sich verschloß, nahmen immer intensivere Formen an, bis er eines Tages zu keiner Bewegung mehr fähig war. Zu diesem Zeitpunkt hatten sich seine Angstvorstellungen so verdichtet, daß ihn eine Fingerbewegung genug dünkte, um die Explosion der ganzen Welt zu bewirken.

Solche »Weltuntergangs«-Phantasien sind ein typisches Symptom dieser Art von Schizophrenie. Sie bieten ein extremes Beispiel für die verzerrten Vorstellungen von der eigenen aggressiven Macht. Leonard M. war in einem hochintellektuellen Familienmilieu aufgewachsen. Sein Vater war Theologieprofessor und seine Mutter unterrichtete Mathematik an der höheren Schule. Jeder Versuch einer aggressiven Selbstbehauptung von seiner Seite stieß auf strengste Strafmaßnahmen und bedrohliche Verwarnungen. Mit der Zeit zog sich Leonard fast ganz in sein Zimmer zurück, wo er sich in wissenschaftliche Bücher und mathematische Probleme vertiefte. Er hatte bis zu seinem Zusammenbruch nie starke Gemütsbewegungen gezeigt, weder in positiver noch in negativer Form. Später gestand seine Frau, daß sie trotz aller Angst froh über Leonards Krankheit gewesen sei, denn die Gefühlslosigkeit, die sich in seiner stets gleichbleibenden Zurückgezogenheit offenbarte, hatte sie nahezu verrückt gemacht und auch schon ernstliche Trennungspläne in ihr aufkommen lassen.

Die häufigsten psychologischen Fehlleistungen

Durch die bewußte Verleugnung unserer aggressiven Gefühle verzichten wir auf einen großen Bereich emotionaler Möglichkeiten für uns selbst und unsere zwischenmenschlichen Beziehungen. Wir wiesen schon darauf hin, daß die meisten der am häufigsten vorkommenden psychologischen Symptome in unserer heutigen Gesellschaft auf diesen Verdrängungsmechanismus zurückzuführen sind. Die folgende Aufstellung soll einige mögliche Beziehungen und Teilbeziehungen zwischen verdrängter Aggression und den hauptsächlichen psychologischen Störungen aufzeigen:

Psychologische Fehlleistungen	Mögliche Beziehung zu verdrängter Aggression
1. *Depression*	Die Aggression richtet sich gegen die eigene Person anstatt gegen das eigentliche äußere Ziel. Depressive Menschen finden sich unter denen, die ihre Ärgergefühle nicht zum Ausdruck bringen können.
2. *Zwangshandlungen*	Ritualisierte Verhaltensmuster, die dazu dienen, Aggressionsgefühle unter Kontrolle zu halten. Beispiel: Ein halbdutzendmal nachzusehen, ob man das Gas ausgedreht hat, bevor man das Haus verläßt, kann auf den unterdrückten destruktiven Wunsch gegen das eigene Heim oder die Familie hindeuten. Dem Zwang, alles in untadeliger Ordnung zu halten, kann die unbewußte Haltung zugrundeliegen: »Zum Teufel damit! Ich hasse diese ständige Aufräumerei.«
3. *Zwangsvorstellungen*	Die Rationalisierung eines aggressiven Impulses löst diesen aus dem reinen Gefühlsbereich und ermöglicht dadurch seine Unterdrückung. Beispiel: Eine Mutter wiederholt sich zwanghaft: »Ich darf mein Baby nicht fallen lassen«, weil sie das Unheil ständig kommen sieht. Diese Zwangsvorstellung enthält den unbewußten Wunsch zu gerade dieser Tat. Ein anderes Beispiel betrifft eine Person,

die auf einer Party oder bei irgendeinem anderen gesellschaftlichen Ereignis von der Vorstellung besessen ist, sie könnte jeden Moment Beleidigungen und Grobheiten gegen die anderen Gäste ausstoßen. Auch hier liegt der Zwangsvorstellung der unbewußte Wunsch zu eben der gefürchteten Handlung zugrunde.

4. *Angst (einige Variationen)*	Die Angst entsteht aus dem beunruhigenden Gefühl, daß ein Aggressionsimpuls zum Ausbruch gelangen könnte. Beispiel: Die beklemmende Angst des Bräutigams vor seiner Hochzeit mag auf der Sorge beruhen, er könnte die Kontrolle über den tiefverborgenen Wunsch, einfach davonzulaufen, verlieren. Chronische Angstzustände können die unterdrückte Wut auf eine Person oder eine Situation anzeigen, die jedoch so beunruhigend erscheint, daß man sie nicht bewußt zu empfinden wagt.
5. *Neurasthenie (Chronische Erschöpfungszustände)*	Energielosigkeit als Folge eines Rollenkonflikts. Beispiel: Die Hausfrau, die am Morgen, zwei Stunden nach dem Aufstehen, schon völlig erschöpft ist, äußert damit indirekt ihre Aggression gegen ihre Rolle. Ihre Energie kehrt in dem Moment zurück, da sie sich einer Beschäftigung zuwenden kann, die sie interessiert.
6. *Verfolgungswahn*	Eine Umkehrung aggressiver Impulse. Der unbewußte Wunsch, andere zu verletzen, wird durch einen psychologischen Abwehrmechanismus in den Verdacht »Die anderen wollen mir etwas antun« umgekehrt.
7. *Größenwahn (»Ich bin Jesus Christus*	Eine defensive, unbewußte Umkehrung aggressiver Impulse in ihr heilbringendes Gegenteil. Hier wird durch den Abwehr-

und werde die Welt retten«)

mechanismus, den wir Reaktionsbildung nennen, das unbewußte Gefühl »Ich hasse euch alle« in das entgegengesetzte »Ich will euch alle retten« umgewandelt.

8. *Sexuelle Impotenz und Frigidität*

Hier äußert sich Aggression gegen einen Intimpartner in passiver Form durch sexuelle Teilnahmslosigkeit. Der Grund dafür kann in dem unbewußten Wunsch liegen, den Partner zu bestrafen, zu demütigen oder ihm die Befriedigung zu verweigern.

9. *Die Angst »verrückt zu werden«*

Dieses Symptom ist häufig ein Anzeichen für die Angst, die Kontrolle über verborgene Wut und unterdrückten Widerwillen zu verlieren, was im Bewußtsein der betroffenen Person verheerende Folgen haben würde.

10. *Selbstmord*

Der Selbstmord stellt die äußerste Form dar, in der sich Aggression von ihrem eigentlichen Ziel weg und auf den Menschen selbst richten kann. Die suizide Persönlichkeit kann ihre rasende Aggression aus einem Schuldkomplex heraus nicht gegen das wahre Ziel dieser Gefühle zum Ausdruck bringen. Selbstmordkandidaten leben oft in der Vorstellung, sie würden mit ihrer Tat eine bestimmte Person oder einen Personenkreis ihrer Umgebung bestrafen. Ihre unausgesprochene Begründung lautet: »Es wird euch noch leid tun, wie ihr mich behandelt habt, wenn ihr seht, daß ich tot bin.« Die suizidverdächtige Person ist gefangen in ihrem Schuldkomplex, der jede Möglichkeit eines offenen Widerstandes gegen ihre unerträgliche Situation oder gegen bestimmte Personen abdrosselt.

In der aggressionsscheuen Gesellschaft, in der wir leben, sind wir alle der Gefahr eines psychischen Versagens als Folge verdrängter und unterdrückter Aggression ausgesetzt. Andererseits ist es natürlich unmöglich und für die Gesellschaft untragbar, daß alle Aggressionen jederzeit ausgelebt werden. Wesentlich für die Entwicklung und Erhaltung seiner geistig-seelischen Gesundheit ist es jedoch, daß der Mensch lernt, diese Gefühle in sein Bewußtsein zu erheben, sie als eine Realität zu akzeptieren, Kontrollmöglichkeiten für sie zu entwickeln und ihnen angemessene Ventile zu verschaffen. Indem wir diese Gefühle aus unserem Bewußtsein verbannen, geben wir einen bedeutenden Bereich unseres emotionalen Potentials aus der Hand. Das Ausmaß dieser Bewußtseinsverbannung steht in direkter Beziehung zur Intensität der psychischen Krankheitssymptome.

Die Bezeichnung »normal« für irgendein Verhalten wird in einer aggressionsscheuen Gesellschaft zu einem Begriff ohne Bedeutung. Man kann es als normal bezeichnen, wenn ein Mensch immer »freundlich« ist, weil ein solches Verhalten in unserer Gesellschaft als angemessen und wünschenswert gilt. Und doch kann sich gerade diese Haltung destruktiv auf zwischenmenschliche Beziehungen auswirken. So können Gefühle der Entfremdung, Depressionen, chronische Angstzustände, Stimmungsschwankungen, unkontrollierbare Wutausbrüche und zwischenmenschliche Manipulation nur deshalb zum Teil bereits jetzt oder in Zukunft als normal betrachtet werden, weil sie das Leben der meisten Menschen bestimmen. Dabei entfernen sie uns in Wahrheit weit von jeder konstruktiven und gesunden menschlichen Beziehung.

Es ist in den letzten Jahren geradezu zur Mode geworden, psychopathische Tendenzen mit der Aura des »Besonderen« zu umkleiden und ihnen eine höhere Bewußtseinsebene oder tiefere Erkenntnismöglichkeiten zuzuschreiben. Wir teilen durchaus die Ansicht der psychologischen Wissenschaftler wie etwa Ronald Laing und Alan Watts, daß im Wahnsinn wesentliche Realitätsebenen existieren, und wir wissen wohl, daß die selbstvernichtenden und bewußtseinsschädigenden Spiele in unserer Gesellschaft darauf abzielen, diese »höheren« Ebenen zu erreichen; aber letztlich führen wir doch jedes psychopathische Verhalten zumindest zum Teil auf verdrängte Aggression zurück. Ganz gleich was für Empfindungen noch so exquisiter Art die verschiedenen schizophrenen Bewußtseinsstadien mit sich bringen mögen, so verurteilen wir auf schärfste die irreführende und destruktive Vorstellung von dieser Form des emotionalen Terrors als einer Möglichkeit, sich zu einem höheren Wirklichkeitsbewußtsein und einer tieferen Wahrheitserkenntnis zu erheben. Statt dessen glauben wir, daß der Psychopath seine eigene Kraft, seine Wut, sein Bedürfnis nach Selbstbestätigung und Macht fürchtet und deshalb in eine komplizierte Phantasiewelt flüchtet, um auf diesem Umweg die Befriedigung seiner Wünsche zu erreichen. Dieser Psychopath, in unseren Bezugsrahmen gestellt, ist nichts anderes als ein Opfer unserer aggressionsrepressiven Gesellschaft.

Zur emotionalen Gesundung bedarf es der Zerstörung einiger tiefverwurzelter Vorstellungen, Vorurteile und Reaktionsmuster, die im Laufe des Sozialisierungsprozesses in uns einzementiert wurden.

Sechs emotional schädliche Reaktionsmuster

Hier folgen einige typische Reaktionen auf Aggressionsgefühle, die wir für besonders destruktiv halten.

1. »Sich ärgern ist schädlich und vernichtend.«

Diese Einstellung ist ein Grundprinzip der Aggressionsangst: Wenn man sich über jemanden ärgert, so schadet man ihm und gefährdet die eigene Beziehung zu ihm. Je länger und intensiver man diese Ärgergefühle jedoch unterdrückt, um so übertriebener werden die Vorstellungen von ihren verheerenden Auswirkungen bei einer möglichen Äußerung derselben. Das Geben und Nehmen in einer aggressiven Interaktion muß so beschaffen sein, daß sich auf keiner Seite ein Übergewicht bildet, das ein genügend explosives Potential darstellt, um zu einem vernichtenden Ausbruch zu drängen. Ärger, der direkt und konstruktiv in gutwilliger Manier geäußert wird, mobilisiert die Energien des ärgerempfindenden Partners und verfehlt nie seine Wirkung auf die Person, gegen die er gerichtet ist. Mag sich die andere Person auch zunächst bedroht fühlen, so wird sich doch eine echte Kommunikationsbasis ergeben, sobald deutlich wird, daß hier der Wunsch nach aufrichtiger Kommunikation zugrunde liegt und nicht ein Versuch zur Unterwerfung. Die Unterdrückung dieser Gefühle dagegen bedeutet das

Festhalten an einer emotionalen und potentiell explosiven Irrealität. Und wenn dieser Damm schließlich bricht, kann die Wucht und unkontrollierbare Gewalt des Ausbruchs zur traumatischen Wirklichkeit werden und die schlimmsten Befürchtungen über Aggression bestätigen.

2. »Wenn ich ihm (ihr) meine wahren Gefühle mitteile, wird er (sie) zusammenbrechen.«

Häufig unterbleibt ein offen aggressives, klares Kommunikationsverhalten aus Rücksicht auf die Schwäche des anderen. Er oder sie werde dadurch maßlos gekränkt sein, großen Schaden nehmen oder gar völlig vernichtet werden.

Diese Vorstellung der Schwäche des anderen existiert gewöhnlich im Bewußtsein der ärgerempfindenden Person und muß mit der Realität durchaus nicht übereinstimmen. Es ist dies vielmehr eine Einbildung, die auf der Furcht beruht, die Intensität der eigenen Gefühle verbürge eine entsprechend intensive Schlagkraft. Die Person, die auf jede gegen sie gerichtete Ärgerreaktion mit den Zeichen der Hilflosigkeit und Schwäche antwortet, benutzt damit häufig ihre Waffen als Kontroll- und Manipulationsinstrument.

Die ständige Rücksichtnahme auf die Schwäche und Hilflosigkeit anderer hindert diese an ihrer Persönlichkeitsentwicklung und vermindert die Chance zu einer spontanen, realitätsbezogenen Beziehung. Unter dem Vorwand, ihn oder sie zu beschützen, unterstützt man die infantilen Regungen und hemmt alle Entfaltungsmöglichkeiten. Ein ehrliches, klar zum Ausdruck gebrachtes aggressives Gefühl mag unbequem für den anderen sein, jedoch kann er nur auf diese Weise zu einer wahren Einschätzung der Beziehung gelangen und die Fähigkeit und Kraft entwickeln, die nötig ist, um sich im Interaktionsprozeß ständig mit Ärger und klaren Stellungnahmen auseinanderzusetzen.

3. »Wenn ich meinen aggressiven Gefühlen nachgebe, muß ich fürchten, alle Selbstbeherrschung zu verlieren.«

Viele Menschen halten ihre aggressiven Gefühle gewaltsam zurück, weil sie bei sich ein unvorstellbares Ausmaß an Unbeherrschtheit fürchten. »Ich fürchte, ich könnte in meiner Raserei jemanden umbringen«, ist eine häufige und typische Erklärung dieser Menschen.

Im allgemeinen ist die Gewalttätigkeit eine Folge lang unterdrückter Feindseligkeit. Diejenigen, die bewußt und geradezu mit Besessenheit fürchten, ihre Selbstbeherrschung zu verlieren, geraten so gut wie nie in diese Lage. Bei ihnen übt schon die Furcht selbst eine Kontrollfunktion aus. Jedoch sehen wir die wohl wirksamste Schutzmaßnahme gegen Gewalttätigkeit darin, daß man seinen Aggressionsgefühlen erlaubt, zum Ausdruck zu gelangen, und auf diese Weise, im vertrauten Umgang mit ihnen, angemessene und heilsame Ausdrucksmöglichkeiten für sie entwickelt.

4. »So etwas gehört sich nicht.«

Rollenkonflikte zeigen sich gewöhnlich in Äußerungen wie »Das sollte ich nicht«, »Ich müßte eigentlich« oder »Das gehört sich eigentlich nicht«. Beispiel: »Jungverheiratete sollten sich nicht streiten«, »Ein Arzt sollte die Geduld nicht verlieren«, »Kinder sollten nicht widersprechen«.

Diese Konflikte sind oft der Preis, den man dafür zu zahlen hat, daß man einem »Image« gerecht zu werden versucht, das der eigenen Persönlichkeit in Wirklichkeit gar nicht entspricht. Die verschiedenen Rollen in der Gesellschaft sollen dazu dienen, die menschlichen Interaktionen zu erleichtern, nicht sie zu erschweren. Wenn eine angenommene Rolle die Persönlichkeit zu zerstören droht, sollte sie aufgegeben werden. Man hat zum Beispiel Lehrern jahrelang die Überzeugung zu vermitteln versucht, es sei für sie notwendig, ihre aggressiven Gefühle zu verbergen und in jeder Situation eine beherrschte, ausgeglichene Gefühlslage zur Schau zu tragen. Diese irreale Verhaltensweise mag sehr wohl den Ausschlag gegeben haben bei dem enormen Autoritätsverlust, den Überlastungserscheinungen und der generellen Unzufriedenheit mit ihrem Beruf, unter denen die Lehrer heute zu leiden haben. Der Schaden, der hier angerichtet wurde, beruht auf unrealistischen Rollenerwartungen, die mit den wirklichen Gefühlen nicht zu vereinbaren waren.

5. »Wenn ich meine Gefühle offen zeige, wird man mich ablehnen.«

Wir räumen ein, daß man seine aggressiven Gefühle in eher unpersönlichen Beziehungen wie zum Beispiel am Arbeitsplatz oder bei flüchtigen Bekanntschaften in stärkerem Maße verborgen halten muß. Man läuft tatsächlich Gefahr, eine Stellung zu verlieren, eine neue Bekanntschaft abzuschrecken oder auf eine unerwartet heftige Gegenreaktion zu stoßen, wenn man in gewissen Situationen nicht berücksichtigt, daß es hier nicht auf echte Kommunikation ankommt, sondern etwa einzig auf die korrekte Erledigung einer Aufgabe.

Enge, auf emotionaler Basis beruhende Beziehungen dagegen, in denen ein so hohes Maß an Selbstbeherrschung aufgebracht wird, sollten zum besseren persönlichen Nutzen lieber aufgelöst als über längere Zeit unter dem größten Kraftaufwand aufrechterhalten werden. Es wird sicher vorkommen, daß aggressives Verhalten einige Menschen in die Flucht treibt; andere hingegen werden bleiben. Und mit den letzteren allein lohnt es sich, Beziehungen zu knüpfen, denn wer bei allem, was er äußert, auf der Hut sein muß und in der ständigen Furcht lebt, seine aggressiven Gefühle könnten den Partner vertreiben, fühlt sich in gewisser Weise fortwährend abgelehnt, denn dieser Partner verkündet den unausgesprochenen Wunsch: »Ich will dich so, wie ich dich brauche; nicht so, wie du wirklich bist.«

6. »Ich habe Angst vor den Folgen meines Verhaltens.«

Aus ihren äußerst schmerzlichen Kindheitserfahrungen fürchten manche Menschen bei jeder Aggressionsäußerung erschreckende Konsequenzen, wie etwa einen körperlichen Angriff. Hier wirken ihre kindlichen Ängste, die ihnen aus elterlichen Drohungen oder Bestrafungen, etwa Schlägen, erwachsen sind, immer noch nach und beeinflussen alle ihre gegenwärtigen menschlichen Interaktionen.

Zweifellos nimmt die offen aggressive Person in einer aggressionsrepressiven Umwelt ein gewisses Risiko auf sich. Es erweist sich allerdings oft genug, daß dieses Risiko den Durchbruch zu einer völlig neuen, konstruktiv fundierten Beziehung erst ermöglicht. Die Aufrechterhaltung der geistig-seelischen Gesundheit erfordert es nun einmal, daß man sich seiner Aggressionen bewußt ist, sie akzeptiert und in angemessener Form zum Ausdruck bringt.

6. Aggressionsrituale

»... nur wenn intensive Aggressivität zwischen zwei Menschen existiert, kann Liebe entstehen.«

Anthony Storr

Die natürliche Spontaneität der Kinder, aus der heraus sie miteinander spielen, plötzlich in Streit geraten und sich beleidigen, um schon im nächsten Augenblick wieder die besten Freunde zu sein, und das alles in erstaunlich kurzer Zeit, scheint dem Erwachsenen abhanden gekommen zu sein. Versuchen wir eimal, uns für einen Moment alle Einzelheiten des letzten gesellschaftlichen Ereignisses irgendeiner Art, an dem wir teilgenommen haben, ins Gedächtnis zurückzurufen. Falls es außerhalb der eigenen Wohnung stattgefunden hat und einigermaßen typisch verlaufen ist, wurde man als erstes mit einem strahlenden Lächeln und einem herzlichen »Guten Abend, mein Lieber. Wie geht es Ihnen?« an der Wohnungstür des Gastgebers begrüßt. Man antwortete mit einer entsprechend freundschaftlichen Geste. Kaum hatte man seinen Mantel abgelegt und sich einen möglichst bequemen Platz ausgesucht, erfolgte die berühmte Partyfrage »Was möchten Sie trinken?«. Damit begann für die nächsten Stunden eine endlose Kette von ständig aufgefüllten Gläsern und frisch angezündeten Zigaretten, die nur hin und wieder von Essenspausen unterbrochen und während der ganzen Zeit von einem höflichen, »freundlichen«, dabei aber höchst langweiligen, oberflächlichen Gerede begleitet wurde, bis schließlich jeder vom Alkohol abgestumpft und weitgehend teilnahmslos auf das Ende der Party zusteuerte. Irgendjemand bezeichnete die Teilnahme an solchen Festlichkeiten einmal als ein Partyschmaus-Hüpfen, wobei es nur darauf ankomme, die auf der Party angebotenen Leckereien durchzuprobieren, zu kommentieren und mit den Leckereien auf anderen Partys zu vergleichen. Man hüpfe gleichsam von einem Partyschmaus zum anderen.

Wenn man bei solchen Gelegenheiten den Gefühlen trauen wollte, die in einem hochkommen möchten, so würde man sich sehr bald äußerst unwohl und in gereizter Stimmung befinden und zu sich selber sagen: »Das ist doch zu langweilig. Was tue ich denn nur hier?« oder »Ich habe das Gefühl, daß hier nur eine Schau abgezogen wird und ich meine Zeit vergeude.« Wer aber solchen Gefühlen mißtraut, sagt sich statt dessen: »Ob wohl mit mir etwas nicht stimmt, daß ich mich hier gar nicht amüsieren kann? Allen anderen scheint es wesentlich besser zu gefallen als mir.«

Am nächsten Tag kann man sich nur noch schemenhaft an all die Namen und Gesichter der Leute erinnern, die so »liebenswürdig« und höflich gewesen waren und deren Telefonnummern man sich möglicherweise sogar aufgeschrieben hat, um gelegentlich wieder mit ihnen zusammenzukommen. Warum aber hatte der Abend so wenig positiv gewirkt? Was hatte denn gefehlt? Warum amüsieren sich diese Menschen nicht, die doch nur zu dem Zweck zusammenkommen?

Nach unserer Meinung ist der Hauptgrund für den Mangel an geselligem Vergnügen bei diesen Gelegenheiten darin zu suchen, daß die gesellschaftlichen Rituale, die von den Menschen zur Hebung der frohen Laune gewissenhaft ausgeführt werden, genau und ausschließlich darauf angelegt sind, jede Aggression zu vermeiden bzw. zu kontrollieren. Der feste Händedruck, der freundschaftliche Schlag auf die Schulter, das liebenswürdige Lächeln und noch weiteres mechanisches Begrüßungsverhalten gehören zum gegenseitigen Beruhigungsritual und gelten als Symbole für eine »freundliche« Gesinnung. Sobald sich ein Mensch diesem Ritual nicht freiwillig und automatisch unterwirft, wird er voller Mißtrauen und sogar Verachtung betrachtet und entweder als Störenfried oder schlechterzogener Kauz abgetan.

Aber was haben die Teilnehmer an diesem höflichen Gesellschaftsspiel nun effektiv davon? Was geschieht nach diesem freundlichen Begrüßungszeremoniell? Nur zu oft geschieht gar nichts. Die gesellige Interaktion, die auf dieser unrealistischen Ebene begann, scheint dort einzufrieren. Die übrige Zeit muß dann mit Essen und Trinken ausgefüllt werden. Kann man sich etwa eine Party vorstellen, auf der es nichts zu essen oder zu trinken gäbe? Wer möchte sich wohl der unbehaglichen, angespannten Atmosphäre aussetzen, die dabei unvermeidlich entstehen würde?

Wenn man einen echten Kontakt, wirkliche Intimität oder irgendeine Art der zwischenmenschlichen Beziehung von Bedeutung anstrebt, muß man auch andere als nur »freundliche« Gefühle austauschen. Die »freundlichen« Gefühle sind in den meisten Fällen nur ritueller und unpersönlicher Art. Wenn sich Menschen wirklich kennenlernen wollen, wird es unvermeidlich sein, daß sie in diesem Prozeß auf Vorbehalte, Zweifel, Ängste und negative Urteile stoßen, die es zu überwinden gilt. Da der Mensch aber dazu gewöhnlich auf keine gesellschaftlich sanktionierten Verhaltensmuster zurückgreifen kann, verharrt er oft lieber so lange in höflicher Distanz, bis er jede Kommunikationsmöglichkeit versäumt hat, als daß er sich auf das Risiko einließe, das ein Eingeständnis irgendwelcher aggressiver Empfindungen einschließt. Und so gehen wir als Fremde auseinander und hinterlassen nur vage Spuren im Bewußtsein des anderen – Gefangene eines oberflächlichen, »höflichen« Gesellschaftsrituals. Wenn wir im Repertoire unserer gesellschaftlichen Rituale keines finden, das uns die Mitteilung unserer Ängste, Sorgen, Abneigungen, Vorbehalte und Eifersüchte, mit denen wir bei jeder neuen Begegnung ständig konfrontiert werden, erleichtert, bleibt uns keine andere Wahl, als uns durch Alkohol, unmäßiges Essen, Zigaretten oder auch Rauschgift zu betäuben.

Es kann nicht anders sein, als daß jedes noch so freudige Ereignis auch seine Schattenseiten hat und bei einem Menschen von gesunder Empfindungskraft neben der Freude auch negative Gefühle auslöst. Die Geburt des ersten Kindes ist ein gutes Beispiel dafür. Nach rituellem Brauch wird das Baby von den Freunden der Eltern mit Geschenken überschüttet, während der junge Vater stolz Zigarren verteilt. Aber welches Ritual erlaubt die Mitteilung der tief im Herzen wohnenden Gefühle des Unbehagens, der Frustration und der Sorge um die eigene zukünftige Bedürfnisbefriedigung, die durch das neugeborene Baby erwacht sind? Kein langes, gemütliches Ausschlafen mehr, keine ungestörten Liebesspiele, keine improvisierten Reisen mehr oder Ausgehen am Abend, wenn man gerade in der Stimmung dazu ist; und eine Person mehr zu füttern und zu kleiden.

Bei der Geburt des zweiten und dritten Kindes wird dann auch vom Erstgeborenen erwartet, daß es »glücklich« sei, und man tut alles, um ihm die Freude auf das kommende Ereignis einzureden. »Freust du dich schon sehr auf dein Brüderchen oder Schwesterchen?« Wenn dann das erste Kind offen seine Abneigung zeigt, sind die Eltern meist entsetzt über seine Gefühlskälte, während für das Kind keinerlei Veranlassung zur Freude besteht. Schließlich soll es entthront werden. Und anstatt ihm die Möglichkeit zu verschaffen, seine natürlichen Abwehrgefühle gründlich und ohne Angst vor Strafe abzureagieren, zwingt man das Kind zur Verstellung, indem man Äußerungen der Freude und Liebe von ihm verlangt und es bei seiner Weigerung als selbstsüchtig bezeichnet.

Es gibt noch mehr »freudige« Ereignisse, die eher gemischte Gefühle auslösen. Der Abiturient »soll« glücklich sein. In Wirklichkeit muß er die Sicherheit der Schule aufgeben und eine beängstigende Änderung seines gewohnten Lebensstils vornehmen. Bisher waren seine Ziele klar für ihn abgesteckt, und er hatte festumrissene Zielscheiben für seine Aggressionen, nämlich Lehrer, Prüfungen und das Establishment.

Bei Hochzeiten wird getrunken, getanzt, es werden zweideutige Witze gemacht, und alle Gäste verbünden sich in ihrem Bestreben, bei dem jungen Paar unrealistische Erwartungen zu erwecken. Man versichert ihnen, daß sie unbedingt glücklich werden müßten und zweifellos auch würden. Das Brautpaar muß pausenlos lächeln und glücklich aussehen, obwohl jeder, sie selbst eingeschlossen, sehr wohl weiß, daß sie einen Vertrag geschlossen haben, der ihnen bestenfalls ein gemischtes Glück verheißt. Tatsächlich enden viele Flitterwochen in einer emotionalen Katastrophe, weil niemand den falschen und grausamen Erwartungen und Vorstellungen entsprechen kann, die immer wieder an diese »glückliche« Zeit geknüpft werden. Die Jungvermählten sehen keinen Weg, einander ihre Vorbehalte und Besorgnisse wegen der verlorenen Freiheit, ihre sexuellen Ängste und alle Konflikte und Belastungen, die unvermeidlich auf sie zukommen, mitzuteilen.

Eine Beförderung, die Annahme einer neuen Arbeitsstelle oder die Abschiedsfeier bei der Pensionierung gelten ebenfalls als glückliche Ereignisse. Es wäre zum Beispiel ein schwerwiegender gesellschaftlicher Fauxpas, wenn jemand, der gerade eine Beförderung erhalten hat, in aggressiver Form seine Befriedigung darüber zum

Ausdruck brächte und sich seiner Umwelt in unverhohlener Freude zeigte. Er muß statt dessen Bescheidenheit ausstrahlen und abwarten, daß andere ihn loben. Auch dürfen diejenigen, die sich bei dieser Beförderung übergangen fühlen, keine Regung ihrer Enttäuschung zum Vorschein kommen lassen. Es darf kein negativer Aspekt der Beförderung erwähnt werden, obgleich der Betroffene nur mit größter Besorgnis an den stärkeren Druck und die größeren Anforderungen denken kann und sich auf den Neid der anderen, die Isolation durch den Wechsel der Mitarbeiter und den Verlust seiner alten vertrauten Genossen der Mittagspause gefaßt machen muß und der vor allem von der traumatischen Vorstellung von der Verantwortung verfolgt wird, die mit der höheren Position auf ihn zukommt und in die er sich, aus einem sicheren Kompetenzbereich in einen noch unsicheren überwechselnd, erst hineinfinden muß. Die Äußerung solcher Befürchtungen würde ihm zum einen den Vorwurf der Undankbarkeit eintragen und ihn zum anderen in seinem Ansehen schädigen, da man von ihm verlangt, daß er sich seiner neuen Position voll und ganz gewachsen fühlt.

Auch Pensionierungsfeiern haben gewöhnlich einen unechten Beiklang. Sie wirken etwa wie Beerdigungen, bei denen der Tote in einen Heiligen verwandelt wird. Denn ähnlich wie bei einer Beerdigung jedes negative Gefühl gegen den Verstorbenen, etwa »In mancher Beziehung bin ich doch froh, daß er tot ist« als grober Verstoß gegen das menschliche Empfinden gilt, werden auch dem Pensionär von allen Teilnehmern an seiner Feier überragende Fähigkeiten zugesprochen. Zusätzlich malt man ihm ein völlig unrealistisches Bild von der glücklichen Zeit ohne Pflichten und Verantwortungen, die vor ihm liege. Umgekehrt singt auch der Pensionär sein Loblied auf die Firma, die er nun verläßt. Alle Bitterkeit, die er etwa empfindet, weil er sich zur Seite gedrängt fühlt, alle Freude bei denjenigen, die schon lange darauf gewartet haben, daß endlich frisches Blut in die Firma käme, muß unausgesprochen bleiben. Kein Wunder, daß dergleichen Veranstaltungen zumeist so langweilig sind. Die wirklich wichtigen und aufrichtig empfundenen Belange sind tabu und dürfen nicht zum Ausdruck kommen.

Geburtstage, Jubiläen und Weihnachtsfeiern haben ebenfalls ihre unterschwellig negativen Aspekte. Gerade zur Weihnachtszeit zeigt die Statistik einen besonders hohen Prozentsatz an Nervenzusammenbrüchen, Depressionen und Selbstmorden. Die Opfer dieser »frohen Feste« können die Freude nicht aufbringen, die gemeinhin bei solchen Gelegenheiten erwartet wird und von der sie meinen, daß alle anderen Menschen außer ihnen sie auch wirklich empfinden. Daraus schließen sie, daß irgend etwas an ihnen und ihrem Leben grundsätzlich nicht in Ordnung sein könne; und wenn dem so ist und sie sich sowieso nirgends einfügen können, also doch immer unglücklich bleiben müssen, wozu dann überhaupt noch weiterleben?

Das Gefühl »Etwas stimmt mit mir nicht«, weil man nicht das empfindet, was in der gegebenen Situation von einem erwartet wird, entsteht als das gewiß unheilvollste Resultat aus dem Mangel an Ritualen, mit deren Hilfe aggressive Gefühle innerhalb des gesellschaftlichen Toleranzbogens zum Ausdruck gebracht werden können. Ehepaare verzagen, weil ihnen ihre eigene Ehe nicht so glücklich erscheint wie die anderer Leute; Eltern haben Schuldgefühle, weil sie nicht so glücklich über die Geburt ihres Kindes sind, wie sie sein »sollten« usw. Diese Menschen fangen dann an, sich selbst zu bestrafen. Sie zweifeln an ihrem Selbstwert, weil sie Gefühle bei sich feststellen, die zwar völlig normal sind, die aber von den Menschen unterdrückt oder versteckt werden, um einen Mythos aufrechtzuerhalten.

Rituale zur Aggressionsäußerung

Die Autoren schlagen vor, mit den folgenden Ritualen den Anfang zu einer gesteuerten Aggressionsäußerung zu machen. Nach unserer Meinung sollten diese Rituale – oder ihre individuellen Variationen – zu einem ebenso integrierten Bestandteil des Gemeinschaftslebens werden wie die Rituale der Freundlichkeit. Diese Aggressionsrituale sollen ein Rahmenschema darstellen, innerhalb dessen der Ausdruck und Austausch aggressiver Gefühle, die in jeder zwischenmenschlichen Beziehung unvermeidlich aufkommen, stattfinden kann.

Die Theorie der konstruktiven Aggression, die die Grundlage für die Aggressionsrituale bildet, läßt sich auf die folgende Formel bringen:

$$AG = \frac{I.I.}{H.H.}$$

AG Konstruktive Aggression
I. I. Informative Impact (Informationswert)
H. H. Hurtful Hostility (verletzende Feindseligkeit)

Diese Formel läßt erkennen, daß konstruktive Aggression in dem Maße zunimmt, wie sie um verletzende Feindseligkeit vermindert wird, wobei sich zugleich der Informationswert erhöht. Die in diesem Kapitel beschriebenen Rituale haben daher das Ziel, einen höheren Informationswert zu erreichen bei gleichzeitiger gefahrloser Entladung irrationaler, ungesteuerter und intensiver verborgener Wutgefühle, bevor diese sich als destruktive Aggression auf die menschliche Beziehungen auswirken können. Es ist jedoch nicht so gedacht, daß diese Rituale ganz bestimmte Verhaltensmuster verändern sollen. Zu dem Zweck haben wir eine andere Technik entwickelt, nämlich den »fairen Kampf um Veränderung«, den wir in einem gesonderten Abschnitt beschreiben werden und der auch schon von George Bach in dem Buch »Streiten verbindet« behandelt wurde. Die Stimmung bei unseren Aggressions-Übungssitzungen, in denen die Rituale eingeübt werden, ist abwechselnd ausgelassen, ernsthaft, kindisch, beklemmend und anregend. Die Aussagen sind teilweise albern und geradezu absurd und dann wieder von übertriebener Grausamkeit. All dies ist nicht nur erlaubt, es wird sogar ermutigt. Innerhalb der Aggressionsrituale gilt jedes sonst als ungehörig, unpassend und aus dem Rahmen fallend empfundene Verhalten als angemessen und konstruktiv.

Das normale Sozialverhalten steht unter dem Grundsatz, alle aggressiven Interaktionen zu meiden, weil es die Menschen voneinander zu trennen scheint. Innerhalb der strukturierten Rituale dagegen stellt man die genau entgegengesetzte Wirkung fest. Hier entsteht aus ausgetauschter Aggressivität statt Trennung und Entfremdung Vertrauen zwischen den Aktionspartnern. Wenn man es nicht selbst einmal miterlebt oder wenigstens beobachtet hat, kann man sich kaum vorstellen, wie schnell sich zwischenmenschliche Beziehungen entwickeln können, wenn die Umstände so strukturiert sind, daß sich Aggression frei und ungestraft äußern kann.

»Vesuvius«

Der »Vesuvius« ist ein Ritual, bei dem man seine angestauten Frustrationen und Abneigungen, empfangene Kränkungen und verborgene Feindseligkeiten, kurz seine ganze Wut in voller Lautstärke herausschreien darf. Zur Durchführung des Rituals bedarf es der Zustimmung derjenigen Person oder Personen, die daran teilnehmen sollen. Man kann es zur privaten, häuslichen oder auch zur beruflichen Konfliktlösung anwenden. Für dieses Ritual ist nur der einseitige Wutausbruch vorgesehen, den die Gegenpartei kommentarlos über sich ergehen läßt.

Bei dieser Art von Gefühlen wirkt sich ein völlig ungesteuerter Ausbruch, wie es im wirklichen Leben in der Regel der Fall ist, notwendig destruktiv aus, denn sehr häufig wird eine derartige Explosion von relativ belanglosen Anlässen ausgelöst, so daß diese Flut wilder Anklagen einen völlig Unvorbereiteten überschwemmt. Dieser reagiert in verständlicher Empörung auf die offenbare Ungerechtigkeit, und schon gibt es kein Zurück mehr aus diesem wütenden Streit, der nur zu oft die erste unheilbare Wunde schlägt. Da wir um die Unvermeidbarkeit solcher Gefühle wissen, soll unser Ritual dem Menschen ein Instrument in die Hand geben, mit dessen Hilfe sie schadlos zum Ausdruck gebracht werden können.

Zu Hause kann man eine bestimmte Zeit festsetzen, möglichst gegen Abend, zu der jeden Tag ein anderes Familienmitglied an die Reihe kommt, seine angesammelten Ärgernisse abzureagieren, die häufig gar nichts mit irgendeinem Mitglied der Familie zu tun haben werden. Die Zuhörer bilden ein aufmerksames, respektvolles Publikum, ohne jedoch zu irgendeinem der geäußerten Gefühle Stellung zu nehmen. Je vertrauter eine Familie im Umgang mit dieser Technik wird, die jedem von ihnen täglich einige Minuten des »Wütens« zugesteht, um so intensiver sollte sie sie benutzen, um allmählich zu den tiefsten und irrationalsten Schichten ihrer Feindseligkeiten vorzudringen.

Die sieben Angestellten der Berufsberatungsabteilung eines Sozialamtes in Oregon setzen sich jeden Tag am späten Vormittag zusammen. Statt der Kaffeepause vollzieht jeder von ihnen drei Minuten lang einen »Vesuvius«. An einem warmen Dienstagmorgen im August kam wieder einmal die Reihe an Gloria Dimus, eine der Berufsberaterinnen, die aufstand und sofort losschrie: »Ich kann nicht fassen, was in dieser gottverdammten Stadt los ist. Heute früh habe ich zwanzig Minuten gebraucht, um auf die Schnellstraße zu kommen. Dann komme ich hier an und kriege zwei Anmeldungen für die gleiche Zeit. Die idiotische Sekretärin, die unser blödsinniger Abteilungsleiter eingestellt hat, dürfte inzwischen auch schon etwas besser schalten; schließlich ist sie schon fünf Monate hier. Und die elende Klimaanlage in meinem Büro funktioniert immer noch nicht. Wenn da nicht endlich etwas passiert, werde ich einen Handwerker an den Haaren herbeischleppen und so lange neben ihm stehen bleiben, bis er fertig ist. Die Rechnung werde ich dann Mr. Randolph persönlich präsentieren.«

Die Angestellten dieser Abteilung haben festgestellt, daß die öffentliche Mitteilung ihrer Frustrationsgefühle sowohl ihre Energien neu belebt als auch für ihre Zusammenarbeit fruchtbar wirkt.

Gerade auch im Zusammenhang mit den »glücklichen« Ereignissen wäre der »Vesuvius« anzuraten. Man sollte die zukünftige Braut oder den Bräutigam, den gerade beförderten Ehemann, den Schulabgänger oder die frischgebackenen Eltern ermutigen, in einem »Vesuvius« alle ihre Ängste und Bedenken, die im Zusammenhang mit dem »glücklichen« Ereignis in ihnen aufgekommen sind, zum Ausdruck zu bringen. Außerdem ist der »Vesuvius« in allen Streß- und Krisensituationen zu empfehlen, etwa bei Krankheits- oder Todesfällen, vor Prüfungen oder vor der Vorstellung in einer neuen Firma.

Die Wirkung des »Vesuvius« ist von prophylaktischer Natur. Viele kleinliche, abstoßende Streitereien, der Wunsch, sich von einem Intimpartner zurückzuziehen, trübsinnige Grübelei, Launenhaftigkeit und Depressionen entstehen als Folge einer unterdrückten, unausgesprochenen Wut. Der »Vesuvius« kann dazu beitragen, daß die Luft rein genug bleibt, um langanhaltendes beleidigtes Schweigen oder plötzliche bösartige und entfremdende Angriffe wegen einer Bagatelle auf ein Minimum zu beschränken. Man kann dieses Ritual ohne weiteres den verschiedenen Verhältnissen anpassen, in denen Menschen täglich miteinander zu tun haben und wo die ständig unterdrückten Gefühle immer wieder eine gespannte Atmosphäre schaffen.

»Virginia Woolf«

In dem Stück von Edward Albee »Wer hat Angst vor Virginia Woolf?« ergehen sich die Hauptpersonen, ein College-Professor und seine Frau, fast ununterbrochen in gegenseitigen Beleidigungen. Ihre jungen Gäste bilden sich ein, es handele sich hierbei um einen Streit über bestimmte Angelegenheiten. Doch so ist es keineswegs. Es handelt sich hier um den Ausdruck unaufhörlicher Anteilnahme und Liebe. Sie klagt ihn an wegen seiner mangelnden akademischen Leistungen. Er wirft ihr ihre Kinderlosigkeit vor. Während des ganzen Rituals bleibt die intime Beziehung zwischen ihnen bestehen. Sie greifen sich gegenseitig an, so daß jeder von ihnen zurückschlagen kann und sich keine Wut in ihnen aufstauen muß, die sich dann gegen sie selbst wenden könnte.

Das »Virginia-Woolf«-Ritual ist ein Austausch von Beleidigungen zwischen zwei Personen, bei dem es keine Regeln des guten Anstands oder der Rücksichtnahme zu beachten gilt. Seine Dauer wird vorher gemeinsam festgelegt, etwa auf zwei Minuten. Das Ritual bietet die Möglichkeit, die Atmosphäre zu bereinigen, indem zwei Menschen in einer vorgegebenen Situation straffrei alles gegeneinander vorbringen können, was sie an Vorwürfen und Anklagen in sich fühlen und was normalerweise so lange nicht zum Ausdruck kommt, bis das Maß schließlich voll ist und eine entfesselte Streitorgie echten Schaden durch innere Entfremdung anrichtet.

Für das »Virginia-Woolf«-Ritual gibt es eine Faustregel. Und zwar meinen wir, daß man den Grad der Aufrichtigkeit, das Intimitätspotential und die Echtheit der Zuneigung zwischen zwei Menschen, seien sie nun Geschwister, Freunde, Liebende oder auf andere Weise verbunden, daran messen kann, wie weit sie bei einem Austausch von Beleidigungen zu gehen bereit sind, denn daran zeigt sich das Ausmaß an Freiheit, Vertrauen und Verständnis, auf dem ihre Beziehung gegründet ist. Verbindungen, die das Tragen von Samthandschuhen erfordern, sind ohne Substanz und vertragen keine Belastung. Um dem anderen seine geheimsten, irrationalsten Wutgefühle mitteilen zu können, bedarf es einer rückhaltlosen Hingabe und eines tiefen Gefühls der Verbundenheit und Sicherheit.

Das »Virginia-Woolf«-Ritual zwischen zwei Menschen, die das

Maß ihrer Intimität durch diesen Austausch von Beleidigungen erkunden und erweitern möchten, enthält die folgenden Grundelemente:

1. Gegenseitiges Einverständnis zur Durchführung
2. Eine Abmachung darüber, daß keinerlei körperliche Gewalt angewendet wird.
3. Das Versprechen, diesen Austausch als »inoffiziell« zu betrachten. Das heißt, man darf nichts von dem Gesagten wörtlich nehmen, denn gerade das kennzeichnet ein gelungenes »Virginia-Woolf«-Ritual, daß es dabei zu den absurdesten, grausamsten und bösartigsten Ausbrüchen kommt.
4. Eine vorher festgelegte Zeitbegrenzung, etwa auf zwei Minuten, die von beiden Seiten respektiert wird und nach der das Ritual zu Ende ist.

In diesem Ritual soll jeder Teilnehmer seinen Partner in lautem, aggressivem Ton mit einer Flut von Beleidigungen überschütten. Beide schreien gleichzeitig aufeinander ein. Dabei soll jeder von ihnen versuchen, sich nur auf seinen eigenen Angriff zu konzentrieren und so wenig wie irgend möglich auf das zu hören, was der andere sagt, oder gar darauf zu antworten. In einem idealen »Virginia-Woolf«-Ritual weiß zum Schluß keiner der Beteiligten, was der andere gesagt hat, obgleich sie sich Auge in Auge gegenübergestanden und in voller Lautstärke geschrien hatten.

Ein gekonntes »Virginia-Woolf«-Ritual hat folgende Kennzeichen: keine Unterbrechung im unaufhörlichen Strom der beleidigenden Reden, die auch die absurdesten Übertreibungen enthalten dürfen und von entsprechender Gestik wie sarkastischen Grimassen oder drohenden Bewegungen unterstützt werden. Die Nachwirkungen dieses Rituals auf seine Teilnehmer werden nach deren eigener Aussage durchweg als wohltuend empfunden; sie fühlen sich wie »gereinigt« und enger als vorher mit der Person verbunden, die sie gerade beleidigt haben. Dieses Ritual hat sich auch in solchen Fällen bewährt, da eine Entfremdung zwischen zwei Partnern eingetreten war und sie nicht mehr die Möglichkeit fanden, miteinander zu reden, oder, wenn es doch einmal dazu kam, sie sogleich beide so gereizt wurden, daß sie sich nach kurzer Zeit nur noch anschreien konnten. Sogar in offenbar harmonischen Beziehungen kann ein gelegentliches »Virginia-Woolf«-Ritual emotional belebend wirken. Um es noch einmal zu wiederholen: wir glauben, daß man einen echten Vertrauensbeweis und ein Zeichen tiefgegründeter emotionaler Sicherheit darin zu sehen hat, wenn ein Mensch bereit ist, sich auf einen Beleidigungsaustausch dieser Art mit seinem Partner einzulassen.

Standpauke mit Wiedergutmachung

Die »Standpauke« besteht aus einer einseitigen verbalen Zurechtweisung von rein anklagendem Charakter. Die Anklage, die zum Anlaß der »Standpauke« dient, kann auf irgendeinem Verhalten des Partners beruhen, das der »Ankläger« als schwerwiegend genug empfindet, um darin eine echte Gefahr für die Kommunikation innerhalb der Beziehung zu sehen. Das bedeutet, daß die Qualität der Beziehung ernstlich leiden würde, käme es aufgrund dieses Verhaltens zu keiner Konfrontation. Der Zweck dieses Rituals ist also ein Katharsis-Erlebnis nach empfangener Kränkung, worauf alsbald die Wiedergutmachung folgen kann, die darin besteht, daß der »Beleidiger« nach geleisteter Buße völlig rehabilitiert wird.

Die »Standpauke« darf nur ein ganz bestimmtes, vom Ankläger als besonders belastend empfundenes Verhalten zum Inhalt haben, zu dem der Beleidiger sich bekannt hat. Es kann sich hierbei um ein Versprechen handeln, das nicht gehalten wurde, um einen Vertrauensbruch, um das Vergessen eines wichtigen Anlasses, wie etwa einen Hochzeitstag oder Geburtstag, oder irgendein anderes entsprechendes Fehlverhalten. Die »Standpauke« als Ritual ist auch in lockeren Beziehungen zu empfehlen, etwa für Menschen, die nur begrenzte Kontaktmöglichkeiten haben, die aber ihre Beziehung von heimlichen Ärgerarsenalen freihalten wollen und sich lieber alle Störfaktoren oder Reizmomente offen mitteilen.

Wie bei allen Ritualen erfordert auch die »Standpauke« beiderseitiges Einverständnis zur Durchführung. Der Ankläger bittet den Beleidiger um die Erlaubnis, ihm eine Standpauke zu halten, nachdem er ihm kurz mitgeteilt hat, worum es ihm dabei geht. Wenn der Beleidiger sich zu dem bezeichneten Verhalten bekennt, erklärt er sich auch bereit, die Standpauke über sich ergehen zu lassen. Auch hier wird die Zeitdauer, etwa eine Minute, festgelegt.

Der Beleidiger hört sich für die Dauer der angesetzten Zeit schweigend die Anklage an. Er kann erst, wenn die Standpauke beendet ist, um Klarstellungen bitten, wenn ihm solche nötig erscheinen. Jedoch darf er weder während noch nach dem Ritual auf die Anklage antworten, ihr entgegentreten oder sich verteidigen.
Nach Beendigung der Standpauke kann der Beleidiger ein Wiedergutmachungs-Ritual beantragen. Hierbei wird ihm eine bestimmte Buße auferlegt, die vom Ankläger festgesetzt wird und zu der sich der Beleidiger bereit erklärt, um in allen Gnaden wieder aufgenommen zu werden. Wenn der Ankläger die Buße angenommen hat, ist er damit verpflichtet, seine vorbehaltlose Verzeihung zu erteilen und die Kränkung als vergessen zu betrachten.
Susan James und Michael Journey hatten gemeinsam ein Versandgeschäft für Haustiere gegründet, für das sie sich in Susans Garage eingerichtet hatten. Seit vier Wochen versprach Michael, eine elektrische Lichtleitung in die Garage zu legen, ohne sein Versprechen je in die Tat umzusetzen. Susans wachsender Ärger über diese Nachlässigkeit trieb sie schließlich so weit, daß sie bestimmte Arbeiten einfach liegen ließ, nur um sich dadurch an Michael zu rächen, obgleich beide unter den Folgen zu leiden hatten.
Am Montagmorgen der fünften Woche bat Susan Michael um die Erlaubnis, ihm eine »Standpauke« zu halten. Er war einverstanden und sie einigten sich auf eine Zeitdauer von zwei Minuten. Dann begann Susan: »Du hast mir seit einem Monat versprochen, uns eine Lichtleitung zu legen. Ich komme mir vor wie eine nörgelnde Hexe, wenn ich dich jeden Tag wieder daran erinnern muß. Außerdem wirkt deine Haltung auf mich, als wolltest du sagen ›Du kannst mich mal!‹, und ich verliere alle Lust an der Arbeit. Dieser Zustand ist mir zuwider und ich habe deswegen eine Stinkwut auf dich.«
Michael hörte Susan zu, und er begriff allmählich, was er ihr angetan hatte. Er akzeptierte die Vorwürfe und bat nun seinerseits um eine »Wiedergutmachung«, um die alten Beziehungen zu Susan wiederherzustellen. Er akzeptierte als Bußhandlung, bis zum nächsten Abend die Lichtleitung zu legen und ein förmliches Entschuldigungsschreiben für seine Nachlässigkeit an Susan zu verfassen, das sie für zwei Wochen an die Wand hängen wollte.

Der Bataca-Kampf

Der Bataca-Kampf ist ein Ritual, das dazu dient, seinen Ärger mit Hilfe der Bataca-Schläger auf körperlichem Wege loszuwerden. Diese Schläger sind mit Stoff bezogen und haben eine Füllung aus weichem, nachgebendem Material. Das erlaubt den Kämpfern, ungehemmt aufeinander loszuschlagen. Man kann kaum stärker verletzt werden als bei einer Kissenschlacht.

Auch der Bataca-Kampf, wie alle anderen Rituale, wird nur in gegenseitigem Einverständnis durchgeführt. Wenn bei den Partnern entschiedene Kraftunterschiede bestehen, etwa bei Vater oder Mutter und Kind oder bei einem kräftigen Mann und einer Frau oder einem kleinen Mann, muß über Handicaps oder »Waffenbeschränkungen« verhandelt werden, um die körperlichen Voraussetzungen auszugleichen. Zum Beispiel, wenn ein Elternteil mit einem kleinen Kind kämpfen will, muß der Erwachsene etwa auf Knieen rutschen oder auf einem Bein hüpfen und dabei den Schläger mit nur drei Fingern halten, um den nötigen Kräfteausgleich zu schaffen.

Auf den körperlichen Kräfteausgleich sollte mit großer Sorgfalt geachtet werden, denn nachdem die Handicaps festgelegt sind und sich beide Seiten mit ihnen einverstanden erklärt haben, darf der Kampf in völliger Hemmungslosigkeit von beiden Seiten geführt werden. Darum darf sich niemand bei der freiwilligen Selbstbeschränkung von sentimentalen Beweggründen leiten lassen, so daß etwa der »liebe« Pappi oder Ehemann sich derartige Handicaps auferlegt, daß er daraufhin vollkommen kampfunfähig ist.

Es gibt noch weitere Einschränkungen. Zum Beispiel werden die Kämpfer bestimmte Körperzonen aus dem Kampfbereich ausschließen wollen, etwa das Gesicht und den Genitalbereich. Außerdem sollte man sich immer auf eine Ruhezone einigen, in die sich ein Kämpfer flüchten kann, wenn er eine kurze Verschnaufpause benötigt.

Natürlich wird eine Zeitgrenze vereinbart, die erfahrungsgemäß bei einer bis zu zwei Minuten liegt. Sobald das Zeichen gegeben wird, fangen die Kämpfer an, aufeinander loszuschlagen. Die Teilnehmer können auch vorher vereinbaren, daß sie ihre Schläge mit beleidigenden Reden begleiten wollen. Es kommt nicht selten vor, daß Personen in dieser Situation zu einem Beleidigungsaustausch

bereit sind, für den sie sonst (in einem »Virginia-Woolf«-Ritual) zu große Hemmungen verspürt hätten.
Besonders Menschen, denen es schwerfällt, sich mit Worten auszudrücken und dadurch die Spannung, unter der sie leiden, zu lösen, bietet der Bataca-Kampf eine Möglichkeit, sich auf körperlichem Wege gefahrlos von ihrem aufgestauten Ärger zu befreien. Es ist ein zugleich spielerisches und befriedigendes Ritual, das vielen Menschen Erleichterung verschafft, die physische Aggression normalerweise völlig ablehnen oder fürchten.

Bataca-Züchtigung

Eine Bataca-Züchtigung ist die körperliche Entsprechung der »Standpauke«. Es handelt sich hierbei um eine im gegenseitigen Einverständnis durchgeführte Züchtigung, durch die der Beleidiger dem Beleidigten erlaubt, seine Aggressionsgefühle, die dieser auf ein kränkendes oder sein Vertrauen bedrohendes Verhalten des Partners zurückführt, abzureagieren. Der Beleidiger, der sein Fehlverhalten zugibt und die guten Beziehungen zum beleidigten Partner wiederherstellen möchte, kann entweder selbst um eine Bataca-Züchtigung bitten oder sich zu einer solchen bereit erklären.
Nachdem die Erlaubnis zur Durchführung eingeholt und erteilt wurde, verhandeln die Teilnehmer über bestimmte Einschränkungen des Rituals. Die Züchtigung kann auf eine kurze Zeitspanne beschränkt werden, etwa auf fünfzehn Sekunden. Wenn die beleidigte Person sich dadurch nicht genügend erleichtert fühlt, können neue Zeitspannen ausgehandelt werden.
Der gezüchtigte Partner muß aufrecht und ruhig dastehen, um klare und eindeutig placierte Schläge zu ermöglichen. Zur zusätzlichen Erleichterung empfiehlt es sich, daß der Beleidigte bei jedem Schlag Beleidigungen und Verwünschungen ausstößt.
Randy Arnold ist geschieden und hat zwei Kinder. Er hatte seinem Sohn Randy versprochen, an seinem Geburtstag mit ihm in den Zirkus zu gehen. Dann lernte Mr. Arnold plötzlich eine Frau kennen, für die er sich sehr interessierte, und vergaß darüber die Verabredung mit seinem Sohn. Als er das nächste Mal erschien, um die Kinder zu einem Ausflug abzuholen, schloß sich sein Sohn in

seinem Zimmer ein und weigerte sich mitzukommen. Nach langem Zureden öffnete Randy schließlich die Tür. Der Vater gab ihm einen Bataca-Schläger in die Hand und forderte ihn auf, ihn damit zu verhauen. Nachdem er seine anfängliche Verlegenheit überwunden hatte, versetzte Randy seinem Vater ein paar leichte Schläge hintendrauf. Schon nach ein paar Sekunden jedoch schlug er kräftig drauflos, wobei er in voller Wut schrie: »Ich hasse dich! Ich hasse dich!« Dieser Ausbruch dauerte etwa zwei Minuten an; danach beruhigte er sich und fiel seinem Vater weinend um den Hals. Sie waren wieder Freunde.

Die Bataca-Züchtigung sollte manchmal nach einem Todesfall oder einer Scheidung angewendet werden, wenn man Aggressionsgefühle wegen »unerledigter Probleme« zurückbehalten hat, denen sich der Partner entzogen zu haben scheint. Hier kann eine Stoffpuppe oder ein Lumpensack als Opfer für die Züchtigung dienen.

Der Sklavenmarkt

In diesem Ritual können die Teilnehmer erleben, wie es auf sie wirkt, wenn sie innerhalb ihrer Beziehung die absolute Herrschaft innehaben oder in völliger Unterwerfung leben. Sie übernehmen abwechselnd die Rolle des »Herrn« und des »Sklaven«. Dieses Ritual soll die rigide Machtverteilung in einer zwischenmenschlichen Beziehung aufbrechen, besonders da, wo eine Person ständig die Führungsposition einnimmt oder eine andere sich immer passiv verhält und zur Unterwerfung bereit erscheint.

Als Zeitgrenze werden gewöhnlich drei bis fünf Minuten festgelegt, und man einigt sich darauf, wer zuerst welche Rolle übernimmt. Wer sich für die Rolle des Sklaven entscheidet, bestimmt klare Grenzen, über die hinaus er nicht herausgefordert werden möchte (z.B. »Ich möchte nicht zum Singen aufgefordert werden oder dazu, auf dem Boden zu kriechen.«). Sobald das Ritual begonnen hat, ist der »Sklave« jedoch verpflichtet, alles was ihm befohlen wird, unverzüglich und im ganzen Umfang auszuführen, solange die vorher von ihm gestellten Bedingungen eingehalten werden.

Derjenige, der die Rolle des »Herrn« übernommen hat, kann jetzt seine schöpferische Phantasie spielen lassen und seinen Sklaven dazu bringen, Dinge zu tun, die dieser normalerweise nie tun würde, die sich der »Herr« aber schon immer einmal von ihm gewünscht hätte. So kann beispielsweise an einen überkorrekten Menschen mit einer außerordentlich gewählten Ausdrucksweise einmal die Aufforderung ergehen, Obszönitäten herauszuschreien, oder einer passiven Person wird der Befehl erteilt, eine besonders aggressive Verhaltensweise anzunehmen.

Dieses Ritual ist überall da sehr nützlich, wo es deutlich unausgeglichene Machtverhältnisse gibt. Und die gibt es unter anderem im Büro, in der Schule und im eigenen Heim. Das Ritual vermittelt die Erfahrung einer atypischen Aggressions-Interaktion mit einer oder mehreren anderen Personen. Außerdem bietet es dem Menschen die Möglichkeit, sich selbst einmal außerhalb der gewohnten und daher nicht in Frage gestellten Rolle zu erleben. Zum Beispiel fühlt sich in der Mann-Frau-Beziehung der Mann immer verpflichtet, die überlegene Position zu behaupten, während die Frau meint, sie müsse sich anpassen. Das Ritual zwingt nun jeden einzelnen, aus einer ihm ungewohnten Position heraus zu handeln, was ihm Gelegenheit gibt, seine Reaktion auf sich selbst festzustellen. Es ist erstaunlich, wie viele Männer sich zum Beispiel in der Rolle des »Sklaven« außerordentlich wohlfühlen, obgleich sie sich ein Leben lang dagegen gewehrt haben, sich ihr Bedürfnis nach Passivität und Anpassung einzugestehen.

Attraktion – Reservation

Bei diesem Ritual sollen sich die Teilnehmer offen zu einem bestimmten Zug am Partner äußern, den sie als attraktiv empfinden und zu einem weiteren, der sie stört. Es kann sich dabei um relativ oberflächliche Vorzüge oder Schwächen handeln, etwa irgendeine körperliche Beschaffenheit, eine nervöse Geste, die Neigung zu Stirnrunzeln oder »bösem« Aussehen oder ein auffälliges Betragen (»Angeben«). Wir möchten dieses Ritual besonders im Anfangsstadium einer Beziehung empfehlen, dann aber auch weiterhin, wenn sich die Beziehung vertieft.

Die gelegentliche Mitteilung seiner »Reservationen« sowohl als auch der »Attraktionen« beim Partner trägt wesentlich dazu bei, eine Beziehung auf aggressive Weise lebendig zu erhalten. Die normale, aggressionsscheue Tendenz geht dahin, alle Störfaktoren beim Partner zu bagatellisieren oder sie aus Höflichkeit zu verschweigen. Damit nimmt man der Beziehung von vornherein ihre realistische Basis. Manchmal kommt eine Beziehung nur deshalb überhaupt nicht zustande, weil man es versäumt hat, seine Vorbehalte auszusprechen.

Ein uns bekannter Leiter einer Brathähnchenstation beschäftigt ständig ungefähr fünf Teenager in seinem Geschäft. Er erzählte einmal, daß normalerweise alles einige Wochen lang gutgehe, bis plötzlich zwischen irgendwelchen seiner jugendlichen Angestellten große Feindschaft ausbreche, woraufhin einer von ihnen kündigt. Er habe dadurch dauernd das Problem, neue Arbeitskräfte zu finden, um die verlorenen zu ersetzen.

Nachdem er an zwei unserer Aggressions-Seminare teilgenommen hatte, begann er, seinen jeweils neuen Angestellten den Vorschlag zu machen, mit den alten das »Attraktion-Reservation«-Ritual durchzuführen. Und so ergab sich der folgende Dialog zwischen dem achtzehnjährigen Bill, der schon seit sieben Monaten dort arbeitete, und dem neueingestellten siebzehnjährigen Clifford:

Bill: »Was mir gleich an dir gefallen hat, sind deine vielen Fragen. Das zeigt mir, daß du wirklich etwas lernen willst, und das finde ich gut. Was mich hauptsächlich an dir stört, ist deine Hippie-Sprache. Für alles hast du diese albernen Ausdrücke, so daß es auf mich so wirkt, als hättest du Angst, du selbst zu sein, und als verstecktest du dich hinter dieser gängigen Ausdrucksweise.«

Clifford: »An dir gefällt mir so gut, daß du sagst, was du denkst. Keine Schleimscheißerei. Du sagst es, wie es ist. So weiß ich jedenfalls immer, woran ich bei dir bin. Was ich nicht so gut an dir finde, ist, daß du immer so kühl und unnahbar bist. Du scheinst immer alles so verdammt ernst zu nehmen und gar keinen Spaß zu verstehen. Dadurch habe ich immer das Gefühl, daß ich mich in deiner Gegenwart zusammenreißen muß und aufpassen, daß ich nicht etwas sage, das du in den falschen Hals kriegen könntest, obgleich es von mir gar nicht böse gemeint ist.«

Selbstanklage

Dies ist ein Aggressionsritual für Einzelpersonen, und wir schlagen vor, es am Abend allein durchzuführen. Man soll mit geschlossenen Augen still dastehen und in Gedanken zu dem Moment des Erwachens am Morgen zurückkehren. Sodann soll man sich an alle Begebenheiten des Tages erinnern, an die man noch mit Ärger oder Scham zurückdenkt oder bei denen man das Gefühl hat, eine wirkliche Dummheit gemacht zu haben. Zum Beispiel, man hat zwei Gläser zuviel getrunken, einen Menschen, den man verabscheut, freundlich angelächelt, sich überreden lassen, eine Aufgabe zu übernehmen, die man gar nicht wollte, aber zu der man nicht Nein sagen mochte, keine zehn Pfennig in die Parkuhr gesteckt, was einen Strafzettel zur Folge hatte, und dergleichen mehr. Nachdem man all seine ärgerlichen Verhaltensweisen aufgedeckt hat, soll man sich selbst Vorwürfe wegen dieser Dummheiten machen, wobei man sich zum stärkeren Nachdruck leichte Ohrfeigen erteilen und dazu ausrufen kann: »Dumm, dumm! Idiot!« Wenn man keinen Ärger gegen sich selbst mehr empfindet und das Ritual einem albern vorzukommen beginnt, hört man damit auf.
Nun kann man sich selbst verzeihen. Die Augen werden geöffnet, und man hält sich die Hände wie einen Spiegel vors Gesicht. Man sollte dann seinem eingebildeten Spiegelbild einen Kuß geben und etwa sagen: »Du bist auch nur ein Mensch, und jeder Mensch hat das Recht, Fehler zu machen!«
Dieses Ritual soll verhindern, daß allzu viele Selbstvorwürfe angesammelt werden, die schließlich einen großen Anteil daran haben können, wenn ein Mensch zu Depressionen neigt.

Beharren – Widerstehen

Das Ritual »Beharren – Widerstehen« hat zum Ziel, daß alle Gründe für und wider eine Sache in Erwägung gezogen werden, bevor man sich für ein Ja oder Nein entscheidet. Zwei weitverbreitete Schwierigkeiten auf dem Gebiet der Aggressionsäußerung sind erstens, bei einer anfänglichen Zurückweisung nicht den Mut zu verlieren und zweitens, Nein zu sagen, wenn man einem Ansinnen nicht entsprechen möchte, ohne sich dabei schuldig zu fühlen.

Dieses Ritual bezweckt also zweierlei. Einerseits übt es den Menschen in der Selbstbehauptung, andererseits hilft es ihm, die heuchlerischen Verbindlichkeits- und Anpassungstendenzen in seiner Persönlichkeit zu überwinden. Die letztere Problematik äußert sich darin, daß man den Menschen gefallen möchte, daß man leicht nachgibt und Ja sagt, wenn auch zögernd.

Nachdem beiderseitiges Einverständnis zur Durchführung des Rituals vorliegt, beginnt die Person in der Beharrlichkeitsrolle mit einem Ansinnen. Die Person, an die es gerichtet ist, muß darauf automatisch mit Nein antworten und sein Widerstreben angemessen begründen. Nun kommt das Ritual in vollen Gang. Der Beharrliche soll so viele einfallsreiche und verschiedenartige Gründe wie nur möglich vorbringen, um den Widerstrebenden zu einem Ja zu überreden. Der Widerstrebende hingegen äußert alle möglichen Bedenken, alle erdenklichen Gründe, die es ihm ratsam erscheinen lassen, es bei seinem Nein zu belassen. Dabei sollte man sich jedoch nichts aus den Fingern saugen; nur wirklich als überzeugend empfundene Gründe werden anerkannt.

Das Ritual ist beendet, wenn entweder der Beharrliche aufgibt und sagt: »Ich begreife, daß du wirklich nicht willst, und ich werde dich nicht weiter zu überreden versuchen, da ich selbst das Interesse an der Sache verloren habe.« oder der Widerstrebende sagt: »Du hast mich überzeugt. Ich bin einverstanden.« Die Teilnehmer können das Ende auch vorher festlegen, indem sie etwa bestimmen, daß sie nach sieben erfolglosen Versuchen des Beharrlichen aufhören.

Wenn dieses Ritual als regelmäßige Übung im Berufsleben, zu Hause oder zwischen Freunden oder Liebenden durchgeführt würde, hätte man damit eine gesellschaftsfähige Möglichkeit, Bitten und Anfragen gründlich und aufrichtig zu erwägen, anstatt sich von einem falschen Anpassungsbedürfnis leiten und sich voreilig eine ungewollte Zusage abzwingen zu lassen; und man könnte gleichfalls das quälende Gefühl des Zurückgewiesenseins überwinden, das man bei jedem Nein, dem man sich ausgesetzt hat, empfindet und dessen Gründe herauszufinden man sich nie bemüht hat. Es ist für viele Menschen eine bedeutungsvolle Erfahrung auf dem Gebiet der Aggressionsäußerung, tatsächlich einmal Nein zu sagen und sich auch in der Folge dazu zu bekennen, oder ihr Selbstbewußtsein zu bewahren, wenn sie ein klares Nein hören, und dies nicht sogleich als eine persönliche Zurückweisung oder einen Vorwand sich zurückzuziehen aufzufassen.

Die folgende Szene soll eine spontane »Beharren–Widerstreben«-Beziehung illustrieren, die zwischen einem alten Hasen von Theateragenten und einer jungen Schauspielerin, die ihn dazu überreden wollte, sie als Klientin aufzunehmen, stattfand:

Sie: »Mr. G., ich würde mich gern von Ihnen betreuen lassen.«

Er: »Ich glaube nicht, daß ich die richtige Unterstützung und Zeit für Sie aufbringen kann, die nötig wären, um eine Karriere für Sie aufzubauen.«

Sie: »Ich bin sicher, daß ich ein ausgeprägtes komisches Talent habe, das man heute kaum noch findet.«

Er: »Solche Filme werden so gut wie gar nicht mehr gedreht, und die Situationskomödie im Fernsehen ist auch im Absterben begriffen.«

Sie: »Ich habe auch im dramatischen Fach Erfahrung und in den Klassikern. Ich habe nur allerbeste Kritiken in jedem Stück, das ich je gespielt haben.«

Er: »Gute Kritiken sind natürlich wichtig. Aber was glauben Sie, wie viele begabte Schauspielerinnen hier herumlaufen mit ganzen Koffern voll guter Kritiken.«

Sie: »Ich werde Ihre Zeit bestimmt nicht sehr in Anspruch nehmen. Alle Vorbereitungsarbeiten übernehme ich selbst, und Sie brauchen mich dann nur noch zum Vorsprechen oder zu Probeaufnahmen zu schicken.«

Er: »Nun ja, das klingt nicht schlecht. Nur habe ich bereits sechzehn Klienten, und ich möchte mich nicht übernehmen.«

Sie: »Was halten Sie von einer zweimonatigen Probezeit? Wenn Sie dann das Gefühl haben, ich hätte mich nicht bewährt, werde ich stillschweigend gehen.«

Er: »Also, ich weiß wirklich nicht recht. Rufen Sie mich doch nächsten Montag noch einmal an.«

Sie: »Mir scheint, ich sollte Sie noch darauf aufmerksam machen, daß ich mit oder ohne Ihre Hilfe Erfolg haben werde. Mir wäre es allerdings mit Ihrer Hilfe lieber.«

Er: »Ich glaube auch, daß sie das notwendige Durchsetzungsvermögen haben. Ich muß sagen, das gefällt mir an Ihnen. Versuchen wir es also mit einer dreimonatigen Probezeit.«

»Museum der bösen Erfahrungen«

Dieses Ritual hat den Zweck, heimliche Enttäuschungs- und Kränkungserlebnisse, die niemals ausgesprochen wurden, auszugraben. In den meisten Beziehungen werden die Gefühle, die durch derartige Erfahrungen ausgelöst werden, hinuntergeschluckt und so lange angesammelt, bis sie eines Tages eruptiv hervorbrechen und eine tiefe Schlucht zwischen den Partnern aufreißen. An diesem Punkt ist es oft unmöglich, die alten Verhältnisse wiederherzustellen.

Wenn die Teilnehmer an diesem Ritual in einer bereits andauernden Beziehung leben, sollten sie eine Liste über alle Kränkungen, die sie von ihrem Partner empfangen zu haben glauben, aufstellen und sich dabei besonders auf solche konzentrieren, über die sie nie mit ihm gesprochen haben. Befinden sich die Teilnehmer dagegen im frühen Stadium einer Beziehung, zum Beispiel der eines neuen Angestellten zu seinem Vorgesetzten bzw. seinen Kollegen oder einer neuen Liebesbeziehung, dürfen sie auch Kränkungen durch frühere Mitarbeiter oder Liebespartner, deren Wiederholung sie bei jeder neuen Beziehung fürchten, auf die Liste setzen. Wenn diese Information in Form eines Rituals mitgeteilt wird, bleibt die neue Beziehung wahrscheinlich vor ähnlichen Belastungsproben bewahrt.

Gegenseitiges Einverständnis ist auch bei diesem Ritual Voraussetzung. Dann schreiben die Teilnehmer ihre Beschwerdeliste in beliebiger Reihenfolge auf. Für das Vorlesen der Liste wird keine Zeitbegrenzung festgelegt, jedoch kann die Beendigung verlangt werden, wenn sich der »Angeklagte« überfordert fühlt. Der zuhörende Partner schweigt während der Verlesung der Liste. Sobald der eine Teilnehmer mit dem Lesen fertig ist, beginnt der andere. Bevor nicht alle Punkte der Listen beider Teilnehmer vorgelesen sind, darf keinerlei Diskussion darüber stattfinden.

Für die Partner in einer schon länger bestehenden Beziehung gibt es anschließend mehrere Möglichkeiten, die neugewonnene Information zu verarbeiten.

1. Sie einigen sich darauf, einige der angeführten Beschwerdepunkte zu begraben und für alle Zeit als vergessen zu betrachten.
2. Sie machen ein Tauschgeschäft, etwa so: »Ich bin bereit zu

vergessen, wie du mich damals in Gegenwart eines Klienten beleidigt hast, wenn du die Nacht vergißt, in der ich ausgeblieben bin, ohne dich anzurufen«.

3. Sie einigen sich, daß einige der Punkte noch einer Auseinandersetzung bedürfen, da es scheint, daß aus ihnen eine Änderung zum Besseren hergeleitet werden könnte.
4. Sie stellen einige Gegenstände der Klage für immer wieder zurück ins »Museum«, einfach weil es Spaß macht, sich gelegentlich gegenseitig an sie zu erinnern.

»Der wunde Punkt«

In diesem Ritual soll jeder Teilnehmer seine »wunden Punkte« auf eine Liste schreiben und diese Liste anschließend seinem Partner vorlesen. Der wunde Punkt ist immer dann durch das Verhalten, die Kritik oder Reaktion eines anderen berührt worden, wenn man sich gefühlsmäßig dadurch vernichtet fühlt. Er ist so etwas wie ein ganz persönlicher Tick, eine Schrulle. Was der eine als völlig belanglos empfindet, ist für den anderen von außerordentlicher Bedeutung. Zum Beispiel mögen es manche Menschen ausgesprochen gern, wenn man sie anfaßt, während man mit ihnen spricht. Andere wiederum würden dabei zusammenzucken vor Widerwillen und sich sofort von jedem weiteren Kontakt zurückziehen. Lautstarke Diskussionen können manchen Menschen zur Verzweiflung treiben, während sich andere dadurch nicht im geringsten gestört fühlen. Im persönlichen Bereich kann der wunde Punkt durch Bemerkungen über das Körpergewicht, über einen beruflichen Mißerfolg, über vergangene traumatische Liebesbeziehungen oder über eine emotionale Anfälligkeit getroffen werden.

Jerry Shapiro, der zusammen mit seiner Frau, die zu der Zeit getrennt von ihm lebte, an unserem Aggressions-Trainingsprogramm teilnahm, las ihr die folgende Liste seiner wunden Punkte vor – lauter Dinge, mit denen sie ihn tief gekränkt hatte oder die ihm zu ihrer Zeit die Zornröte ins Gesicht getrieben hatten:

1. Immer wenn du zu mir sagst, mein Erfolg im Beruf sei nur darauf zurückzuführen, daß ich ein Speichellecker bin.
2. Wenn ich zu meiner Gitarre greife um zu spielen und du ein Gesicht machst oder aus dem Zimmer gehst.

3. Immer wenn du von meiner ersten Frau anfängst, die mit einem anderen Mann davongelaufen ist, und daß ich dankbar sein sollte, daß du es nicht genauso gemacht hast.
4. Wenn du mir sagst, ich soll nicht so viel arbeiten und dann losgehst und Hunderte für deine Pflanzen und Kleider ausgibst, so daß die Rechnungen nur so hereingeschneit kommen.
5. Wenn ich in Gegenwart anderer über meine Arbeit spreche und du ein Gesicht dazu machst, als wolltest du jeden Moment vor Langeweile einschlafen.

Sicher könnte man einige der wunden Punkte als neurotisch bezeichnen, und doch ist es wichtig, solange sie bestehen und nicht durch Psychotherapie oder auf anderem Wege verarbeitet wurden, daß Menschen, die miteinander leben wollen, ihre gegenseitigen wunden Punkte erkennen und respektieren, da man nur dann eine Beziehung auf der Basis von Vertrauen und Intimität aufbauen kann.

Gemeinschaftsbeleidigungen

Wir alle haben gewisse Vorurteile gegenüber unseren Mitmenschen, die sich auf ihr Geschlecht, ihre Hautfarbe, ihren Beruf, ihre Religion, ihr Aussehen usw. beziehen. Frauen werden zum Beispiel gern als raffiniert, hysterisch und materialistisch dargestellt, Italiener als arbeitsscheu und verantwortungslos, Ingenieure als gefühllos und computerhaft, Juden als falsch und skrupellos im Geschäftemachen, um nur einige geläufige Meinungen aufzuzählen.

Die meisten Menschen schmeicheln sich, frei von Vorurteilen zu sein. Die Erfahrung lehrt dagegen, daß vorurteilsfreie Menschen eine verschwindende Minderheit bilden, wenn es sie überhaupt gibt. Dieses Ritual wird in Gruppen durchgeführt und soll dazu dienen, im Anfangsstadium irgendeiner Beziehung zwischen feindseligen Gruppen, die eine positive Basis für ihre Zusammenarbeit oder eine andere Art der Kommunikation erstreben, alle bestehenden Vorurteile zur Sprache zu bringen.

Junge Menschen haben Vorurteile gegen alte, Schwarze gegen Weiße, Männer gegen Frauen, Studenten gegen Professoren, Angestellte gegen ihre Vorgesetzten und umgekehrt. Besonders im Berufsleben, wo eine gut funktionierende Zusammenarbeit zwischen den verschiedenen Gruppen von entscheidender Bedeutung ist, führen die herkömmlichen Rituale der Höflichkeit und Konvention zu keiner erfolgreichen Kommunikation. Die trennenden Barrieren bleiben trotz aller Bemühungen bestehen. Wir haben die Erfahrung gemacht, daß nur rückhaltlose Offenheit bei der Mitteilung bestehender Vorbehalte, wozu dieses Ritual die Möglichkeit bietet, eine realistische Kommunikation gewährleistet. Innerhalb dieser Gruppen kann jeder einzelne seine »unaussprechlichen« Gefühle äußern, die normalerweise von allen Beteiligten verleugnet werden, obwohl jeder weiß, daß sie existieren. Erst die Verarbeitung dieser Gefühle ermöglicht den Beginn einer fruchtbaren Beziehung.

Nachdem sich alle Beteiligten über die Durchführung des Rituals geeinigt haben, setzt sich jede Gruppe für sich zusammen und stellt eine Liste auf über sämtliche, auch die primitivsten, irrationalsten und geradezu unaussprechlichen Verallgemeinerungen, die sie über die andere Gruppe erdenken können. Es sollte hierbei kein negatives Gefühl zurückgehalten werden. Bei diesem Ritual soll jede Gruppe abwechselnd in Aktion treten und jeweils von einem Schiedsrichter überwacht werden. Ein Gruppenmitglied stellt sich vor der anderen Gruppe auf und schleudert ihr seine Beleidigungen entgegen, wozu ihm je nach Abmachung eine Minute oder mehr zur Verfügung steht. Danach bleibt er stehen und hört sich die Antwort der Gruppe an, die er gerade angegriffen hat; dies dauert wiederum etwa eine Minute. Dann steht ein Mitglied der anderen Gruppe auf und das gleiche beginnt von neuem in umgekehrter Richtung. Jedes Mitglied aus jeder Gruppe kommt an die Reihe, das Ritual ist also erst beendet, wenn jeder einzelne Gelegenheit hatte zu sprechen.

Dies ist eine Gruppenversion des »Virginia-Woolf«-Rituals, nur daß hier die Beleidigungen nicht gleichzeitig von beiden Seiten ausgestoßen werden, wie es dort der Fall ist. Der Vorteil der Gruppenbeleidigungen liegt darin, daß in dieser Form direkt Spaß machen kann, was auf individueller Basis viel zu beklemmend und bedrohlich erschiene, um es durchzuführen. Es ist erstaunlich zu sehen, wie nach solchem Beleidigungsaustausch das Eis schmilzt und die vorher so mißtrauischen und feindseligen Gruppen allmählich miteinander warm werden.

Rituale nach individuellem Bedürfnis

Die in diesem Kapitel beschreibenen Rituale sind lediglich als Übergangsstrukturen gedacht, als kurzfristige Lösungshilfen, etwa wie die Stützräder an Kinderfahrrädern. Es ist uns klar, daß die Leser unsere Rituale als unnatürlich empfinden werden. Nun ja, wir würden sagen, sie sind etwa in dem Maße unnatürlich, wie die angelernte Gewohnheit, eine Toilette zu benutzen im Vergleich zu der Freiheit und Spontaneität, die darin bestünde, nach Belieben zu jeder Zeit und an jedem Ort seine Notdurft zu verrichten. In unserer heutigen Gesellschaft gilt persönliche Aggression als asozial, da keine sozialen Rituale oder strukturierte Formen vorgesehen sind, innerhalb derer sie auf unschädliche, gesteuerte und spielerische Weise zum Ausdruck kommen könnte. So muß sie immer als »schmutzig«, widerwärtig und destruktiv erscheinen. Da Ärger- oder Zorngefühle immer hinuntergeschluckt oder verleugnet werden müssen, hat der Mensch nur wenig oder keine Kontrolle über sie, wenn sie einmal mit Macht aufwallen.

Jeder, der nach einiger Übung mit unseren Ritualen vertraut geworden ist, sollte die neugewonnenen Erfahrungen nutzen und hinfort seine eigenen Rituale entwickeln, so wie sie seinen individuellen Bedürfnissen entsprechen. Wir sehen in diesen Ritualen in erster Linie einen »Erlaubnisschein«, durch den die Menschen die Berechtigung erhalten, Aggressionen zu empfinden und zu äußern, wobei das letztere sogar auf gefahrlose und konstruktive Weise geschieht. Wir können nur hoffen, daß sich die Erfindung wirkungsvoller Rituale zum Abreagieren von Aggression mit der Zeit zu einer wahren Kunst oder Wissenschaft entwickelt und daß immer mehr schöpferische Menschen auf der ganzen Welt die Anregung aufgreifen und neue, bessere und vielseitigere Rituale hervorbringen.

7. Der aggressive Körper

Mr. Milton Wright, der seit langem von einem Hautleiden geplagt wurde, saß im Wartezimmer seines Psychologen. Er hatte sich durch den Straßenverkehr hindurchgekämpft, um nur ja pünktlich zum verabredeten Termin anzukommen, da sein Psychologe, Dr. Braun, jedes Zuspätkommen äußerst wichtig zu nehmen pflegte und es immer als ein Zeichen für seinen »Widerstand« gegen die Therapie auslegte. Heute hatte er es geschafft, fünf Minuten vor der ausgemachten Zeit dazusein und nun saß er schon zwanzig Minuten herum und wartete. Er wurde allmählich nervös und ärgerlich und dachte gerade: »Der Teufel soll ihn holen. Wenn er nicht bald kommt, gehe ich einfach wieder fort«, als Dr. Braun ins Zimmer trat. Sofort lächelte Mr. Wright ihn an; dabei befiel ihn gleichzeitig ein plötzlicher, heftiger Juckreiz. Der Psychologe bemerkte dies und fragte ihn, wie ihm während der Wartezeit zumute gewesen wäre und was er eben jetzt empfände. Mr. Wright konnte darauf nur antworten: »Nichts besonderes, außer daß ich froh bin, Sie zu sehen.« In dieser Antwort war ihm keinerlei Unwahrheit bewußt. Die Furcht, bei seinem Arzt auf kühle Abweisung zu stoßen, wenn er irgendwelche Ärgergefühle gegen ihn zu äußern wagte, zwang Mr. Wright, diese Gefühle sofort zu unterdrücken, als der Arzt erschien. Als Dr. Braun jedoch weiter in ihn drang, rief er schließlich aus: »Verdammt nochmal! Ich muß doch schließlich wissen, wann ich mich ärgere, und ich habe mich nicht geärgert!«

Die Sitzung hatte das Ziel, die psychologischen Hintergründe für den intensiven Juckreiz aufzufinden. Als Dr. Braun im Laufe des Gesprächs auf die vorhergegangene Situation zurückkam, wobei er Mr. Wright das Gefühl vermittelte, daß die Ärgergefühle in einer solchen Lage völlig angemessen seien, begann dieser schließlich, sich in die vorige Situation zurückzuversetzen und die dort empfundene Aggression erneut zu erleben. Als er seine Gefühle endlich ausdrücken konnte, meinte er, er hätte sich von seinem Arzt »beschissen« gefühlt. In dem Moment, als er seinem Arzt in die Augen blicken und dabei sagen konnte: »Sie haben mich beschissen«, begann der Juckreiz nachzulassen. Bis dahin hatten sich seine Aggressionen gegen den eigenen Körper gerichtet um ihrem wahren Ziel auszuweichen.

Die Ursachen für psychosomatische Erscheinungen

In einer der letzten Ausgaben der angesehenen Zeitschrift »Journal of Psychosomatic Research« wurde das Verhältnis von unterdrückter Aggression zu psychosomatischen Erkrankungen behandelt. Ein Wissenschaftler faßte die Rolle der verdrängten Aggression bei der Entwicklung von psychosomatischen Krankheiten in der folgenden Aussage zusammen: »Es besteht kein Zweifel an der Tatsache, daß psychosomatische Erscheinungen nur dann auftreten, wenn die Aggression über ein bestimmtes Maß hinaus unterdrückt oder verdrängt wurde.« Er spricht damit also aus, daß verdrängte Aggression zumindest teilweise als Ursache für psychosomatische Erkrankungen anzusehen ist. Die psychosomatische Krankheit hat die Funktion, den aggressiven Impuls von seinem wahren Ziel abzulenken. Diese Krankheitserscheinungen dienen dem Menschen ebenso oft als Vorwand, sich die Aufmerksamkeit und den Einfluß zu sichern, die ihm normalerweise nicht gewährt würden. Es kann zu diesen Erkrankungen auch kommen, weil die aggressive Widerstandskraft fehlt, mit der sie bekämpft werden könnten. Ganz allgemein kann man jedoch sagen, daß viele psychosomatische Symptome Folgeerscheinungen von verdrängter Aggression darstellen, wobei sich die aggressive Energie ihren Weg leichter über die Körperfunktionen bahnt als sich in offenen Gefühlsreaktionen zu manifestieren.

Der konstruktiv aggressive Mensch erkennt die Signale des Selbsterhaltungstriebs, die der Körper in Krisenzeiten – wir bezeichnen sie als Krankheiten – aussendet. Er beweist seine verantwortungsbewußte Einstellung dadurch, daß er sich um die Behebung der Ursachen für sein körperliches Leiden bemüht, anstatt diese durch die passive Haltung des Pillenschluckens zu verschleiern. Um seinem Körper die nötige Widerstandskraft zu verleihen, sind in manchen Fällen regelmäßige Gymnastikübungen anzuraten. Auch sollte man sich beim Essen mehr von den tatsächlichen Bedürfnissen des Körpers leiten lassen und sich nicht widerstandslos den von anderen aufgestellten Zeitplänen anpassen und den Körper nicht unter dem Druck der konventionellen Höflichkeit bei Einladungen mit Essen und Trinken überlasten. Das wichtigste an einer vernünftigen Lebensweise ist jedoch, daß der Mensch seine eigenen physiologischen Bedürfnisse kennenlernt und ihnen entsprechend den für seinen Körper angemessenen Lebensrhythmus entwickelt, anstatt sich den Regeln anzupassen, die ihm von außen her aufgezwungen werden. Auf den emotionalen Bereich übertragen bedeutet das, daß er sich allen Konflikten und Krisen in seinem Leben zu ihrer Bewältigung direkt und entschlossen gegenüberstellt, anstatt sich durch verdrängte Aggressionen physiologisch beeinträchtigen zu lassen.

Wer die Zeichen seines Körpers, der auf unterdrückte Aggression reagiert, nicht versteht, wird in vielen Fällen einen unglaublich hohen Preis für sein Versagen zahlen müssen. Immer wieder wird in der einschlägigen Forschungsliteratur bei ernstlichen Erkrankungen auf diesen Punkt hingewiesen, und zwar gilt dies in Fällen von Arthritis bis zur Sklerose, von zu hohem Blutdruck bis hin zum Krebs. Der normale und gesunde Ausdruck von aggressiven Gefühlen und Impulsen hat eine bedeutende Selbsterhaltungsfunktion. Sobald diesen Energien jedoch der direkte Weg nach außen versperrt wird, wenden sie sich gegen den Körper. Wenn aggressive Gefühle jedoch offen und direkt zum Ausdruck gelangen können, aktivieren sie die gesamte Muskulatur des Körpers; sie mobilisieren das Nervensystem und setzen einen enormen Energiestrom frei. Alle Muskeln erfahren eine Kraftzufuhr, wie sie unter normalen Bedingungen nie möglich wäre. Diese Reaktionen sind in einem aggressionsrepressiven Menschen, der sich diese Möglichkeiten gar nicht bewußt macht, blockiert. Dieser Mensch gelangt nie zu körperlicher Entspannung; er befindet sich unaufhörlich in einem Zustand der unterschwelligen Aggressivität, was sich darin äußert, daß er dauernd nervös, exaltiert und kurz angebunden wirkt und immer kurz vor einem Gefühlsausbruch zu stehen scheint; er ist chronisch aggressiv geladen. Da diese Impulse jedoch nicht in adäquater Form zur Entladung kommen, bleiben sie im physiologischen Bereich hängen und bewirken dort einen Kurzschluß, der diejenigen körperlichen Veränderungen hervorruft, die schließlich die Grundlage für psychosomatische Erkrankungen bilden.

Der Asthmatiker: ein heimlicher Empörer

Jonathan Reynolds war vierundzwanzig Jahre alt und ledig. Er ging selten mit Mädchen aus. Seine Mutter, bei der er wohnte, war eine äußerst dominierende und altmodische Dame. Jonathan mußte zu allen Mahlzeiten korrekt gekleidet erscheinen, er durfte zu Hause nie mit erhobener Stimme reden, und er mußte seiner Mutter über jeden Brief, den er erhielt und jedes Telefongespräch, das er führte, Auskunft geben. Sie kümmerte sich um alles, was ihn betraf.

Hin und wieder versuchte Jonathan zu rebellieren, indem er etwas unabhängigere Verhaltensweisen annahm. Wenn seine Mutter ihn dann fragte, mit wem er gerade telefoniert hätte, antwortete er etwa mit einem »Das ist meine Privatsache«. Gelegentlich überflog er auch die Wohnungsanzeigen in der Zeitung und spielte mit dem Gedanken auszuziehen. Allerdings meldete sich dann immer sehr bald sein schlechtes Gewissen, und er bekam einen Asthmaanfall, wie er es schon seit seiner Kindheit kannte. Während seiner Krankheit fühlte er sich immer ganz von seiner Mutter abhängig, die ihn dann sehr liebevoll umsorgte. Für sie war jeder Asthmaanfall eine Gelegenheit, bei Jonathan das Gefühl zu verstärken, daß er sie unbedingt brauchte und ohne sie gar nicht leben könnte. Sie erreichte ihr Ziel immer: Jonathan wurde wieder kleinlaut und dankbar für ihre Zuwendung.

Die Asthmaanfälle waren zugleich die Aufforderung an die Mutter, ihn zu umsorgen und der Ausdruck seiner Angst vor der Aggressivität, die in dem Versuch enthalten war, sich aus der Herrschaft der Mutter zu befreien und zu eigener Unabhängigkeit zu gelangen. Er und seine Mutter waren in Wahrheit Verbündete. Seine Mutter nahm lieber seine Krankheit als seine Aggressivität in Kauf und unterstützte daher seine Kränklichkeit. Jonathan fürchtete sich vor seiner Aggressivität und flüchtete daher bereitwillig zurück in die Rolle des Kindes, das um Atem ringt, hustet, keucht und nach Mutters Hilfe verlangt, anstatt sich selbst zu behaupten.

Anders und doch ähnlich lag der Fall bei der vierundzwanzigjährigen Mary Coleman, die ratsuchend zu uns kam und deren Asthmaanfälle vor zwei Jahren begonnen hatten, und zwar kurze Zeit nachdem sie herausgefunden hatte, daß ihr Mann Mickey Verhältnisse mit anderen Frauen unterhielt. Sie war darüber innerlich aufs höchste aufgebracht, wagte aber nicht, ihre Gefühle ihrem Mann gegenüber zu äußern, da sie sich vor ihm fürchtete.

Zu etwa der gleichen Zeit erlitt ihr Mann einen schweren Autounfall. Während der Zeit, die er bis zu seiner völligen Genesung zu Hause verbrachte, verhielt er sich äußerst anspruchsvoll und ließ sich auf jede Art von Mary bedienen. Sie war innerlich empört über die Haltung ihres Mannes und hätte am liebsten gesagt: »Hol dir doch eine deiner Freundinnen und laß dich von der umsorgen«, aber dazu brachte sie den Mut nicht auf. Statt dessen begannen ihre Asthmaanfälle. Im Krankenhaus wurde sie nach kurzer Zeit an die psychiatrische Abteilung überwiesen. Dort begann sie allmählich, über sich und ihr Leben zu sprechen, und als sie einen Teil der gegen ihren Mann aufgestauten Wut offen zum Ausdruck bringen konnte, ließen die Asthmaanfälle nach.

In der psychosomatischen Literatur wird die asthmatische Persönlichkeit als abhängig und von Gewissensskrupeln geplagt definiert, die gegenüber ihren Bezugspersonen zu keiner Ärgeräußerung oder Selbstbehauptung fähig ist. Da sie keinerlei Selbstbestätigung erfährt und ihre Aggressionsgefühle auf direktem Wege nicht abreagieren kann, wird der Asthmaanfall zur indirekten Reaktion auf die Welt, die als feindselig empfunden wird und der sich dieser Mensch aus Mangel an aggressiver Widerstandskraft hilflos ausgeliefert fühlt.

Unterdrückte Wutgefühle innerhalb einer engen Abhängigkeitsbeziehung scheinen geradezu der Schlüssel zu den Leidensursachen eines Asthmatikers zu sein. Die Anfälle hören nämlich oft zu dem Zeitpunkt auf, da der Kranke genügend Selbstsicherheit und Kraft entwickelt hat, um seine Gefühle ohne Umschweife zu äußern und unabhängig zu handeln.

Kopfschmerzen als chronisches Leiden

Nach einer Schätzung leiden mindestens fünfzehn Millionen Amerikaner an chronischen Kopfschmerzen. Charakteristisch für Menschen mit Migräneanfälligkeit sind ihre Neigung zu Perfektionismus, ihr Ehrgeiz und ihre ausgeprägte Selbstbeherrschung. Nach außen wirken sie immer ruhig und höflich, da sie alle Regungen des Ärgers und Unwillens in sich unterdrücken. Jedoch führt ihre intensive Selbstbeherrschung zu einer Erweiterung der Blutgefäße, was die Kopfschmerzen zur Folge hat. Der folgende Fall soll uns als Beispiel dienen:

Eine neununddreißigjährige, unverheiratete Frau arbeitete in leitender Stellung bei einer Werbeagentur in Chicago. Sie hatte sich in fünfzehn Jahren harter Arbeit langsam hochgearbeitet und war stolz darauf, sich in einer Männerwelt behaupten zu können. Ihr Privatleben war dabei allerdings immer zu kurz gekommen. Nur einmal hatte es in ihrem Leben eine Beziehung zu einem Mann gegeben, die fast zur Ehe geführt hätte, aus der sie sich aber noch vorher zurückgezogen hatte.

Sechs Monate vor ihrem ersten Migräneanfall lernte sie einen Mann kennen. Er war Anfang sechzig, von Beruf Rechtsanwalt und stand kurz vor seiner Pensionierung. Er machte auf sie den Eindruck großer Zuverlässigkeit, und sie konnte bei ihm sicher sein, daß er sich nicht ihres Geldes wegen für sie interessierte. Aus einem plötzlichen Impuls heraus beschloß sie, seinen Heiratsantrag anzunehmen. Sehr bald bemerkte sie jedoch, daß sie sich mit dieser Ehe übernommen hatte. Er erwartete jeden Abend ein komplettes Essen von ihr, und damit sie ihren neuen Pflichten einer Haus- und Ehefrau besser nachkommen könnte, sollte sie ihre beruflichen Arbeitsstunden einschränken. Sie begann einzusehen, daß ihre Heirat ein Fehler gewesen war – die typische Torschlußpanik. Trotzdem wollte sie ihr Schicksal hinnehmen, und damit begannen ihre häufigen Kopfschmerzen während der Arbeit.

Nach einem langen Gespräch mit ihrem Hausarzt riet dieser ihr zu einer vorübergehenden Probetrennung von ihrem Mann. Daraufhin mietete sie sich eine eigene Wohnung, und nach zwei Wochen des Alleinlebens hörten die Kopfschmerzen auf. Hin und wieder besuchte sie für ein paar Tage ihren Mann, aber das Resultat war

jedesmal das gleiche: Die Kopfschmerzen kehrten sogleich wieder zurück. Schließlich wurde sie zur Psychotherapie an Dr. Goldberg überwiesen. In den folgenden psychotherapeutischen Sitzungen entdeckte sie überrascht, wie oft sie ihren Mann in Gedanken und Träumen tot gesehen hatte, wobei in einigen Fällen sie selbst es war, die ihn getötet hatte.
Personen mit hoher Migräneanfälligkeit offenbaren in der Psychotherapie häufg intensive Gefühle der Feindseligkeit gegen ihre nächsten Angehörigen wie Ehepartner oder Geschwister, wobei sie in ihren Phantasievorstellungen manchmal sich selbst mit der Axt in der Hand sehen, gerade im Begriff, dem anderen den Kopf zu spalten. Diese Einbildungen stehen im krassen Gegensatz zu ihrem äußeren Eindruck als äußerst wohlerzogenen, beherrschten, ja zum Perfektionismus neigenden Persönlichkeiten. Nur wenn es gelingt, ihre gewöhnliche Verschlossenheit zu durchbrechen, haben sie eine Chance, ihre Kopfschmerzen auch ohne Medikamente zu überwinden.

Hypertension

Nach einer Schätzung leiden zehn bis fündundzwanzig Millionen Amerikaner an zu hohem Blutdruck. Diese Unregelmäßigkeit im menschlichen Körper führt zur Beeinträchtigung der Funktionen von Blutgefäßen, Nieren und des Herzens und fördert die Anfälligkeit für Schlaganfälle.
Wie bei der migräneanfälligen Persönlichkeit fällt auch in diesen Fällen der Widerspruch zwischen dem Gefühlserlebnis und dem Eindruck, den die Person nach außen vermittelt, auf. Menschen mit einem zu hohen Blutdruck wirken auf ihre Umwelt ruhig, freundlich und ausgeglichen. Sie gelten als loyale und unermüdliche Arbeitstiere, die sich immer mehr aufbürden als eigentlich zu ihrem Aufgabenbereich gehört. Das einzige Anzeichen für einen geheimen Groll, den sie darüber empfinden, daß sie »immer alles allein machen müssen« könnte man in einem gelegentlichen Aufbrausen sehen. Davon abgesehen strahlen sie eine geradezu sprichwörtliche Ruhe aus. Oft bleiben sie jahrelang in der gleichen Stellung, obgleich sie dort unterbezahlt und arbeitsmäßig ausgenutzt werden. Wenn sie schließlich zu höheren Positionen aufsteigen,

wirkt sich dies oft ungünstig auf ihren ohnehin zu hohen Blutdruck aus, da es ihnen schwerfällt, ohne in einen Aggressionskonflikt zu geraten, sich auf dem leitenden Posten zu behaupten und gemäß ihrer Funktion Anordnungen zu erteilen. Ihr stets um Verbindlichkeit bemühtes Verhalten stimuliert eine ständige Erweiterung der Blutgefäße, was zu chronisch erhöhtem Blutdruck, zu Kopfschmerzen, Schwindelgefühl und Herzklopfen führt.

Kathy McPhee, einunddreißig Jahre alt, führte ihr eigenes blühendes Reisebüro in einer Kleinstadt in Massachusetts. Sie verstand die Kunst, alle Menschen auf den ersten Blick für sich zu gewinnen. Sie war immer fröhlich und hilfsbereit und hatte schon manches Mal eine problematische Reiseplanung noch in der letzten Minute zuwege gebracht. Und trotzdem gab es niemanden, der Kathy wirklich nahestand. Obwohl sie durchaus attraktiv war, lebte sie allein, ging nie mit Männern aus, außer manchmal in halboffizieller Funktion mit einem Kunden, und hatte keine wirklichen Freunde.

Sie arbeitete weiterhin zwölf Stunden am Tag, obgleich sie bereits ein beständiges Einkommen von mehr als viertausend Dollar im Monat hatte, und lebte unter dem Druck, immer auf dem laufenden sein zu müssen, um ihrer Konkurrenz um eine Nasenlänge voraus zu bleiben. Im vergangenen Jahr hatte sie zweimal einen neuen Assistenten eingestellt und beide wieder entlassen. Sie konnten ihrem Anspruch auf Perfektionismus nicht genügen. Zu der Zeit, als ihr Arzt überhöhten Blutdruck bei ihr feststellte, hatte sie gerade wieder einen Assistenten eingestellt, konnte aber trotzdem das Gefühl nicht loswerden: »Es hängt alles von mir ab. Ich muß mich doch um alles kümmern.« Ihr Arzt, der ihr einziger Vertrauter war und ihre Frustrationen, ihre Aggressionsgefühle und den Druck, unter dem sie lebte, kannte, überwies sie zur Psychotherapie an Dr. Bach.

Unter der freundlichen und äußerst gewissenhaften Oberfläche vollzieht sich bei einem hypertensiven Menschen eine andauernde Anhäufung von Aggressionsmaterial. Die einzigen Anzeichen dafür sind ein gelegentliches Aufbrausen aus meist kleinlichem Anlaß. In Kathys Fall richtete sich so ein Ausbruch gewöhnlich gegen ihren Assistenten, der durch irgendeine Kleinigkeit, etwa ein privates Telefongespräch während der Arbeitszeit, ihren Unwillen erregte.

In der Psychotherapie offenbart der nach außen hin fröhliche, »freundliche« Patient seine intensiv feindseligen Gefühle. Hier gibt er zu, daß er ihm nahestehenden Menschen schon oft den Tod gewünscht hätte. Er empfindet in vielen Fällen ein starkes Gefühl der Bitterkeit gegen seine Angehörigen, die ihm kalt und rücksichtslos erscheinen und die er dafür verantwortlich macht, daß ihm selbst so viel aufgebürdet wird. Dabei versteckt er seine Bedürfnisse und seinen Ärger hinter einer Fassade der Arbeitsamkeit, der »Freundlichkeit« und der Selbstlosigkeit. Die innere Spannung wird jedoch immer größer und muß schließlich zum Zusammenbruch des Menschen führen.

Arthritis

Neue Forschung auf dem Gebiet der Arthritis haben reichlich Material geliefert, um die Theorie zu unterstützen, nach der die Hauptursache für rheumatische Arthritis in dem Konflikt von empfundenem Ärger und seinen Ausdrucksmöglichkeiten zu suchen sei. Die einschlägige Literatur weist aus, daß viele Arthritis-Kranke in ihrer Kindheit unter dem Einfluß von autoritären, unvernünftigen und außerordentlich strengen Müttern gestanden haben. Offene Reaktionen der Auflehnung auf deren absolute Autorität waren ausgeschlossen, da das Kind in viel zu großer Furcht vor den Folgen lebte. Oft ist der Arthritis-Kranke introvertiert und reagiert überempfindlich auf jegliche Ärgeräußerung von anderen. Da sie selber ihren Ärger sehr selten zeigen, empfinden sie auch starke persönliche Abneigung gegen Menschen, die ihre Aggressionen offen und kraftvoll zum Ausdruck bringen. Ein Arthritis-Kranker kann enorme Selbstbeherrschung aufbringen, wenn es gilt, seine Aggressionsgefühle zurückzuhalten; mit der gleichen Entschlossenheit übt er aber auch seine wohlwollende Tyrannei über andere aus. Wenn er den Menschen, den er auf diese Weise beherrscht, aus seiner Einflußsphäre verliert, verstärkt sich sogleich seine Arthritisanfälligkeit. Oder er wählt auch wohl die masochistische Pose und gefällt sich in der Rolle des »unentwegt Leidenden«. Die Wirkung seines Märtyrerstils liegt in der aggressiven Zurückhaltung, die er zur Schau trägt.

Ein solcher Fall war Michael Rabin. Er war ein stiller, arbeitsamer

Mensch und arbeitete als Verkäufer in einer Eisenwarenhandlung. Er hatte vier Kinder und kannte nichts Schöneres, als für andere da zu sein. Nach einem langen Arbeitstag half er den Kindern noch bei den Hausaufgaben und nahm seiner Frau verschiedene Hausarbeiten ab. An den Wochenenden spielte er mit den Kindern Fußball und übernahm diverse Funktionen in der Kirchengemeinde. Er war Mitte dreißig als die Arthritis in seinen Fingern begann. Obgleich er zuzeiten sehr starke Schmerzen hatte, ließ er sich dadurch kaum in seiner Aktivität behindern.
Es gibt einige Spezialisten in der psychosomatischen Medizin, die in der gekrümmten Haltung arthritischer Glieder die symbolische Darstellung der ständig zurückgehaltenen Aggression sehen wollen. Die unterdrückte Aggression, die sich ihren Weg über die Muskulatur sucht, bewirkt eine verstärkte Elastizität der widerstrebenden Muskeln. Über einen längeren Zeitraum können die Gelenke diesem Prozeß nicht standhalten, womit wir zumindest eine Ursache für die gekrümmte Erscheinungsform und die Schmerzen der Arthritis kennengelernt hätten.

Verborgene Aggression und Krebs

In den letzten zehn Jahren hat sich die Wissenschaft intensiv mit der Erforschung der Krebskrankheit beschäftigt. In einer psychologischen Studie wurden Krebskranke als schüchterne Menschen bezeichnet, die Ärger, Haß und Neid in sich verbergen. In einer anderen Studie heißt es, daß vom Krebs befallene Frauen unfähig seien, Aggressionsgefühle direkt zu äußern. Sie versagen sich solche Gefühle geradezu. Wir wollen damit keineswegs sagen, daß wir verdrängte Aggression als die Ursache dieser komplexen und furchtbaren Krankheit ansehen, doch finden wir diese Erkenntnisse immerhin bemerkenswert.
Von weit größerer Bedeutung scheint uns jedoch die Untersuchung von Kathleen Stavraky zu sein, die eine Gruppe von Krebspatienten, bei denen nach erfolgter Krebsdiagnose ein rascher Verfall zu beobachten war, mit einer anderen Gruppe von Krebskranken, die ihre erwartete Lebensdauer bereits überschritten hatten, verglichen hat. Von den 204 Patienten dieser Untersuchung fanden sich diejenigen mit starker Anfälligkeit für Depressionen und der Nei-

gung, jegliches Aggressionsgefühl in sich zu ersticken, vorwiegend in der Gruppe, in der ein rasches Fortschreiten der Krankheit festgestellt wurde, während die anderen, die schon bedeutend länger lebten als man nach dem Stand der Dinge erwarten konnte, fast alle die Fähigkeit besaßen, ihre Feindseligkeit zum Ausdruck zu bringen. Diese Fähigkeit zur offenen Feindseligkeitsäußerung wurde als ein wesentlicher Faktor für eine günstige Prognose angesehen.

Kürzlich lasen wir den autobiographischen Bericht einer krebskranken Frau über den Verlauf ihrer Krankheit. Sie hat darin einige bemerkenswerte Beobachtungen über ihre Beziehungen zu den Menschen gemacht. Dabei hat es sie besonders beeindruckt, daß sie und auch die anderen Krebspatienten, mit denen sie sich darüber unterhielt, von ihren gesunden Freunden und Angehörigen ständig daran gehindert wurden, offen über ihr Schicksal zu sprechen. Nur wenn sie ihren Schmerz und ihre Hilflosigkeit zum Ausdruck brachte, konnte sie mit Verständnis und Anteilnahme rechnen. Dagegen löste jede Äußerung des Ärgers und Unwillens der Sterbenden nur großes Unbehagen aus. Da die Krebspatienten diese Verlegenheit bei ihren Besuchern wahrnehmen, bemühen sie sich, jede Ärgerregung in sich zu ersticken und immer einen fröhlichen, zuversichtlichen Eindruck zu machen. Dieses Verhalten bewirkt allerdings nur noch größere Entfremdung und die Patienten fühlen sich danach noch ausgeschlossener und hoffnungsloser als vor dem Besuch.

Verbündete in der Krankheit

Der Leser wird sich an die verschiedenartigen Bündnisse erinnern, die kranke Menschen und ihre Angehörigen miteinander eingehen, um Aggressionserscheinungen zu vermeiden. Die Mitleidskundgebungen reichen oft schon aus, um eine lebhafte, aggressive Reaktion und damit eine schnelle Genesung zu verhindern. Die Autoren haben erst kürzlich ein besonders drastisches und trauriges Beispiel dafür erlebt. Ein zwölfjähriger Junge mit Namen William wurde zu ihnen gebracht, um sich einem Lernfähigkeitstest zu unterziehen, da seine Leistungen in der Schule nicht mehr den Anforderungen entsprachen. Er begann jedoch selbst sehr bald von seinen »Anfällen« zu sprechen, und es ergab sich noch während derselben Sitzung, daß er einen solchen erlitt. Dabei streckte er den linken Arm aus, der rechte wurde abgewinkelt und Augen und Kopf drehten sich nach rechts. Das ganze dauerte etwa dreißig Sekunden. Unmittelbar danach fühlte er sich noch etwas benommen und verwirrt; er wußte aber genau, daß er einen Anfall gehabt hatte und erwartete offensichtlich Mitleidsbekundungen.

Aus dem anschließenden Gespräch ergab sich eindeutig, daß diese Anfälle, obgleich sie durchaus echt waren, doch auch als Mittel benutzt wurden, um Aufmerksamkeit zu erringen. Das heißt, daß sie zum Teil bewußt heraufbeschworen wurden. Bei einem EEG-Test zeigte sich, daß die anomalen Gehirnwellen den stärksten Ausschlag aufwiesen, wenn William nach seinem Vater gefragt wurde. Nach mehreren Therapie-Sitzungen war eine deutliche Besserung festzustellen und die Anfälle wurden wesentlich seltener. Zu diesem Zeitpunkt geschah das Überraschende, daß die Eltern des Jungen dem Therapeuten gegenüber eine offen feindselige Haltung einnahmen. In einem privaten Gespräch konnte der Therapeut schließlich den Grund für ihr befremdliches Verhalten erfahren. Williams Eltern hatten schon seit geraumer Zeit in wachsender Abneigung gegeneinander gelebt und waren fast zu dem Entschluß gelangt, sich scheiden zu lassen, als ihr Sohn seine Anfälle bekam. Ihre gemeinsame Sorge um das Kind brachte sie einander wieder näher und wirkte sich beruhigend auf ihre Beziehung aus. Da sich William jedoch auf dem Wege der Besserung zu befinden schien, erwachte wieder alle Feindseligkeit der Eltern gegeneinander. Am Schluß gaben sie sogar zu, daß sie Williams Krankheit direkt gebraucht hätten, um ein harmonisches Leben zu führen.

Es gibt in unserem Kulturkeis viele Formen der zwischenmenschlichen Interaktion, die der hier beschriebenen heimtückischen ähnlich sind. Wenn ein uns Nahestehender unglücklich oder krank ist, kann er unseres Mitleids und unserer Liebe gewiß sein. Wenn er aber selbstsicher auftritt oder durch seine Fähigkeit, Ärgergefühle bewußt zu erleben und zum Ausdruck zu bringen, Kraft und Unabhängigkeit demonstriert, weisen wir ihn zurück. Bei Ehepaaren sieht eine derartige Interaktion etwa wie folgt aus: Wenn ein Partner gekränkt und ängstlich aussieht und Tränen in den Augen hat, kann er auf eine liebevolle Reaktion des Partners rechnen.

Zeigt derselbe Partner jedoch eine entschlossene, unabhängige Ärgerreaktion, so wird diese kalt und unfreundlich aufgenommen.

Der heimliche Gebrauch der Krankheit

In einer aggressionsscheuen Umwelt wie der unseren kann eine Krankheit viele symbolische und unerkennbare Bedeutungen annehmen. In unserer Gesellschaft werden kranken Menschen besondere Zugeständnisse gemacht; sie können andere beherrschen und Forderungen an sie stellen, ohne daß die mindeste Gegenleistung von ihnen erwartet wird.

Schon sehr früh haben viele Kinder begriffen, daß sich die Welt auf wunderbare Weise verändern läßt, wenn sie krank sind. Während sie normalerweise völlig machtlos sind und weder einen Einfluß auf die Entscheidung der Eltern ausüben können noch ihre Aufmerksamkeit erringen, ändert sich dies auf magische Weise, sobald sie von einer Krankheit befallen sind. Dann werden sie mit Aufmerksamkeit und Zuneigung verwöhnt, sie dürfen Ansprüche stellen und die ganze Familie beherrschen – ein undenkbarer Zustand für ein gesundes Kind. Aber die böse Saat geht erst beim Erwachsenen auf. Für manche bedeutet chronische Kränklichkeit die Macht, auf indirektem Wege seinen Willen durchzusetzen und andere zu manipulieren. Da ihm diese Macht in gesundem Zustand durch offene Selbstbehauptung nie zukäme, wird er zum »Krankheitstyrannen«. Und wer ihm in diesem Zustand zu widerstehen wagt, setzt sich dem Vorwurf der Herzlosigkeit und Grausamkeit aus.

Die in Form einer Krankheit zum Ausdruck gebrachte Aggression kann aber auch darauf abzielen – wie wir im Fall von William gesehen haben –, zwieträchtige, unglückliche Familien zusammenzuhalten, was dadurch bewirkt wird, daß sich alle in dem gemeinsamen Interesse, dem Kranken zu »helfen«, vereinen. Dabei wird der Kranke jedoch alsbald zur unentbehrlichen Voraussetzung für den Frieden und die Harmonie in der Familie. Die tragische Ironie bei alledem liegt darin, daß körperliche Krankheit als weniger schrecklich empfunden wird und weitaus erträglicher erscheint als eine offene Aggressionsäußerung.

Depressive Menschen mit nur geringen oder gänzlich mangelnden aggressiven Impulsen sind in diesem Zustand besonders anfällig für Krankheiten. Durch die verminderte Mobilisierung der Aggression verringert sich die Wirksamkeit der Abwehrstoffe gegen Infektionen, was eine Schwächung der physiologischen Widerstandskraft zur Folge hat, die sich wiederum abträglich auf die Immunisierungsreaktionen und Drüsenfunktionen auswirkt. Oft erscheinen Husten, Erkältungen und Viruserkrankungen gerade dann, wenn der Mensch sich in einer frustrierten Lebenssituation befindet, in der er sich unfähig sieht, die für eine konstruktive Lösung seiner Probleme notwendige aggressive Energie aufzubringen.

Auch die völlige Überwindung einer Krankheit erfordert eine volle Mobilisierung von Aggressionen. Es gibt Kranke, die um ihre Gesundung »kämpfen« und wiederum solche, die keine »Lebenskraft« zu haben scheinen. Ein Mensch von ungebrochener Aggressivität, mit dem Willen gesund zu werden, hat bekanntlich wesentlich bessere Aussichten, schwere Krankheiten zu überstehen, sich von Operationen zu erholen und körperliche Behinderungen zu überwinden. Der aggressive Impuls, der auch im Angesicht des Todes nicht aufgibt, ist oft allein imstande, das Leben so lange wie irgend möglich zu erhalten. Oft hört man die Leute darüber klagen, daß so viele »nette« Menschen jung sterben müssen, während den »Bösewichten« ein zähes Leben vergönnt zu sein scheine. Es mag auch diese Binsenweisheit auf die lebenswichtige Bedeutung von aggressiver Energie hindeuten.

Welche Fragen soll man sich stellen?

Sobald man irgendwelche auffallenden Symptome oder Anzeichen von Krankheiten an sich entdeckt, besonders wenn diese Anzeichen auf einen psychosomatischen Affekt hindeuten, täte man gut daran, sich die folgenden Fragen zu stellen: Erstens: Hat in der letzten Zeit irgendeine wesentliche negative oder deprimierende Veränderung in meiner Lebenssituation oder in meiner Beziehung zum Ehepartner, zur Familie, zum Vorgesetzten, zu Freunden oder anderen Bezugspersonen stattgefunden? Zweitens: Ist irgend etwas vorgefallen, aus dem mir Ärger, Frustration oder ein traumatischer Effekt entstanden ist oder entstehen kann und woran ich glaube, nichts ändern zu können? Drittens: Hat irgendein Erlebnis oder ein Konflikt in der letzten Zeit aggressive bzw. Fluchtimpulse in mir aktiviert, ohne daß für mich die Möglichkeit bestand, diese Gefühle abzureagieren? Zum Beispiel, hat mich jemand zurückgewiesen, bedroht, beleidigt, verletzt oder verlassen, und hat mich dieses Erlebnis so gelähmt, daß ich unfähig war, meine Gefühle zum Ausdruck zu bringen? Viertens: Wenn ich die letzte Frage mit Ja beantwortet habe, was hat mich daran gehindert, meine Ärger-, Aggressions-, Protest-, Feindseligkeits- oder Eifersuchtsgefühle in befriedigender und wirksamer Weise abzureagieren? Was befürchte ich, wenn ich diese Gefühle offen zum Ausdruck bringe? Fünftens: Angenommen in mir existiert ein Block, der mich an der Äußerung dieser Gefühle hindert, was kann ich tun, um ihn zu überwinden, so daß ich zum Besten für meine Gesundheit und mein Leben zu einer konstruktiv und schöpferisch aggressiven Einstellung gelange?

Die aggressive Sprache des Körpers

Als Resultat des intensiven sozialen Erziehungsprozesses haben wir in gewisser Weise eine positive Einstellung zu unserem Körper verloren; wir machen uns nicht die Mühe, seine Protestreaktionen auf physische Überbelastung, emotionales Unbehagen oder geistige Not zur Kenntnis zu nehmen und in angemessener Weise zu beantworten. Statt dessen haben wir gelernt, die Symptome zu bekämpfen, zu vermindern oder zu überwinden. Wir möchten nur auf die unerfreuliche und dennoch sehr verbreitete Gewohnheit, neutralisierende Mittel einzunehmen, hinweisen, die dem Magen eine ihm ständig zugemutete Überbelastung erleichtern soll. Eines Tages wird ein erfinderischer Chemiker die Formel für ein vollwirksames Mittel gegen Katererscheinungen entdecken, so daß sich fortan jeder regelmäßig total betrinken kann, ohne am nächsten Tag die Körpersignale der Warnung und des Protests fürchten zu müssen. Ganz allgemein besteht in unserer Gesellschaft die Tendenz, die Signale der Empörung und des Widerstrebens im Körper gegen selbstzerstörerisches Verhalten wie Überessen, übermäßigen Alkoholgenuß oder zuviel Rauchen oder die Signale einer körperlichen Not wie Übelkeit, Diarrhöe, Krämpfe oder Völlegefühl mit der Einnahme der verschiedenen chemischen Produkte zum Schweigen zu bringen, anstatt sie zu beachten und ihre Sprache verstehen zu lernen. Wir ersticken sie mit Tabletten, einer Injektion oder anderen medizinischen Mitteln, die dazu dienen, den Schmerz zu betäuben und das Signal auszulöschen.

In der heutigen Psychotherapie gibt es verschiedene Methoden, wie die Gestalttherapie und die bioenergetische Methode, die mit zunehmendem Nachdruck auf die Wichtigkeit der Körperinformation hinweisen und ihre Interpretation lehren. Man sieht hierin außerordentliche Möglichkeiten für Entwicklungen und Veränderungen in der Therapie. Die Therapeuten dieser Richtung versuchen zum Beispiel, bei den Menschen einen engen Kontakt zu ihren Körperreaktionen herzustellen, anstatt eine körperliche Verkrampftheit, Unruhe, Angst oder ein spezifisches Symptom wie Kopfschmerzen oder Brechreiz zu ignorieren oder zu überwinden. Im Verlauf einer Gestalttherapiesitzung fordert der Therapeut den Klienten etwa auf, irgendeiner Körperreaktion seine Stimme zu leihen, indem er zum Beispiel fragt: »Was sagt Ihnen der Druck in ihrer Brust? Geben sie ihm Ihre Stimme und lassen Sie ihn sprechen.« Dieser Methode liegt die Theorie zugrunde, daß die Körperreaktionen ein Teil der gesamtemotionalen Reaktion des Menschen sind und oft einen wahrheitsgetreueren und weniger entstellten Einblick in die Erlebniswelt des Menschen ermöglichen als die reine Verbalisierung und Rationalisierung.

Ein Beispiel für unsere Ausführungen und ihre Bedeutung bietet eine Erfahrung, die Dr. Goldberg bei seiner kürzlichen Suche nach neuen geeigneten Büroräumen machte. Unter dem Druck der Verhältnisse, die ihn zwangen, neue Räume zu finden bevor der Vertrag für die alten ausgelaufen war, fühlte er sich häufig versucht, sich für diese oder jene Räume zu entscheiden, obwohl sie unansehnlich und durchaus nicht zweckentsprechend waren. Sobald er sich jedoch zu einer solchen Fehlentscheidung geneigt fühlte, sandte sein Körper Signale aus, um ihn über seine wahren Gefühle aufzuklären, was er im Moment lieber ignoriert hätte. Er bekam etwa dumpfe Kopfschmerzen oder nervöse Magenbeschwerden, oder er fühlte sich ganz allgemein und ohne ersichtliche Ursache unbehaglich und ruhelos. Einmal fuhr er an einer Adresse um drei Häuserblocks vorbei, als er sich nach mehreren Besuchen endgültig für diese Räume entscheiden wollte. Ein anderes Mal vertrödelte er so viel Zeit beim Kaffeetrinken, daß er die Verabredung versäumte, in der die letzten Einzelheiten besprochen werden sollten. In jedem Fall hatte sein Körper ein klares Nein gesagt. Wenn auch der Verstand versuchte, bestimmte Büroräume als geeignet und ausgesprochen günstig darzustellen, so signalisierte doch der Körper unbestechlich Widerstand. Als dann schließlich ein wirklich geeignetes Büro gefunden war, fühlte sich der Körper federleicht, entspannt und zufrieden und kein Impuls enthielt die Nötigung, zur Tasse Kaffee oder Zigarette zu greifen, um mit ihrer Hilfe »alles noch einmal zu überdenken« und die Körpersignale zu betäuben.

Ständig empfangen wir Körpersignale aller Art, die uns auf irgend etwas aufmerksam machen wollen. Die meisten ignorieren wir, oder sie bringen uns in Verlegenheit. Und doch sollte man diese Signale in jedem Fall beachten, denn oft genug liegt ihnen eine wichtige Botschaft zugrunde. In unserer Gesellschaft, die weitgehend dem Rationalismus huldigt, könnte sich der Körper als das beste Instrument erweisen, um die Wahrheit über unsere verdrängte Aggression aufzudecken.

Doch möchten wir zur Vorsicht mahnen! Manchmal ist eine Körperreaktion tatsächlich nichts anderes als eben eine körperliche Reaktion. Das heißt, ein Gähnen ist wirklich nur das Zeichen der Müdigkeit. Zu anderen Zeiten kann es dagegen verdrängte Aggression zum Ausdruck bringen. Wir möchten im folgenden nichts anderes tun als Möglichkeiten der Interpretation aufzuzeigen, nicht jedoch diese als die einzigen Bedeutungen der verschiedenen körperlichen Reaktionen hinstellen.

Gähnen

Als sozialisierte Angehörige dieses Kulturkreises haben wir gelernt, daß wir in Gesellschaft anderer nicht ungeniert gähnen, sondern jede derartige Neigung unterdrücken oder uns entschuldigen, wenn es nicht ganz gelungen ist. Es gilt als ungehörig. Wenngleich ein Gähnen gemeinhin als ein Zeichen von Müdigkeit hingenommen wird, ist es doch sehr oft die unbewußte Reaktion auf ein Gespräch, eine Interaktion oder ein Erlebnis ohne Reiz, ohne Bedeutung, kurz, auf das Gefühl der Langeweile. Da wir jedoch dieses Gefühl kaum jemals direkt aussprechen würden, aus Angst, jemanden dadurch zu kränken, äußert es sich indirekt auf dem Weg über den Körper. Unsere Verlegenheit über ein ungewolltes Gähnen gilt also tatsächlich den wahren Gefühlen, die dadurch entlarvt wurden.

Überall wo Konferenzen oder Besprechungen abgehalten werden – seien es Fakultätssitzungen an der Universität, Versammlungen von Beamten oder Privatangestellten oder Abteilungsbesprechungen in großen Firmen – sind sich die Teilnehmer im Namen der Höflichkeit und guten Umgangsformen einig in ihrem Bemühen, ein unweigerlich auftretendes Gähnbedürfnis zu bekämpfen. Der Gähnimpuls will in der Sprache des Körpers sagen: »Das ist doch wirklich zu langweilig«, »Das bringt uns keinen Schritt weiter«, »Warum schweigt er nicht endlich«, »Mein Gott, wäre ich nur nicht hier«, »Das ist doch wirklich ein Streiten um des Kaisers Bart.«

In einer Gesellschaft, die sich nicht zum Ziel machte, jeder aggressiven Konfrontation aus dem Wege zu gehen, brauchte man keine Bedenken zu haben, einem Menschen direkt zu sagen »Sie langweilen mich.« Dies könnte als eine einfache, gutgemeinte Mitteilung aufgefaßt werden, mit der man zum Ausdruck bringen möchte, daß man sich eine interessantere Art der Interaktion mit diesem Menschen wünschte.

Ein Gähnen, das sich hinter einer interessierten Fassade verbirgt, kann eine bedeutungslose Beziehung oder Situation daran hindern, sich zu einer echten, lebensvollen Beziehung zu entwickeln. Mit dieser Höflichkeit ist niemandem gedient. Die Person, vor der wir ein Gähnen verstecken, kann sehr wohl die gleiche sein, deren Umgang wir in Zukunft meiden.

Furzen

Furzen gilt in der Gesellschaft ebenso wie das Gähnen als ungehöriges Verhalten, nur noch in weitaus stärkerem Maße. Oft wird damit ein Desinteresse oder gar Verachtung für die Menschen zum Ausdruck gebracht. Während einmal Blähungen die eindeutige Ursache sein können, haben wir es ein anderes Mal zweifellos mit einem Fall von verdrängter Aggression zu tun. Selten furzen

Menschen bei einem glücklichen, interessierten, harmonischen Zusammensein. Im Volksmund haben Redensarten wie »Das schert dich einen Furz« die Bedeutung der äußersten Verächtlichkeit. Das Furzen eines Kindes im Beisein seiner Eltern, eines Ehemannes, der mit seiner Frau schläft, einer Frau auf einer Elternversammlung oder in der Kirche sollte die Frage aufwerfen, ob hierdurch nicht vielleicht wahre Gefühle der Abneigung gegen die jeweiligen Personen oder Situationen zum Ausdruck gebracht werden sollen. Kürzlich wurde ein außerordentlich fähiger europäischer Herrenschneider an uns zur Behandlung überwiesen. Er war drauf und dran, seinen Beruf aufzugeben, da er den äußerst peinlichen Drang zum Furzen nicht beherrschen konnte, der ihn jedesmal überfiel, wenn er sich zum Maßnehmen einer Herrenhose bücken mußte. Im Laufe der Behandlung erwies es sich, daß ihm sein Mißgeschick immer dann passierte, wenn er sich zum Hosensaum hinabbeugte. Es stellte sich heraus, daß das Furzen einen Ausdruck des Widerwillens gegen die Berührung der schmutzigen Schuhe seiner Kunden darstellte. Nachdem der Schneider die Zusammenhänge erkannt hatte, stellte er einen vollzeitigen Schuhputzer ein, der vor jeder Anprobe die Schuhe der Kunden putzte. Damit war das Problem des Schneiders gelöst.

Das Furzen sollte durchaus ernst genommen werden. Oft verbirgt sich eine tiefere Bedeutung für uns selbst wie auch für andere dahinter. Man sollte darauf achten, ob man eine Tendenz zum Furzen nur in Gegenwart bestimmter Personen oder in bestimmten Situationen feststellen kann. Wenn dies der Fall ist, dürfte dafür wahrscheinlich irgendein unterdrücktes Aggressionsgefühl verantwortlich sein. Man sollte also das Gefühl der peinlichen Verlegenheit überwinden und sich lieber dem Problem seiner zurückgehaltenen negativen Gefühle zuwenden und der Frage, wie sie sich auf direktem Weg und in konstruktiver Form ausdrücken ließen.

Juckreiz

Wir haben zu Anfang dieses Kapitels den Fall eines Mannes beschrieben, der sich über seinen Arzt ärgerte, sich dieses Gefühl jedoch nicht einzugestehen wagte und plötzlich, bei Erscheinen des Arztes, einen heftigen Juckreiz verspürte. In der psychologischen

Literatur kann man allenthalben lesen, daß chronischer Juckreiz eine Form von Ärger oder Unwillen darstellt, der sich selbstzerstörerisch gegen die eigene Person richtet, die nicht wagt, diese Gefühle offen und zielgerichtet zum Ausdruck zu bringen.
Tom Howard war Leiter der Fließbandabteilung in einer Fabrik der Hausratherstellung. Eines Tages wurde er zu seinem Vorgesetzten, Steve Stones, gerufen, der ihm die Anweisung gab, einen detaillierten Plan zu erstellen, aus dem ersichtlich sein sollte, wie seine Arbeitsgruppe einen Arbeitsrückstand wieder aufholen würde, der dadurch entstanden war, daß dreißigtausend Pfannen und Mixgeräte wegen eines Fabrikfehlers aus der Produktion gezogen werden mußten. Steve wußte, daß es in seiner Gruppe einige aufsässige, arbeitsscheue Arbeiter gab, die ein echtes Problem für ihn bedeuteten. Er wollte seinem Vorgesetzten aber nichts davon sagen aus Furcht, der könnte seine Führungsqualitäten in Frage stellen. Seine Hände wurden feucht, und er fühlte ein starkes Jucken am Unterarm, als er mit aller Anstrengung die in ihm aufsteigende Wut über seine verfahrene Situation zu unterdrücken versuchte. Nachdem er sich fünfzehn Minuten lang einen Vortrag von Mr. Stones über sinkende Profite und steigende Kosten angehört hatte, riß ihm plötzlich der Geduldsfaden und er schrie: »Verdammt noch mal. Ich kann mich auch nicht zerreißen.« Danach hörte das Jucken an seinem Arm auf.
Bei plötzlichem Juckreiz, der ohne ersichtlichen Grund auftritt (wie etwa durch einen Insektenstich), sollte man immer die Möglichkeit des verdrängten Ärgers in Erwägung ziehen. Man frage sich in solchen Fällen, ob man sich in letzter Zeit durch irgend etwas gekränkt oder ungerecht behandelt gefühlt hat oder gegenwärtig etwas Derartiges empfindet, und ob man sich fürchtet diese Gefühle der Person, gegen die sie gerichtet sind, offen vorzuhalten. Wenn man die Frage bejahen muß, sind es wahrscheinlich diese Gefühle, die sich in Form eines Juckreizes gegen die eigene Person richten.

Furcht vor Blickkontakt

Bei manchen Menschen fällt es einem außerordentlich schwer, einen Blickkontakt herzustellen. Man fühlt immer den Drang, ihrem Blick auszuweichen.

Diese Reaktion hat mehrere Bedeutungen, aber im Hinblick auf versteckte Aggression heißt sie etwa: »Ich traue dir nicht. Ich habe das Gefühl, daß du Wut und Feindseligkeit in dir hegst und berechnend bist, das aber nicht zeigen willst.« oder »Ich verabscheue diese Person, aber ich fürchte mich vor dem Gefühl und wage nicht, es zu zeigen.«

Es ist kein Zufall, daß wir bei manchen Menschen unseren Blick instinktiv abwenden. In Trainingskursen für Geschäftsleute wird immer wieder auf die Bedeutung des Blickkontakts für den Verkaufserfolg hingewiesen. Diese Art des Blickkontaktes halten wir für unaufrichtig und berechnend. Eine Möglichkeit, die Aufrichtigkeit eines auf uns gerichteten Blicks zu überprüfen, wäre etwa die Feststellung, wie leicht oder schwer es einem selbst fällt, diesen Blick zu erwidern. Wenn man eine starke Abneigung dagegen verspürt, sollte man ihr ruhig nachgeben, denn sie könnte ein Zeichen für uns sein, daß wir den Blick des anderen als falsch empfinden.

Wir haben hier natürlich die vielen verschlungenen Bedeutungen, die ein Blickaustausch enthalten kann, auf einen einzigen Nenner gebracht. Damit wollten wir jedoch nur herausheben, daß ein Teil der Bedeutungen ganz sicher im Bereich der Aggression zu suchen ist.

Erröten

Diese Erscheinung führt man meistens auf Schüchternheit und Verlegenheit zurück. Jemand stellt uns eine persönliche Frage und wir erröten, oder man ertappt uns bei einer Tätigkeit, bei der wir uns unbeobachtet gefühlt hatten – schon werden wir rot. Das Erröten will auf seine indirekte Art ausdrücken: »Du machst mich verlegen.« oder »Ich mag deine Art nicht.« Aber anstatt dies auszusprechen, erträgt der leicht Errötende immer wieder die quälende Lage und errötet über die Scherze, die man über sein ewiges Erröten macht.

Lenita saß an ihrer Schreibmaschine, als einer der Versicherungsagenten vorüberkam, sich zu ihr herabbeugte und flüsterte: »Was haben Sie denn gestern eineinhalb Stunden in Dr. Friedmans Büro gemacht? Hat er einen Brief diktiert oder hat so eine Art wichtiger

Konferenz stattgefunden?« Lenitas Gesicht durchlief alle Schattierungen von Rot. Das Erröten, das sie als ein Zeichen des Schuldbewußtseins empfand, hinderte sie daran auszuprechen, was sie fühlte, nämlich »Das geht Sie einen Dreck an!!«
Manchmal errötet man über eine Schmeichelei. Dies wird dem Errötenden normalerweise als Bescheidenheit ausgelegt. Ist es das wirklich? Kann das Erröten möglicherweise auch heißen: »Ich glaube nicht, daß das ehrlich gemeint ist. Vielleicht will man mich nur zu irgendeinem Zweck beeinflussen.« Man sollte die Möglichkeit im Auge behalten, daß das Erröten als spontane Abwehrreaktion viel mehr bedeuten könnte als einfach »Ich bin schüchtern.«
Beim nächsten Erröten sollte man einmal versuchen zu sagen: »Mir gefällt nicht,...« und den Satz mit dem beenden, was das Erröten verursacht hat. Zum Beispiel: »Mir gefällt nicht, daß Sie mich das fragen.« Auf diese Weise könnte man sein eigenes Erröten vielleicht in den Griff bekommen.

Erbleichen

Wir erbleichen bei einem plötzlichen, unerwarteten Schrecken. Manchmal reagieren wir so, wenn wir uns bei einer unrechten Handlung ertappt fühlen. Oft wird das Erbleichen von weiteren Angstreaktionen wie Schweißausbrüchen, Übelkeit und Schwächeanfällen begleitet. In dieser Reaktion drückt sich äußerste Hilflosigkeit aus und sie unterminiert jegliches Selbstgefühl.
Paul Curtis fühlte sich in letzter Zeit außerordentlich unbefriedigt von seiner Arbeit als Städteplaner in einem Privatbetrieb. Er fühlte sich überarbeitet und dabei unterbezahlt, wagte aber bei der herrschenden Arbeitsmarktlage nicht, seinen Chef zu konfrontieren, da er fürchtete, der könnte ihm seine Kündigung nahelegen. Statt dessen sah er sich heimlich nach einer anderen Stellung um und befand sich bereits mitten in den Verhandlungen mit einer Konkurrenzfirma, für die er einen Kunden seiner gegenwärtigen Firma abwerben wollte.
Irgend jemand im Büro hatte Wind von der Sache bekommen und hinterbrachte sie dem Direktor, der Paul zu sich kommen ließ, um ihn zur Rechenschaft zu ziehen. Als sein Chef ihm eine Aktennotiz vorlas, die alle Einzelheiten seiner geheimen Verhandlungen

enthielt, erbleichte Paul und fühlte gleichzeitig Übelkeit in sich aufsteigen.
Paul hatte seine berufliche Frustration nicht offen austragen können und aus Angst vor den Konsequenzen seine berechtigten Forderungen unterlassen. Für ihn gab es nur noch die Möglichkeit, sich heimlich um eine neue Stellung zu bemühen. Sein Erbleichen bedeutete das Eingeständnis seiner Schuld, war aber auch das Resultat der Frustrations- und Ärgergefühle, die er auf direktem Weg nicht losgeworden war. Als er nun endlich zu einer Konfrontation mit seinem Vorgesetzten gezwungen war, kehrten allmählich seine Kraft und sein Wohlbefinden zurück.
Die Angstreaktion des Erbleichens kann eine unbewußte Tarnung von Gefühlen der Wut und der Empörung sein. Wir haben zwar den Wunsch, heftig zu reagieren oder anzugreifen, aber wir wagen es nicht. In den meisten Fällen mag es auch wohl unpassend sein, mit einem heftigen Ausfall zu reagieren. Auf der anderen Seite darf man jedoch nicht vergessen, daß die Angstreaktion selbstdestruktive Wirkung hat und im Menschen das Gefühl grenzenloser Hilflosigkeit zurückläßt. Um seine Kraft zurückzugewinnen und dieses unerträgliche Gefühl zu überwinden, wäre es angebracht, aus vollem Halse zu schreien und mit den Füßen zu stampfen, etwa allein in den eigenen vier Wänden oder auch, wenn dies vertretbar erscheint, vor dem, der einen in diesen Zustand versetzt hat und dabei die Ursache all der Angst laut und deutlich beim Namen zu nennen. Wenn sich etwas Derartiges aber nicht durchführen läßt, so sollte man sich zumindest klar machen, daß sich hinter dem Erbleichen eine gewaltige Kraft verbirgt, die von der Angst vor der Aggression aufgesogen wird, und diese Angst äußert sich in der Reaktion des Erbleichens.

Übelkeit und Erbrechen

Auch Übelkeit und Erbrechen, die zwar meistens physiologisch begründet sind, können mit psychischen Störungen zusammenhängen. Innerhalb einer Familie kennt man das Erbrechen als ein Zeichen für feindselige Beziehungen zwischen dem Betroffenen und den übrigen Familienmitgliedern. Ausgelöst wird diese Reaktion zumeist während der Mahlzeiten, bei denen ein auch unerwünschter Kontakt häufig unvermeidlich ist. Gewöhnlich bringt man das Erbrechen mit dem Essen in Zusammenhang und denkt nicht an die seelische Belastung, die die gezwungene Gemeinschaft mit einem oder mehreren Menschen, mit dem oder denen man sich im Konflikt befindet, für den einzelnen bedeuten kann.

Manchmal sprechen wir von einem Menschen, der uns in tiefster Seele zuwider ist, als von einem, vor dem es uns »ekelt«. Jeder, der zu gelegentlicher Übelkeit neigt, ohne daß dafür ein ersichtlicher physiologischer Grund vorliegt, sollte einmal darüber nachdenken, ob er sich etwa in einer feindseligen Intimbeziehung befindet, aus der er keinen Ausweg sieht.

Impotenz und Frigidität

Sowohl Impotenz wie auch Frigidität können physiologisch begründet sein. Obgleich es sich hier um grundsätzlich gleichwertige Reaktionen handelt, löst die Unfähigkeit zu einer Erektion bei einem Mann gewöhnlich größere Beklemmungen aus als bei einer Frau die Tatsache, daß sie keinen Orgasmus erreicht.

Die meisten Männer leben in der Vorstellung, Männlichkeit sei gleichbedeutend mit sexueller Leistungsfähigkeit zu jeder Zeit, Tag für Tag und Jahr für Jahr. Nur so sei man ein »richtiger« Mann. Wenn sie dann plötzlich feststellen müssen, daß sie unfähig sind, eine Erektion zu erreichen, greifen sie eher zu Vitamintabletten oder Aufputschmitteln oder lassen sich von Minderwertigkeitskomplexen überwältigen, als daß sie das Signal ihres Körpers als Mahnung verstehen und die wahren Ursachen für sein Versagen aufspüren. Statt dessen fühlen sie sich schuldig.

Manchmal hat die Frigidität eine ebenso bedrohliche Wirkung auf das Selbstbewußtsein der Frau wie die Impotenz auf das des Mannes. Die frigide Frau neigt dazu, sich nicht als vollwertige Frau zu betrachten, da sie zu keiner vollen sexuellen Befriedigung gelangen kann.

Sowohl der impotente Mann als auch die frigide Frau arbeiten an ihrer Selbstzerstörung, indem sie sich selbst auf sexuellem Gebiet als unvollständige und daher minderwertige Exemplare ihrer Gattung empfinden. Sie haben den dringenden Wunsch, diese ihre Schwäche zu überwinden. Auch hier möchten wir daran gemahnen, die Symptome des sexuellen Versagens als Signale des Körpers zu verstehen. Wie wir wissen, treten in manchen Fällen Impotenz und Frigidität nur mit gewissen Partnern auf, mit anderen hingegen nicht. Es wäre also angebracht, zunächst einmal seine Gefühle zu seinem Partner unter diesem Gesichtspunkt zu überprüfen. Wenn es sich nämlich nicht um einen chronischen, vom Partner unabhängigen, Zustand handelt, kann hier ein Symptom vorliegen, das auf irgendwelche zurückgedrängten Aggressionsgefühle aufmerksam machen möchte. Dr. Goldberg hatte in seiner Praxis einen Fall von Impotenz bei einem jungen Mann, der erst drei Jahre verheiratet war. Unter Hypnose bekannte er seinen ständigen Ärger darüber, daß seine Frau verlangte, beim Geschlechtsakt oben zu liegen. Um ihr die Befriedigung zu gewähren, ließ er es geschehen, ärgerte sich jedoch innerlich sehr darüber. Da er dieses Gefühl nicht hochkommen lassen und offen aussprechen konnte, manifestierte es sich in seinem kraftlosen Penis, womit sein Körper zu erkennen gab, daß ihm die Situation nicht behage. Nachdem der Mann die Zusammenhänge erkannt hatte und das Problem offen diskutieren konnte, kehrte auch seine sexuelle Potenz zurück.

Der impotente oder frigide Partner sollte sich deshalb folgende Fragen stellen: Erstens: Werde ich durch meinen Partner wirklich sexuell angeregt, oder täusche ich das nur vor? Zweitens: Gibt es etwas in unserer Beziehung, das mich abstößt? Versuche ich eine Rolle zu spielen, die nicht meiner Natur entspricht? Viele Frauen verhalten sich zum Beispiel im Geschlechtsverkehr sehr passiv, weil sie meinen, daß es sich für sie »so gehöre«, obgleich sie den Wunsch nach einer sexuell aktiven Beteiligung verspüren. Der verdrängte Protest gegen die Verleugnung ihrer wirklichen Bedürfnisse äußert sich dann unter Umständen in der Frigidität. Drittens: Belastet es mich als ein Zwang, wenn ich zu bestimmten Zeiten zu sexueller Interaktion bereit sein soll, obgleich es mir im Moment widerstrebt? Viertens: Empfinde ich einen Widerwillen gegen irgendein Verhalten oder einen äußeren Zug meines Partners, wie etwa Übergewicht, Körpergeruch oder einen Mangel an Einfühlungsvermögen?

Wir sind der Meinung, daß Impotenz und Frigidität nicht in jedem Fall mit äußeren Mitteln bekämpft werden sollten. Viel besser scheint uns, sie als Mahnungen des Körpers aufzufassen und diesen nachzugehen. Anstatt sich durch Schuld- und Unwertgefühle in eine Panik hineinzusteigern, und hektisch zu jedem erdenklichen Mittel zu greifen, von dem man sich eine Lösung seines Problems erhofft, sollte man lieber darüber nachdenken, welche Aussage im Hinblick auf verdrängte Aggression diesem Symptom wohl zugrunde liegen könnte.

Seien wir froh, daß in einer so hoch intellektualisierten und aggressionsrepressiven Gesellschaft unser Körper unbestechlich seine Signale aussendet, die uns den Weg zeigen sollen, auf dem wir zu echten Gefühlserlebnissen und zu unserem eigenen aggressiven Selbst finden können. Die hier dargestellten Körperreaktionen zeigen nur einen kleinen Ausschnitt aus einer Menge ähnlicher Manifestationen von verdrängter Aggression. Man sollte sie als Signale, die auf ein unschätzbares Informationspotential hinweisen, respektieren und zu Rate ziehen und sie nicht, wie gemeinhin üblich, unterdrücken, verleugnen oder sich ihrer schämen. Bei unserem nächsten Erröten, Furzen, Gähnen, Jucken, Erbleichen oder sexuellen Versagen wollen wir uns also nicht durch unsere Verlegenheit irreführen lassen, sondern uns lieber fragen, auf welches aggressive Gefühl, das wir uns bewußt nicht eingestehen können, unser Körper uns wohl aufmerksam machen möchte.

8. Aggression im Dienste des Eros

Einer der Hauptgewinne, den der Mensch aus einem bewußten Lebensstil ziehen kann, ist ein erfülltes und vitales Liebesleben. Wir haben im Titel dieses Kapitels absichtlich den Begriff Sexualität vermieden, da er in unserer Zeit der Pornographie und Sex-Techniken einen fast mechanistischen und unpersönlichen Beiklang bekommen hat. Dafür wählten wir das griechische Wort Eros, mit dem wir das Resultat aus der Verbindung von sexueller und aggressiver Energie benennen möchten und das die totale, realistische und beglückende erotische Erfüllung bezeichnen soll.

Zunächst mag die Behauptung überraschen, daß eine Sexualität, die auf den tiefsten Gefühlen der Zuneigung und Liebe beruht, weniger Erfüllung bringe als eine mit Aggression vermischte und verwobene Sexualität. Viele Menschen assoziieren eine Verbindung von Aggression und Sexualität sogleich mit irgendwelchen sado-masochistischen Handlungen oder mit einseitigen Interaktionsmustern, die durch feindselige Zurückweisung, verletzte Gefühle und Manipulation gekennzeichnet sind. Diese landläufigen Vorstellungen schütten jedoch das Kind mit dem Bade aus. Das heißt, man hat aus Furcht und der Unfähigkeit, die konstruktiven Aspekte der Aggression neben den destruktiven zu sehen und zu nutzen, auch auf ihre belebenden Möglichkeiten verzichtet. Wir haben jedoch im Verlauf unserer Tätigkeit und unserer Untersuchungen heutiger Sexualprobleme – diese haben trotz der vorherrschenden Liberalisierungstendenzen im Sexualverhalten allmählich unübersehbare Dimensionen angenommen – wiederholt die Erfahrung gemacht, daß gerade das Harmoniestreben im Bereich der Sexualität durch Verständnisbereitschaft, Zartgefühl und andere rein »liebevolle«, dabei aber im wesentlichen passive, Regungen die unglücklichsten Folgen gehabt hat.

Liebende, die die Aggression aus ihrem Schlafzimmer verbannen, betrügen sich selbst um eine vielschichtige und aufregende Erfahrung und werden wahrscheinlich sogar eine echte erotische Erfüllung nie erleben. Diejenigen dagegen, die die hohe Kunst der konstruktiven Aggression erlernen und ihre Kenntnisse im Dienst des Eros nutzen, werden den größeren Bogen ihres erotischen Potentials umspannen. Zu viele unter uns verbinden mit dem Begriff Sexualleben die Vorstellung von verhemmten, »anständigen«, relativ passiven und kontrollierten Handlungen, bei denen etwaige Aggressionen höchstens in versteckter und indirekter Form zum Ausdruck kommen. Solche Vorstellungen vom Liebesleben haben dazu geführt, daß jede natürliche, spontane, unbefangene und erfreuliche körperliche Aktivität weitgehend gelähmt wurde.

Dieses Kapitel hat nicht eigentlich sexuelle Probleme und ihre Lösung zum Thema. Noch wollen wir in Konkurrenz treten zu Masters und Johnson oder anderen Sexualtherapeuten, die bereits viel Erfolg verzeichnen können mit einer Methode, die den Nachdruck auf sexuelle Aufklärung legt, und zwar in diesem Fall auf das Kennenlernen des eigenen Körpers und den des Partners sowie auf die Desensibilisierung von Sexualängsten und Hemmungen. Die Integration von Aggression in die Sexualität ist hingegen ihr Anliegen nicht. Wenn wir nun unser Hauptaugenmerk auf diesen Typ der Interaktion legen, so unternehmen wir damit einen gewagten Schritt, da wir zwei Elemente miteinander verbinden wollen, die im Bewußtsein unserer Gesellschaft als unvereinbar gelten. Eine Verbindung von Sexualität und Aggression herzustellen, ist eine neue Kunst, die noch erlernt werden will. Übereilte und unüberlegte Versuche in der Richtung können schlimme Folgen haben, besonders wenn man noch nicht gelernt hat, zwischen den feindseligen, entfremdenden und den positiv verstärkenden und bindenden Elementen der Aggression zu unterscheiden.

Der Kampf um eine bessere Sexualität

Im Rahmen unserer Sexualerziehung und -therapie haben wir Liebespaaren Richtlinien für die konstruktive Anwendung von Aggression zum Zweck der Integrierung in ihr Sexualleben aufgezeigt. Wir regen die Liebespartner dazu an, sich eine befriedigendere Sexualität zu erkämpfen und dabei sorgfältig alle hemmenden, sadistischen und verletztenden Elemente von den sexuell anregenden, informativen und positiv verstärkenden innerhalb der aggressiven Beziehung zu trennen. Zu diesem Zweck haben wir spielerische Aggressionsrituale entwickelt, die nach gegenseitigem Übereinkommen durchgeführt werden. Die gegenseitige Bereitwilligkeit zu aggressivem Verhalten gibt diesen Liebeskämpfen eine eher sportliche als bedrohliche Note. Der aggressive Liebeskampf ist nicht zu vergleichen mit einer Straßenschlacht, wo einer den anderen angreift mit der Absicht, ihn zu verwunden oder zu vernichten. Man fühlt sich eher an einen olympischen Wettkampf erinnert, für den Regeln gelten und bei dem die Teilnehmer Rücksicht auf ihre gegenseitigen »wunden Punkte« nehmen, die festgelegten Zeitgrenzen beachten, für angemessenen Kräfteausgleich sorgen und von echter Anteilnahme geleitet werden. Aggression im Dienste des Eros mit dem Ziel, diese beiden Elemente zu verschmelzen, ist wesentlich mehr als eine Form der klinischen Therapie. Es ist eine Entwicklung in Richtung auf eine allumfassende Liebesbeziehung.

Einige Aufklärungsschriften, auch wenn sie von angesehenen Sexualtherapeuten und Eheberatern verfaßt sind, enthalten Instruktionen, die dem Leser eher abträglich sind, da sie in ihrer Liebeskonzeption den lebenswichtigen Aspekt der Aggression völlig übersehen. Man ist sogar versucht zu behaupten, daß solche Schriften bestehende Sexualängste und Verklemmungen eher verstärkt und zusätzliche Pseudoprobleme im Hinblick auf orgastische Reaktionen aufgeworfen und damit mehr Schaden angerichtet als Heil gestiftet haben. Wir zitieren im folgenden einen Absatz aus einem Artikel, der in einer auch im Laienpublikum vielgelesenen, renommierten medizinischen Zeitschrift über Sexualverhalten veröffentlich wurde. Er bietet ein anschauliches Beispiel für die Art von Ratgebung, die zwar gut gemeint, jedoch nicht dazu angetan ist, irgendwelche Hemmungen und Verklemmungen abzubauen, und die regelmäßig allen Lesern angeboten wird, die ihr Sexualleben befriedigender gestalten möchten. Hier ist das Zitat: »Ein wirklicher Meister in der Liebeskunst verfügt unter anderem über Einfühlungsvermögen, Geschicklichkeit, Einfallsreichtum und sexuelle Kenntnisse, außerdem erkennt er die

Bedürfnisse, Wünsche und persönlichen Eigenarten seines Partners und berücksichtigt sie. Da diese Attribute erworben und entwickelt werden müssen und da unsere Erziehungs- und Ausbildungsstätten (einschließlich der medizinischen) bis vor kurzem dieser Aufgabe keineswegs gerecht wurden, kann es nicht überraschen, daß viele Männer (und Frauen) in unserer amerikanischen Gesellschaft als Liebhaber sehr zu wünschen übrig lassen.«

Danach müßte man, um den natürlichen und spontanen Geschlechtsakt erfolgreich zu vollziehen, über die Ausbildung eines Physiologen, das Einfühlungsvermögen eines Psychologen, die Geschicklichkeit eines Gehirnchirurgen und die Zartheit eines Babys verfügen. Nach solcher Beratung und sexuellen Gehirnwäsche ist es nicht verwunderlich, wenn die Statistik eine männliche Impotenz von ungeheurem Ausmaß aufweist; danach sind nämlich fünfzig Prozent aller verheirateten Männer in irgendeiner Form davon betroffen.

Aus unserer Praxis wissen wir aber, daß dieselben sogenannten impotenten verheirateten Männer in einer gelegentlichen Liebesaffäre, in der sie den Mut aufbringen, sich ihren wahren Bedürfnissen entsprechend aggressiv zu verhalten, keinerlei sexuelle Probleme haben. Anstatt immer vorsichtig darauf bedacht zu sein, nur ja nicht rücksichtslos oder grob zu erscheinen, fühlen sie sich in solchen Beziehungen entspannt und können dadurch unbelastet und spontan ihre wirklichen sexuellen Bedürfnisse befriedigen. Sie haben hier nicht die Zwangsvorstellung, die Geliebte wie ein zerbrechliches Wesen behandeln zu müssen.

Zartgefühl als Hemmnis

Ein jungverheiratetes Paar mit einem anderthalbjährigen Kind, das kürzlich von Texas hierher gezogen war, kam zu uns, um sich Hilfe für seine sexuellen Probleme zu holen. Er war Rechtsanwalt, und sie arbeitete als medizinisch-technische Assistentin bei einem Zahnarzt. Sie hatten vor der Ehe zwei Jahre zusammengelebt. Beide waren überempfindlich und sehr zartfühlend zueinander. Er achtete bei allem, was er sagte, darauf, daß er seine Frau nicht vor den Kopf stoße, die er als »sehr zart« bezeichnete. Sie verhielt sich still und passiv, und häufig hatte es den Anschein, als zöge sie sich während einer Therapiesitzung ganz in sich selbst zurück. Wie sie sagte, wäre es ein furchtbarer Gedanke für sie, ihren Mann zu verärgern. Doch als sie hörte, daß er sie als zartbesaitet schilderte, war sie höchst erstaunt, denn sie selbst hatte sich von jeher für eine eher stabile Natur gehalten.

Während der Behandlungssitzungen benahmen sich beide ruhig, vernünftig, sanft und vermieden jede Ärgeräußerung, Auseinandersetzung oder irgendeine Art der Selbstbehauptung. Ihre sexuellen Probleme hätte man voraussagen können, so vollständig stimmten sie mit dem Bild überein, das beide Partner während der Sitzungsinteraktionen boten. Beide waren sexuell passiv, was allmählich dazu geführt hatte, daß so gut wie gar kein Geschlechtsverkehr mehr zwischen ihnen stattfand. Er berichtete, daß er sich zu Hause zwar häufig sexuell angeregt fühlte, jedoch immer schnell jeden Versuch aufgab, seine Frau dafür zu interessieren, da sie einfach zu »verkrampft« sei, sowohl buchstäblich wie auch bildlich gesprochen. »Sie liegt nur da und läßt alles über sich ergehen«, klagte er, »und das ernüchtert mich dann völlig.« Seine Frau gab zu, daß sie oft sexuelle Erregung und Vergnügen vortäusche, wenn sie in Wirklichkeit nichts dergleichen empfand. Ihre Vagina war »verkrampft« und sagte damit Nein, während ihre Lippen Ja sagten. Sie beklagte sich darüber, daß ihr Mann alles endlos analysierte und ausprobierte und sie dabei immer so besorgt und voll Zartgefühl behandelte, daß sie dadurch gehemmt und lustlos würde.

Die entscheidende Änderung ergab sich, als die Frau schließlich genügend Zutrauen gefaßt hatte, um offen über ihre sexuellen Träume sprechen zu können. Der Mann traute seinen Ohren nicht, als er sie über ihre Phantasien sprechen hörte, die ihr beim Onanieren kamen, dem sie sich mindestens dreimal in der Woche hingab. In diesen Sex-Phantasien erlebte sie, daß Männer, die sie nur oberflächlich kannte, sie »ergriffen und vergewaltigten.«

Sie sagte, sie fühlte sich bei ihrem Mann so gehemmt, weil sie fürchtete, ihn zu schockieren, wenn sie ihrem natürlichen Verlangen zu schreien, ihn zu kratzen und auf den Rücken zu schlagen oder seinen ganzen Körper von Kopf bis Fuß abzulecken und sich überhaupt auf alle Weise aggressiv zu verhalten, nachgeben würde. Als er diese aggressive Seite ihrer Natur schließlich akzeptieren konnte und sie darin bestärkte, und als er gleichzeitig auch eigenen aggressiven Bedürfnissen nachkam und sie nicht mehr wie eine zerbrechliche Blume behandelte, erlebten sie eine bedeutende Verbesserung ihres Sexuallebens.

Dieses Paar war weniger ein Beispiel für pathologische Sexualnöte als vielmehr für die Opfer der Sexualethik, die von unserer Gesellschaft bestimmt wird und nach der Aggression und Sexualität streng voneinander zu trennen sind. Wir haben in unserer Arbeit und in Diskussionen mit Menschen, die um sexuelle Befriedigung ringen, oft erfahren, daß diejenigen, de jede Aggression aus ihrem Sexualleben verbannen und sich stets um ein beherrschtes und zartfühlendes Verhalten bemühen, die gleichen sind, die sich in ausschweifenden Phantasien verlieren, in denen sie das erleben, was man gewöhnlich unter sado-masochistischen Handlungen versteht. Die häufigsten Gegenstände dieser Sex-Phantasien, die wir als ein Produkt frustrierter Aggressivität betrachten, sind Vergewaltigung und Schläge. Männer haben häufig feindselige Sex-Phantasien, in denen sie die Frau packen, festbinden und dann schlagen und mißbrauchen. Frauen sehen sich in ihrer Phantasie oft in der umgekehrten Rolle, nämlich als diejenige, die festgehalten und vergewaltigt wird, häufig von mehreren Männern zugleich. Diese Menschen fragen ihren Therapeuten: »Wie kommt es, daß ich mit meinem Ehepartner keinen Orgasmus erreiche, während es doch gelingt, wenn ich mich selbst befriedige?« Den einen Hinweis können wir bei solchen Gelegenheiten getrost geben: »Wenn Sie im Bett allzu zart und fein miteinander umgehen, brauchen Sie sich nicht zu wundern, wenn Ihr Sexualleben dahinschwindet.«

Eine kürzliche Umfrage bei einer Gruppe weiblicher Nudisten, die über ihre Meinungen und Einstellungen zu ihren sexuellen Erfahrungen mit Männern befragt wurden, erbrachte unter anderem folgende typische Klagen: »Ich muß fast immer die aktive Rolle übernehmen, und das mag ich nicht. Ich finde, daß die meisten Männer nicht aggressiv genug sind.«

»Einige Männer versteifen sich geradezu darauf, die Frau zu befriedigen. Das hemmt mich manchmal. Ich finde, ein Mann sollte sich an einem gewissen Punkt von seinen eigenen Gefühlen hinreißen lassen; das würde mich auch in meinen Reaktionen freier machen.«

»So unglaublich es klingen mag, aber was mir am meisten mißfällt,

ist die ständige Besorgtheit. Die Frage ›Hattest du einen Orgasmus, Liebling?‹ bringt mich in Wut, vor allem, weil es mir so unmännlich vorkommt, so weichlich.«
Im Laufe des Sozialisierungsprozesses erfolgt bei den Männern ein Bruch in ihrer Vorstellung von der Frau, was zu der so geläufigen Überheblichkeit des Mannes geführt hat. Da gibt es erstens die Frau, die man liebt und die man heiratet. Sie ist rein, zart, anschmiegsam und passiv, kurz: feminin. Das Sexualverhalten hat ihr gegenüber entsprechend zu sein. Aggressiv und ungehemmt darf man nur mit anderen Frauen sein, mit Prostituierten, mit Freundinnen oder mit den Frauen anderer Männer.

Der Zankapfel: Ein Ritual für zartfühlende Paare

Wir haben ein spielerisches Feindseligkeitsritual entwickelt, das wir »Zankapfel« nennen. In diesem Ritual unterrichten wir vornehmlich die »zartfühlenden Paare«, deren rücksichtsvolle Interaktionen jede Spannung und Aufregung aus ihrem Sexualleben getilgt haben. In diesem Ritual wird mit gegenseitigem Einverständnis eine Art der sexuellen Herausforderung praktiziert. Der herausfordernde Partner legt es darauf an, den anderen zu verärgern, bis er sich von ihm abwendet, um dann alles zu versuchen, seinen Widerstand zu überwinden. Mit anderen Worten, der Herausforderer übernimmt die Rolle des Werbenden und versucht, das Interesse des Partners zu gewinnen. Das Ziel dieser Übung ist die Versöhnung im Geschlechtsakt, in dem sich beide in aggressiver Erregung befinden.
Das »Zankapfel«-Ritual ist also ein beabsichtigter Prozeß der Konfliktbereitung, besonders geeignet für reifere Paare, deren Friedfertigkeit, passive Bequemlichkeit, Sicherheit und stete Bereitwilligkeit das Feuer in ihrer Sexualbeziehung zum Erlöschen gebracht haben. Der Mann kann zum Beispiel sagen: »Junge, Junge, es hat wirklich Spaß gemacht, mit Jimmys Frau zu tanzen und zu sprechen. Sie redet so frei und sieht so sexy aus – und der Busen!« Sobald er sieht, daß seine Frau über diesen Vergleich der Frau seines Freundes mit ihr wütend wird, schaltet er um und versucht, ihren Widerstand zu durchbrechen. Hier wurde in ritueller Form eine Herausforderung hingeworfen. Die Unsicherheiten

und Ängste vor einer möglichen Zurückweisung, wie sie die erste Werbungszeit gekennzeichnet hatte, kehren zurück und damit auch die Spannung und Anregung. Das »Zankapfel«-Ritual kann ein wahrer Liebesakt sein, wenn in ihm dem langjährigen Partner die Möglichkeit geboten wird, seine Aggressionen abzureagieren, und gleichzeitig die aufrichtige Bereitschaft vorhanden ist, eine Zurückweisung zu überwinden.

Für einen bedauernswerten Teil unserer sexuell so aktiven Bevölkerung besteht der einzige Weg zu einer intimen menschlichen Beziehung in der Sexualität. Das bringt sie zwar körperlich zusammen, verhindert aber eine seelische Intimität. In solchen, in erster Linie auf Sexualität gegründeten, Beziehungen werden alle anderen, für wirkliche Intimität erforderlichen, Dimensionen vernachlässigt. Einige der sexuell aktivsten Beziehungen werden von einander völlig entfremdeten Partnern aufrechterhalten, für die Sexualität die einzige Erholung von einer Welt der Isolation bedeutet – einer berauschenden Welt in ihrer Freiheit, einer beklemmenden in ihrer Einsamkeit. Diesen Menschen dient die Sexualität auch als ein wirkungsvolles Instrument, um Aggressivität zu vermeiden. Sie sind »Liebhaber, keine Kämpfer«, wie schon die Aufkleber auf ihren Autos verkünden. Außerhalb des Bettes sind sie oft verklemmt, unbeteiligt und ungesellig. Bei unseren Untersuchungen über Gattenmörder sind wir auf die nicht besonders überraschende Tatsache gestoßen, daß diese Mörder in den meisten Fällen ein äußerst aktives Sexualleben führten. Sie versuchten, ihre Probleme mit der Sexualität zu lösen. Der Geschlechtsakt bot ihnen immer wieder eine Möglichkeit zur Versöhnung, ohne daß sich an dem chronischen Zustand des zwischenmenschlichen Konflikts das geringste änderte. In der Sexualität fanden sie eine kurzfristige Erholung von der schmerzlichen Wirklichkeit ihrer Beziehung.

Die sechsunddreißigjährige Betty, eine intelligente, lebhafte Frau, erzählte uns von der Rolle, die der Streit in ihrer tiefen und entwicklungsfähigen Beziehung zu ihrem zweiunddreißigjährigen Freund Michael spiele. Dabei beschrieb sie uns die folgende Szene als »ihren ersten sexbezogenen Streit«:

»Ich war wieder einmal bei meinem Lieblingsthema: Frühere Erfahrungen mit einigen intelligenten Freunden von mir auf dem Gebiet der übersinnlichen Wahrnehmungen. Ich hatte wohl schon fünfundzwanzig Minuten lang geredet und bekam allmählich einen glasigen Blick (behauptete er). Schließlich bemerkte ich, daß er zum Fenster hinaussah, und fragte ihn, was los sei. Er sagte: ›Du hältst ja einen Monolog, dazu brauchst du nicht ausgerechnet mich. Es könnte dir ebensogut irgend jemand anderer zuhören. Es kommt dir offenbar nicht darauf an, dich mit mir zu unterhalten!‹ Ich begann sofort, mich zu verteidigen, und schrie ihn an, ich hätte wohl ein Recht auf meine Gedanken und darauf, mich so zu geben, wie ich bin. Ich habe dir mitgeteilt, was mich interessiert, und wenn dir das nicht paßt oder ich dir nicht gefalle, so mach', daß du rauskommst!!‹

Er saß ganz ruhig da, und dann sagte er: ›Donnerwetter, Annie pflegte mir ihren Schuh an den Kopf zu werfen, wenn ich sie verärgert hatte, aber mit dir zu streiten, ist erst wirklich aufregend und interessant!‹ Verdutzt saß ich eine Weile da und dachte nach... Dann fuhr er fort: ›Ich will gar nichts von übersinnlichen Wahrnehmungen und von anderen Leuten wissen. Ich will etwas über dich und mich und unsere Beziehung erfahren!‹ ›Egozentrischer, eigensüchtiger Hund!‹, dachte ich daraufhin.

Dann schwiegen wir beide. Er sah mich mit einem weichen Blick an, und ich schmolz. Er wollte wissen, ob ich noch wütend wäre, aber mein Zorn war verflogen, da ich erkannt hatte, daß er mein Interesse auf sich lenken wollte. ›Er macht sich wirklich etwas aus mir und aus uns‹, dachte ich.

Ich ging zu ihm und berührte sein Gesicht. Dann zogen wir uns aus und gingen ins Bett. Was wir nun empfanden, war reine Zuneigung – sanft, teilnahmsvoll, leidenschaftlich und animalisch zugleich. Aller vorhandener Ärger war zum Ausdruck gekommen, und nichts war zurückgeblieben außer Liebe, durch keinerlei feindselige Gefühle geschmälert.«

9. Sexuelle Befreiung durch bewußte Aggression

Kinsey hat als erster auf die auffallende Ähnlichkeit zwischen den physiologischen Reaktionen beim Geschlechtsakt und denen, die gemeinhin von einem Wutanfall ausgelöst werden, hingewiesen. Diese Übereinstimmungen, die für Männer und Frauen gleichermaßen zutreffen, beziehen sich unter anderem auf folgende Erscheinungen:

1. Beschleunigter Puls
2. Erhöhter Blutdruck, sowohl diastolisch als auch systolisch
3. Gefäßerweiterung (gelegentlich)
4. Periphere Kreislaufstörungen
5. Verminderte Durchblutungstätigkeit.
   Man stellt zum Beispiel fest, daß Wunden, die bei einem Kampf oder beim Geschlechtsakt durch Kratzen, Beißen und Schlagen zugefügt werden, wesentlich weniger bluten als normalerweise. Auch auf Abschürfungen und Schnittwunden trifft diese Erscheinung zu.
6. Hyperventilation (verstärkte Atmung)
7. Anoxie; der Gesichtsausdruck des Menschen, besonders im Augenblick des Orgasmus, deutet auf einen Sauerstoffmangel hin. Dieser Gesichtsausdruck ist dem eines Sportlers im Moment seiner Höchstleistung vergleichbar. Laut Kinsey hat das Gesicht einer Frau, die sich dem sexuellen Höhepunkt nähert, die größte Ähnlichkeit mit einem Läufer beim Endspurt.
8. Verminderte Sinneswahrnehmung; der Körper eines sexuell erregten Menschen wird zunehmend unempfindlicher gegen Berührung, sogar gegen harte Schläge und schwere Verletzungen. Ein Mensch in diesem Zustand nimmt oft die heftigste physische Mißhandlung nur als milden Berührungsreiz wahr.

Auch andere Sinnesorgane verlieren ihre normale Reaktionsfähigkeit; so wird der Mensch weitgehend empfindungslos gegen Temperaturen und Geräusche.

9. Nebennierensekretion
10. Erhöhte Muskelanspannung; sowohl in der sexuellen als auch in der durch Zorn bewirkten Erregtheit verstärkt sich die Muskelanspannung der Hände und Finger, was sich oft in zugreifenden und kratzenden Reaktionen oder geballten Fäusten äußert.
11. Erhöhte Muskelkraft; sie kann sich in einem derartig erregten Zustand des Menschen bis zu einem ganz erstaunlichen Ausmaß erhöhen.
12. Verminderung körperlicher Erschöpfung.
13. Verminderte gastrointestinale Tätigkeit.
14. Unfreiwillige Vokalisation; dazu gehören Stöhnen, Seufzen, Schreien und andere Lautäußerungen.

In unserem Bemühen um die sexuelle Befreiung der Menschen durch die Einbeziehung von konstruktiver Aggression ermutigen wir sie dazu, ihr schweres Atmen beim Geschlechtsakt in deutlich hörbare verständliche Laute umzusetzen, wodurch ihrer Aggressivität ein physiologisches Ventil geboten würde.

Die Angst, hörbare »Liebeslaute« auszustoßen, zeigt, wie die Aggressionsphobie in unserer Gesellschaft auch bis in unsere privatesten Bereiche eingedrungen ist. Es ist dem Menschen peinlich, er fühlt sich unbeherrscht, wenn er laute Geräusche von sich gibt. Er hat von Kindheit an gelernt, daß es unhöflich und ungezogen ist, die Stimme zu erheben oder sich auf andere Weise lautstark zu äußern. Als Folge davon verhalten sich besonders die Angehörigen der Mittelschicht beim Geschlechtsakt unnatürlich ruhig und empfinden kräftige Lautäußerungen als »animalisch«.

Gehirnstudien an Tieren, z. B. an männlichen Affen, haben auf die biologische Beziehung zwischen Sexualität und Aggression hingedeutet. Diese von Physiologen durchgeführten Untersuchungen haben ergeben, daß die neuralgischen Systeme zur Auslösung bestimmter sexueller wie auch aggressiver Reaktionen innerhalb des limbischen Systems des Gehirns in äußerst naher Beziehung zueinander stehen. Das limbische System ist ein Strukturenkomplex, der sich von der Hirnrinde zu Teilen des Mittelhirns hin erstreckt. Die neuralgischen Systeme für bestimmte sexuelle und für aggressive Reaktionen können sich überschneiden oder direkt miteinander verbunden sein.

Aus einer Gehirnstudie ging hervor, daß die neuralgischen Strukturen, die auf elektrischen Anreiz eine unmittelbare Erektion bewirken, nur einen Millimeter von dem Punkt im Gehirn entfernt sind, von dem bei Anreiz eine heftige Wutreaktion ausgeht.

Unsere Forschungsethik verbietet ähnliche Versuche am Menschen. Wir können daher nur einen Analogieschluß ziehen, der die Existenz eines ähnlichen physiologischen Zusammenhangs zwischen diesen beiden Reaktionen beim Menschen nahelegt. Es gibt allerdings auch noch andere Hinweise, die eine solche Beziehung zwischen den beiden Impulsen wahrscheinlich machen. Klinische Fallberichte haben z.B. aufgezeigt, daß bei einigen Menschen mit Gehirnschäden, die dadurch zur Gewalttätigkeit neigten, gleichzeitig ein verstärkter Sexualtrieb festzustellen war.

Psychologische Forschungsergebnisse deuten ebenfalls auf eine Beziehung zwischen sexueller und aggressiver Erregbarkeit. Der anerkannte Psychologe Seymour Feshbach von der Universität von Kalifornien in Los Angeles hat in mehreren seiner Studien gezeigt, daß eine Unterdrückung der Aggression eine solche der sexuellen Impulse zur Folge hat.

Im Jahre 1970 hat Feshbach zusammen mit dem Forscher Y. Jaffe eine Untersuchung an einer Gruppe männlicher Studenten durchgeführt. Sie haben diese Gruppe nach einem experimentellen System, das weitaus zu kompliziert ist, um es hier zu beschreiben, in zwei Untergruppen aufgeteilt. Bei der einen Gruppe wurden Ärgerimpulse blockiert und an ihrer Äußerung gehindert, während man sie in der anderen Gruppe ungehindert zum Ausdruck kommen ließ. Feshbach und Jaffe stellten dabei fest, daß die Gruppe, deren Ärgergefühle und -reaktionen unterdrückt worden waren, auch wesentlich geringere sexuelle Reaktionen aufwiesen als die andere Gruppe, die ihren Aggressionen freien Lauf lassen konnte.

»Geschlechterclub« – ein Feindseligkeitsritual

Da wir uns der bedeutsamen Verschlungenheit von Sexualität und Aggression bewußt sind sowie auch der Tatsache, daß gesunde erotische Impulse durch unterdrückte Aggression blockiert werden, haben wir als erstes Aggressionsritual für Ehepaare wie auch Ledige den »Geschlechterclub« entwickelt. Dieses Ritual bietet die Möglichkeit, tiefverwurzelte Vorbehalte von Männern gegen Frauen und von Frauen gegen Männer zum Ausdruck zu bringen, die normalerweise in unserer Gesellschaft tabu sind und weder bewußt erlebt noch offen diskutiert werden können.

Aus ihren ersten Sozialisationserfahrungen entwickeln Mädchen und Jungen ein machtvolles Potential an Abneigung und Widerstand gegen das andere Geschlecht. Die Mädchen erleben, daß den Jungen besondere Privilegien der Freiheit, der Aggressivität und der Sexualität zugestanden werden. Jungen können raufen, sie können sich offen zu ihrer Sexualität bekennen, sie können in der Umgebung umherschweifen und anderes mehr; alles Dinge, die den Mädchen normalerweise unmöglich sind. Durch diesen doppelten Maßstab, der an das kindliche Verhalten gelegt wird, wächst in den Mädchen zwangsläufig ein tiefer Groll heran. Das trifft besonders für den sexuellen Bereich zu, da bei den Jungen ihre ersten sexuellen Entdeckungen als normal gelten, während sie den Mädchen als »unanständig« zur Last gelegt werden. Die Mädchen lernen, daß sie auf der Hut sein müssen vor den heimlichen sexuellen Hinterhalten und Motivationen der Jungen, die immer »nur das Eine« wollen. Man erzählt ihnen auch von all den Mädchenschändern und Wollüstlingen, die überall im Leben auf sie lauern. Kindergeschichten sind voll von Wölfen im Schafspelz, die kleine Mädchen fressen, ganz zu schweigen von den Fernseh- und Kinofilmen, die an der Brutalität der Männer keinen Zweifel übriglassen.

Bei den Jungen beginnt der verborgene Haß gegen die Frauen schon in ihrer frühen Mutterbeziehung. Im allgemeinen ist es die Mutter, die die Grenzen setzt, die ›Nein‹ sagt, Forderungen stellt und einen Großteil der Strafen erteilt. Aus Sagen, Märchen, biblischen Geschichten und Kinderreimen hört und liest das Kind von all den boshaften Listen und grausamen Taten des weiblichen Geschlechts. Eva verführte Adam dazu, in den Apfel zu beißen, was zur Folge hatte, daß er und das ganze folgende Menschengeschlecht aus dem Paradies vertrieben wurden. Samson wurde durch Delilahs Hinterlist von übergroßer Kraft in völlige Hilflosigkeit versetzt. In der Geschichte gibt es unendlich viele Beispiele für verlorene Königreiche, die auf das Konto einer femme fatale

gehen. Die Märchen erzählen immer wieder von der Hexe – etwa bei Hänsel und Gretel oder Dornröschen – einer bösen, destruktiven und verschlingenden Frauenfigur.
Nur wenn die verborgenen Gefühle der Feindseligkeit und Abneigung und alle Vorurteile über das andere Geschlecht aufgedeckt und zur Sprache gebracht werden, glauben wir, daß wahre Intimität und echte, nichtmanipulierte, dauerhafte erotische Reaktionsbereitschaft zustande kommen kann. Besonders im ersten Stadium einer Mann-Frau-Beziehung sollte ein realistischer Anfang damit gemacht werden, daß gegenseitiges Mißtrauen, Ärger und Widerstände sowie alle negativen Vorurteile gegen das andere Geschlecht, die jeder in sich verbirgt und zu verdrängen geneigt ist, offen ausgesprochen und diskutiert werden. Diese Gefühle sollen unbedingt mitgeteilt werden, ganz gleich wie bösartig oder irrational sie erscheinen. Die Blockierung dieser zwischengeschlechtlichen Feindseligkeiten in dem Bewußtsein der Menschen durch gesellschaftliche Tabus ist tatsächlich eine der grausamen Heucheleien, durch die sowohl ihre geistige Gesundheit als auch ihre Geschlechtsbeziehungen beeinträchtigt werden. Mit dem Bemühen um Freundlichkeit für das andere Geschlecht wird eine Menge Energie vergeudet. Männer und Frauen quälen sich gleichermaßen mit ihren Gefühlen des Unwerts und der Unzulänglichkeit, weil sie nicht zu der reinen Liebe fähig sind, von der sie glauben, daß sie die wahre sei. Leeres Lächeln und unrealistisches Werbungsverhalten kennzeichnen den Beginn einer Liebesbeziehung. Wenn dann der erste Rausch verflogen ist, verbringen sie oft Monate, Jahre oder ein ganzes Leben in dem Kampf, der Langeweile, dem inneren Zorn und der Entfremdung von ihrem Partner Herr zu werden. Ihre sexuelle Beziehung wird wesentlich beeinträchtigt durch ihre verborgenen, nie ausgesprochenen Aggressionen, die jegliche Interaktion ständig vergiften.
In einem »Geschlechterclub«-Ritual, das von Dr. Goldberg geleitet wurde, kam die Reihe an den dreiundzwanzigjährigen Tom. Vorher hatten alle Männer und alle Frauen jeweils eine Gruppe gebildet und unter sich die vorhandenen Vorurteile und Vorbehalte gegen die andere Gruppe gesammelt. Dann stand eine Person nach der anderen auf und schleuderte ihre Gefühle gegen die andere Gruppe. Tom sah auf die sechs Frauen, die ihm gegenübersaßen und begann: »Frauen sind berechnend – falsche Hexen,

die alles versprechen und alles tun, damit man sie heiratet –, aber dann, und erst dann zeigen sie ihr wahres Gesicht. Sie sind so verdammt neidisch auf die Männer. Sie gönnen ihnen nicht, daß sie sich gut amüsieren, darum drängen sie sich bei all ihren Unternehmungen auf. Sie wollen überall dabeisein, beim Fußballspiel, beim Angeln und sogar in den Nachtbars – einfach überall! Sie möchten den Mann mit Haut und Haaren verschlingen. Mit sich selbst können sie gar nichts anfangen. Sie sind materialistisch und denken immer nur an Dinge, die sie kaufen und besitzen möchten. Sie treiben die Männer mit ihren Ansprüchen ins frühe Grab und machen sich dann noch zwanzig Jahre lang ein schönes Leben von deren Rente. Sie beklagen sich darüber, daß die Männer gefühllos seien, aber wehe einem Mann, der einmal zu weinen wagt oder Angst zeigt. Sie werden ihn dafür bis auf die Knochen demütigen! Ihren Körper und ihren Sex benutzen sie nur dafür, den Mann zu manipulieren, denn etwas anderes haben sie auch nicht anzubieten. Dabei jammern sie aber ständig, sie würden nur als Sexobjekte behandelt. Und sie werden wahnsinnig, wenn ›ihr‹ Mann eine andere Frau anschaut. Lieber haben sie einen Heuchler an der Seite, der so tut, als bemerke er nichts von all der Weiblichkeit um ihn herum, die ihm, wo er geht und steht, von den Verführerinnen geradezu aufgedrängt wird. Sie können es nicht ertragen, wenn sich ein Mann wie ein Mann benimmt und zu allem Überfluß wollen sie auch selber noch Männer sein. Ihr Frauen wollt emanzipiert sein. Gut! Seid emanzipiert! Und nun laßt uns endlich in Ruhe!«

Toms Ausbruch war weder logisch noch rational, aber er war echt. Tom hatte selbst kaum gewußt, daß alle diese Gefühle in ihm vorhanden waren, bis zu dem Moment, als sie hervorbrachen. Und wie die meisten unverheirateten Menschen in unserer Gesellschaft, die einen Partner suchen, hegte auch er die Illusion, daß sein Mädchen »anders« sein würde als die anderen, und er würde, sobald er sie gefunden hätte, für sie nichts als die reine Liebe empfinden. Wenn sich dieser Mensch dann einbildet, die richtige Person gefunden zu haben, wird sofort alle Aggression verdrängt und durch heuchlerische Übereinstimmung und unechte Anpassung ersetzt. Die Beziehung und die Sexualität in ihr sind damit von Anfang an zum Scheitern verurteilt.

Als nächste war Elisabeth, eine geschiedene Frau und Mutter von drei Kindern an der Reihe bei diesem »Geschlechterclub«-Ritual. Ein wenig zitternd vor Angst, die sich alsbald in Zorn verwandelte, ließ sie nun ihrerseits einen Angriff vom Stapel.

»Männer sind kleine Kinder, die immer jammern und wehklagen und für die man ständig irgend etwas tun muß. Sie brauchen dauernd die Bestätigung, daß sie der Herr im Haus sind, der große Meister, der König! Insgeheim haben sie Angst vor den Frauen und wissen nicht, wie sie sie behandeln sollen. Dafür beklagen sie sich dann darüber, daß sie ausgenutzt werden. Lächerlich! Kaum zeigt man ihnen ein bißchen Busen oder Po – schon verlieren sie den Verstand. Traurige Würstchen! Aber sobald sie so eine trostlose kleine Eroberung gemacht haben, laufen sie auch schon davon. Sie wissen einfach nichts damit anzufangen. Und was den Sex betrifft, so versagen sie auf der ganzen Linie. Gut sind sie nur die ersten paar Male. Aber wenn sie einmal an eine Frau geraten, die offen zugibt, daß sie ebenso verrückt auf Sex ist wie sie, geraten sie gleich in Panik und nennen sie ein geiles Luder! Alle Männer sind so überaus angetan von sich selbst in all ihrer Jämmerlichkeit und von ihren Erfolgserlebnissen. Ihr habt überhaupt keine Ahnung, was es bedeutet, einander nahezukommen, Wärme und echte Gefühle auszutauschen oder worum es sonst eigentlich geht in einer Beziehung.«

Sex als Waffe

Wenn diese Aggressionsgefühle zwischen den Geschlechtern zurückgedrängt werden, wird die Sexualität nur zu einer weiteren Waffe oder einem Instrument, mit deren Hilfe sie indirekt doch zum Ausdruck kommen. In solchen Fällen ist die Aggression als sexuelle Begierde maskiert. Der Mann, der jede Frau, die er kennenlernt, verführen muß, bringt damit nicht seine starke Sexualität zum Ausdruck, sondern er äußert auf diese Weise sein Macht- und Herrsch-Bedürfnis sowie seine Verachtung für die Frauen, die er in erster Linie als austauschbare Objekte betrachtet – ohne das geringste Interesse für ihre Bedürfnisse oder Gefühle. Ähnlich liegt der Fall bei dem Mann der vorzeitig ejakuliert und damit unbewußt seine Abneigung oder die Weigerung, die Frau zu befriedigen, zum Ausdruck bringt, wozu ihm seine verdrängten Aggressionsgefühle motivieren.

Die verführerische Frau, die jedem Mann den Kopf zu verdrehen versucht und völlig empört und kalt reagiert, wenn sich ihr ein Mann nähert, drückt so ihre Verachtung für die Männer aus. Ebenso wie der impotente Mann die Frau, versucht auch die frigide Frau den Mann zu demütigen, ihm das Gefühl der Unzulänglichkeit beizubringen oder ganz einfach, ihm die Befriedigung vorzuenthalten. In einer aggressionsscheuen Gesellschaft wird die Sexualität zu einem schwer belasteten Erlebnisbereich. Dort kann sie nämlich als zusätzliches Instrument benutzt werden, um Herrschsucht, Selbstbestätigung, Machtstreben, Feindseligkeit und Verachtung abzureagieren und dem Wunsche nachzugeben, zu demütigen, zu versklaven und zu verletzen. Daher muß soviel wie nur möglich von der verborgenen Feindseligkeit zutage gefördert und von den Menschen offen eingestanden werden, wenn einem eine bedeutungs- und lebensvolle sexuelle Beziehung gelingen soll. Wenn wir auch meinen, in einer Zeit der sexuellen Freiheit und Aufgeklärtheit zu leben, so ist doch die Befreiung in Wahrheit nur eine oberflächliche. Es ist offenbar so, daß mehr es tun, aber mit weniger Vergnügen. Die meisten Menschen fühlen sich auch weiterhin von den traditionellen Vorstellungen und Erwartungen gehemmt, die sie mit dem Sexualverhalten verbinden und die von Grund auf unrealistisch und ganz unmöglich zu erfüllen sind.

Das Sexualerlebnis wird immer wieder von der unwahren Motivation zu außerordentlich sanftem, rücksichtsvollem, »liebevollem«, verständnisvollem und ähnlich -vollem Verhalten begleitet, das nach allem was wir darüber gelernt haben, zu einer reifen sexuellen Beziehung gehört. Mit der Zeit muß sich dann jeder Partner seine sexuelle Befriedigung woanders suchen. Denn nur in einem Gelegenheitsverhältnis, das sich einmal spontan ergibt, scheinen die Menschen sich das aggressive Verhalten zu erlauben, das im Zupacken, Beißen, Kratzen, Schreien und Ringen besteht, und das viel natürlicher, wenn auch in der Ehe oder sonstigen intimen Beziehungen nicht üblich ist. Männer finden diese Befriedigung bei Prostituierten oder Gelegenheitsfreundinnen, Frauen bei ihren außerehelichen Liebhabern.

Zwischengeschlechtliche Ängste

Auch die Angst zwischen den Geschlechtern stellt ein weiteres weitverbreitetes Gefühl dar, das unterdrückt wird und dadurch eine befriedigende Sexualbeziehung unterbindet. Zu diesen Ängsten gehören die Furcht vor Zurückweisung, vor unzulänglicher Leistung, davor, gekränkt, ausgenutzt oder beherrscht zu werden, in übermäßige Abhängigkeit zu geraten oder völlig in Besitz genommen und eingesperrt zu werden. Wenn man diese Ängste in eine gesunde Aggressivität umsetzen möchte, muß man lernen, seine Identität zu verteidigen, Zurückweisung zu ertragen und zu akzeptieren und trotzdem auf seinen Wünschen zu beharren, »Nein« zu sagen und Intimitätsgrenzen zu respektieren und selbst zu setzen. Es ist wichtig, daß im Anfang einer Sexualbeziehung eine aufrichtige Selbstdarstellung beider Partner stattfindet. Dabei sollen alle wirklichen, die Sexualität betreffenden Bedürfnisse und Gefühle eingehend zur Sprache kommen. Dazu gehören auch Mitteilungen über frühere Erfahrungen mit anderen Partnern, deren Nachwirkungen noch nicht überwunden sein könnten (»Museum der bösen Erfahrungen«) und die Aussprache über »wunde Punkte« und Abneigungen. Das letztere wird häufig zurückgehalten (sexuelle Abneigungen, was sich später als verhängnisvolle Waffe auswirken kann.

Miriam hatte ihrem Partner nie gesagt, daß sie Oralverkehr verabscheute, und so fühlte sie sich immer abgestoßen, wenn er gerade diese Forderung stellte, bevor er gebadet hatte. Dies war ein sexuelles Tabu für sie, das nicht respektiert werden konnte, weil sie es nicht mitgeteilt hatte und dessen Verletzung ihr vom Anfang ihrer Beziehung an ständig Widerwillen erregte und sie zu frigiden Reaktionen veranlaßte. Sie redete sich jedoch ein, sie hätte ihm nichts davon gesagt, weil sie ihn nicht kränken wollte.

Es ist eine tragische Tatsache, daß viele Männer und Frauen solche Angst vor dem Eingeständnis ihrer wahren Bedürfnisse haben, daß sie sie nicht einmal vor sich selbst zugeben können. Unter dem Eindruck ihrer Erziehung schämen sie sich, ihre Grenzen und Erwartungen darzulegen und unterdrücken diese Gefühle oft bis zu dem Grade, daß sie sich ihrer selbst nicht mehr bewußt sind. Es fällt z.B. vielen Männern außerordentlich schwer, es direkt auszusprechen oder sogar sich selbst klarzumachen, wenn sie sich zum

Liebesspiel nicht aufgelegt fühlen. Ihre Vorstellung von einem Mann schließt ein, daß er zu jeder Zeit Verlangen und Bereitschaft dazu verspürt. Dieses Gefühl trifft auch für viele Frauen zu, jedenfalls im Anfang einer Beziehung. Da meinen sie normalerweise, daß häufiger Geschlechtsverkehr einfach dazugehöre und Vergnügen bereiten müsse. Allmählich zerstört aber die Angst vor einer klaren Absage im Interesse der Selbstbehauptung die Unfähigkeit, ›Nein‹ zu sagen oder sich selbst seine Unlustgefühle einzugestehen, jede Freude an sexueller Aktivität. Die Menschen können schließlich gar nicht mehr unterscheiden, ob sie nun eigentlich sexuelles Verlangen verspüren oder nicht. Dafür entwickeln sich bei ihnen psychosomatische Symptome wie Rückenschmerzen, Kopfschmerzen und Erschöpfungszustände, denn jeder Abend wird ihnen zur Quelle der Angst und veranlaßt sie zu den verschiedensten Ausweichmanövern; sie gehen etwa besonders früh schlafen, oder sie lesen oder »arbeiten« bis tief in die Nacht hinein, bevor sie schlafen gehen.

Die gegenseitige Mitteilung seiner »wunden Punkte« ist ein wesentlicher Kommunikationsfaktor auf dem Gebiet der Sexualität und sollte im ersten Stadium einer Beziehung erfolgen. Jeder Mensch hat seine eigenen Empfindlichkeiten, und wenn man ihn dort verletzt, reagiert er mit seinem Rückzug, einem Wutanfall, mit Rachegefühlen oder mit seiner völligen sexuellen Absage. Empfindlich treffen kann man einen Menschen etwa mit unangebrachten Bemerkungen über sein Gewicht, seine Kleidung, Frisur, Körpergeruch, oder wenn man Vergleiche mit anderen anstellt; auch durch Auseinandersetzungen über Geld, negative Äußerungen über seine Familienverhältnisse, seine Eltern und vieles mehr. Als Beispiel mag ein junger verheirateter Versicherungsagent dienen, dessen »wunder Punkt« darin bestand, daß er seiner Frau seine geheimsten Gefühle anvertraute und sie diese bei Gelegenheit gegen ihn benutzte. Er hatte ihr etwa freudestrahlend von einem Vertragsabschluß erzählt, der dadurch zustande gekommen war, daß er den Klienten in einem Spezialitätenrestaurant bei gutem Essen und reichlichem Weingenuß zu überreden vermocht hatte. Dabei regte sich in ihm das schlechte Gewissen über seine Taktik, und er hatte das Gefühl, diesen Kunden überrumpelt zu haben, was er auch zugab. Später am Abend hielt ihm seine Frau in einem Streit seine unlauteren Verhandlungsmethoden vor, nachdem er sein eigenes Unbehagen über sein Verhalten schon eingestanden hatte. Jetzt sah er rot und rührte sie tagelang nicht an.

Ein anderes Beispiel: eine Frau bezeichnete es als ihren »wunden Punkt«, wenn man ihr Hintergedanken unterstellte. Wenn sie etwa ein Spezialgericht für ihren Freund gekocht oder ein Geschenk für ihn gekauft hat und er daraufhin die scherzhafte Bemerkung fallen läßt, was sie damit wohl bezwecke, so verletzt sie das so sehr, daß sie für Tage keine sexuelle Berührung von ihm erträgt.

Wie schon im Kapitel über »Aggressionsrituale« beschrieben, wird der Bataca-Kampf mit Hilfe von wattierten Schlägern durchgeführt, wobei gewisse Handicaps für den Ausgleich von Kraftunterschieden bei den beteiligten Partnern sorgen, so daß Ehepaare oder andere in einer Sexualbezeihung lebende Paare frei und ungefährdet miteinander kämpfen können. Es gibt nämlich trotz der Tatsache, daß zwischen den Geschlechtern enorme Feindseligkeitsreservoire existieren, keine gefahrlosen und wirkungsvollen Möglichkeiten, diese auf körperlichem Wege zu entladen. In der Regel überschätzen die Männer die körperliche Zerbrechlichkeit ihrer Frauen, während die Frauen aus Furcht, als »maskulin« oder allzu aggressiv zu gelten, ihre wirklichen körperlichen Kräfte verbergen. Und so wirkt das betont rücksichtsvolle Verhalten, besonders im Bereich der Sexualität, am Ende lähmend auf die Beziehung und nimmt ihr viel von ihrer Lebenskraft. Mit einem Bataca-Kampf, wenn er auf konstruktive Weise durchgeführt wird, kann man diese passiven Verhaltensmuster durchbrechen. Außerdem kann er zur sexuellen Anregung dienen. Aber hauptsächlich soll er jedem Sexualpartner die Erfahrung vermitteln, den anderen auf realistischer Ebene als ein aggressives Wesen zu erleben. Der Bataca-Kampf hat sich besonders bei Paaren bewährt, die sich daran gewöhnt haben, alle Belange und Probleme in endlosen Gesprächen zu analysieren.

Ein solches Paar – ein dreiundvierzigjähriger Rechtsanwalt und seine Frau–, das jegliche sexuelle Beziehung so gut wie aufgegeben hatte, nahm an einer konstruktiven Aggressionsgruppe für Ehepaare teil, die Dr. Bach leitete.

Sie pflegten jede Problematik zu rationalisieren, wobei er immer darauf bedacht war, Verständnis für alles zu haben, während sie

sich ständig bemühte, in jeder Hinsicht rücksichtsvoll zu sein und ihm auf keinen Fall zu nahe zu treten.
Hinter ihrem ewigen Gerede, bei dem jeder Gegenstand endlos wiedergekäut wurde, verbargen sich intensive Aggressionsgefühle, die sie nie direkt ausleben konnten. Als Dr. Bach sie zu einem Bataca-Kampf ermunterte, stieß er auf äußersten Widerstand. Sie fanden eine derartige Interaktion albern und außerdem: »Was sollte das mit unserem Sex-Problem zu tun haben?«
Nach langer Ermutigung durch die Gruppe willigten sie schließlich doch ein, einen Versuch zu machen. Am Ende der ersten halbherzigen Runde traf sie ihren Mann »versehentlich« im Genitalbereich. Obgleich er dabei keinen wirklichen Schmerz verspürte, geriet er dadurch sichtlich in Rage und der Kampf nahm plötzlich auffallend bösartige Formen an. Sie begannen beide zu schreien und sich gegenseitig Beleidigungen an den Kopf zu werfen. Dabei nannte sie ihn einen »Schlappschwanz«, und er bezeichnete sie als »eiskalt«, »völlig verklemmt« und »vertrocknet«. Hier kam intensiver Groll, den keiner von beiden vorher bewußt empfunden hatte, in unerwartet massiver Form zum Ausbruch. Sie hatten in sich bei all den »rücksichtsvollen« Unterhaltungen, ihrer »Nachsicht« und ihrem Psychologisieren ein reichliches Wutreservoir angesammelt. Nachdem die aufgestauten Energien endlich freigelassen wurden und statt als Verbalisierungen in geeigneterer Form erscheinen durften – nämlich als Aggression – konnte echte Wärme und Zuneigung entstehen und das sexuelle Verlangen kehrte zurück.

Sex als Routine

So wie uns mehr und mehr klar wurde, in welch enger Beziehung Sexualität und Aggression zueinander stehen, erkannten wir auch, daß das Liebesleben der meisten Paare an seiner routinemäßigen Durchführung scheitert. Besonders Ehepaare befinden sich in ihren sexuellen Beziehungen häufig in passiver, gelassener Gemütsverfassung, was in beiden das Gefühl erweckt, mit ihnen sei sowohl individuell als auch als Paar etwas nicht in Ordnung, da sie nicht das zu erwartende sexuelle Verlangen verspüren. Er ist beunruhigt, weil sich bei ihm nicht sofort eine Erektion einstellt, und sie leidet unter dem Gefühl, wie »betäubt« und gänzlich gefühllos zu sein.

Im ersten Stadium einer Liebesbeziehung wird das gesteigerte sexuelle Verlangen durch die Rituale der Werbung ausgelöst. Der Mann versucht, die Frau zu »erobern«. Ihre Aggressivität äußert sich in einem gewissen Maß an Widerstand gegen ihn. In einer langjährigen Beziehung fehlen dagegen die meisten Aggressionselemente. Bei Ärger oder Unstimmigkeit zieht sich gewöhnlich der eine oder andere Partner zurück, während im frühen Stadium der Beziehung ein Streit meistens ausgefochten und als sexuelle Anregung empfunden wird. Daher ermutigen wir unsere Paare, nach jedem Mittel zu greifen, ihre Aggression zu mobilisieren, und sei es ein Bataca-Kampf. Wir haben oft erlebt, daß sich bei Paaren, die sich nur zögernd auf einen Bataca-Kampf eingelassen hatten, ihr anfängliches verlegenes Lachen in intensiven Ärger verwandelte und schließlich in einem sexuell erregten Zustand endete.

Wir brauchen Offenheit

Die meisten Liebesbeziehungen gründen sich auf gegenseitige Erwartungen, die entweder sehr vage oder unrealistischer Natur sind. Es herrscht die Einstellung: »Das kommt schon alles von selbst.« Im Anfang bieten die Neuheit, die Unsicherheit und Unverbindlichkeit der Verbindung noch genügend Anreiz. Auch bei relativer Ungeschicklichkeit wird in diesem Stadium jede sexuelle Begegnung als aufregend empfunden. Um sich diesen Reiz zu erhalten, bedarf es allerdings mehr aktiver Teilnahme wie klarer Hinweise, gegenseitiger Kritik, Auseinandersetzungen, positiver Verstärkung, Anleitung und immer der Information über sich selbst und der Bestätigung, daß sie verstanden wurde. Verschwörungen und Eingebungen sind zwei der Hauptursachen für ein unbefriedigendes Liebesleben. Unter Verschwörung verstehen wir die Verstellung eines Menschen, der einem anderen zuliebe vorgibt, etwas gern zu tun, was ihm in Wahrheit widerstrebt und wovon er glaubt, daß er dem anderen damit einen Gefallen tut.

Ein Beispiel für die destruktive Wirkung einer derartigen Verschwörung mit den eingebildeten Vorlieben des Partners bot uns kürzlich ein Ehepaar, das seit sieben Jahren verheiratet war. Die Frau, die sich selbst als stark sexuell ausgab, wies in der letzten Zeit eine Unmenge physiologischer Symptome auf, die sie an jeglicher Sexualität hinderten. Im Verlauf ihrer Sexualtherapie gestand sie, daß sie beim Geschlechtsakt lieber die obere Position – auf ihrem Mann sitzend – einnehmen würde, weil sie nur so ganz sicher und häufig zum Orgasmus gelangen könnte, daß sie aber ihrem Mann zuliebe immer so tat, als wäre ihr die Position unter ihm lieber. Sie war ganz sicher, daß er es ihr übelnehmen würde, wenn sie die »Männerrolle« übernehmen wollte.

Die Verschwörung mit den Neigungen oder Abneigungen ihres Mannes, die sie aus einer Bemerkung entnehmen zu können glaubte, die er einmal vor sechs Jahren über »dominierende Weiber« gemacht hatte, wurde noch zusätzlich von ihren Einbildungen unterstützt. Sie glaubte nämlich, seine Gedanken zu kennen und zu wissen, daß er sie auf keinen Fall in der von ihr gewünschten Position dulden würde. Als über diese Problematik schließlich offen im Beisein des Ehemannes diskutiert werden konnte, mußte sie entdecken, daß ihrem Mann die wenigen Male, bei denen er unten gelegen hatte, sehr viel Vergnügen bereitet hatten und er gerade diese Lage genoß, in der er »alles ihr überlassen« konnte. Er hatte das allerdings auch nie zugegeben, weil er fürchtete, sie würde ihn für unmännlich oder gar für latent homosexuell halten.

Auch um herauszufinden, ob der Partner zum Liebesspiel aufgelegt ist, verlassen sich viele Menschen auf ihre Eingebung oder lassen sich auf eine Verschwörung ein. Es scheint den Menschen die größten Schwierigkeiten zu bereiten, ihren Partner direkt zu fragen, ob er mit ihnen ins Bett gehen möchte; und ebenso schwierig scheint die aufrichtige Beantwortung dieser Frage. Manch einer glaubt, mit einer solchen Frage den »Zauber« und die Spontaneität der Beziehung zu zerstören. Sie gehen davon aus, daß man so etwas nicht zu fragen brauche, das »wisse« man einfach. Folglich stehen und fallen die Entscheidungen darüber, ob man soll oder nicht, mit den Eingebungen und Verschwörungen. Dazu einige Beispiele:

Er nimmt an, daß sie eigentlich keine Lust hat, denn früher am Abend hatte sie einmal über Kopfschmerzen geklagt. Oder er möchte nicht aufdringlich wirken und sie bedrängen, und wartet deshalb darauf, daß sie den ersten Schritt tue. Sie möchte nicht die Initiative ergreifen, also wartet sie auf ein Zeichen von ihm. Sie überlegt, daß er sicher möchte, denn sie waren schon vier Tage nicht zusammen gewesen. Er will aber tatsächlich gar nicht. Beide täuschen dann Lustgefühle vor, die sie in Wirklichkeit nicht empfinden. Eine Tragikomödie der Irrtümer, durch die ein Sexualleben zum Alptraum werden kann, entwickelt sich so aus der Furcht vor einer offenen Kommunikation über Sex.

Es ist noch gar nicht lange her, daß Frauen ihre besonderen sexuellen Neigungen nicht auszusprechen wagten, weil ihnen sexuelle Lustgefühle überhaupt nicht zugestanden wurden. Auch Männer zögerten im allgemeinen, bestimmte Wünsche zu äußern aus Furcht, brutal oder animalisch zu erscheinen. Die meisten Männer wußten lange Zeit gar nicht, daß Frauen eine Klitoris haben oder wo sie sich befindet. Liebespaare müssen lernen, sich gegenseitig über sich aufzuklären, indem sie den Partner auf die erogenen Zonen ihres Körpers hinweisen. Auch eine Phasensynchronisierung sollte unbedingt erstrebt werden; d.h. daß ein Verhalten, das beim Vorspiel außerordentlich erregend wirkt, beim tatsächlichen Geschlechtsakt als störend empfunden werden kann.

Z.B. mochte es ein 33jähriger Mann besonders gern, wenn seine Freundin zu Beginn des Liebesspiels an seinem Hals knabberte, während er die gleiche Zärtlichkeit als äußerst lästig empfand, sobald er in ihrem Körper war.

Das postkoitale Gespräch

Das postkoitale Gespräch sollte in absoluter, durch keinerlei Taktgefühl beeinträchtigter Offenheit geführt werden. In seinem Bestreben nach sexueller Befriedigung darf man sich nicht von falschem Zartgefühl beirren lassen.

Eine aufrichtige, vernünftigen Diskussion über alles, was man als Lustgewinn empfindet und was nicht, kann wesentlich dazu beitragen, die sexuelle Spannung zu erhalten.

Es gibt eine Menge potentieller Konfliktbereiche, die offen und klar zur Sprache gebracht werden sollten. Dazu gehört:

1. Position: Wer soll wann welche Position einnehmen?
2. Zeit: Haben wir den Sexualverkehr lieber am Morgen, am Nachmittag, am Abend oder mitten in der Nacht?
3. Häufigkeit: Wie oft?
4. Ausmaß und Art des Vorspiels: Wie lange soll es dauern und wie soll man es gestalten?

Bei der letzten Frage soll man sich gründlich mit seinen vorgefaßten Meinungen auseinandersetzen und wahrscheinlich einiges davon ablegen. Ein schneller, kurzer Geschlechtsverkehr kann u.U. ebensoviel Befriedigung verschaffen und als genauso beglükkend empfunden werden wie ein ausgedehntes Liebesspiel. Viele Paare glauben jedoch, wenn sie es nicht möglichst lange ausdehnen, würden sie dem Partner als rücksichtslos und eigensüchtig erscheinen.
Ganz gleich wie groß die sexuelle Übereinstimmung bei einem Paar auch sein mag, so wird es doch immer irgendwelche unterschiedlichen Vorlieben geben. Wenn zwei Partner keinerlei Abweichungen von den Neigungen des anderen eingestehen wollen, befinden sie sich in einer Verschwörung miteinander. Und diejenigen, die glauben, ihre Beziehung könne an »Zauber« verlieren, wenn sie ihre gegenseitigen Gefühle offen besprechen, werden den allmählichen Verfall ihrer Sexualbindung erleben.

Die sexuellen Verrücktmacher

Wir haben festgestellt, daß es sich bei der »Rotkreuzschwester« und dem »Analytiker« um zwei der häufigsten und auch unheilvollsten Formen von verdrängter Aggression im Bereich der Sexualität handelt.
Als »Rotkreuzschwester«-Typ wäre z.B. der Mann zu bezeichnen, der ständig um den Orgasmus seiner Frau besorgt ist, oder die Frau, die ihrem Mann voll Anteilnahme über seine Impotenz hinwegzuhelfen versucht.
Jeder von ihnen nimmt eine besorgte Haltung ein, die jedoch das Übel nur verschlimmert, da sie die schon vorhandenen Minderwertigkeitskomplexe und Schuldgefühle noch verstärkt; etwa folgendermaßen: »Er ist so rücksichtsvoll. Ich muß wirklich völlig frigid sein, daß ich nicht komme«, oder »Diese Impotenz ist fraglos ein ernstes Problem; sie könnte dabei nicht geduldiger und einsichtiger sein.«
Die »Rotkreuzschwestern«-Reaktion ist gefühlsmäßig unaufrichtig. Durch ihr mitfühlendes und besorgtes Verhalten hindurch sagt diese Person nichts anderes als »Ich bin sexuell gesund, du aber nicht. Sobald sich dein Zustand bessert, wird auch unser Liebes-

leben wieder in Ordnung kommen.« Mit dieser Pose lehnt sie jede Verantwortung für das gemeinsame Problem ab. Die verborgene Feindseligkeit in der Haltung der »Rotkreuzschwester« ist an ihrer Wirkung auf das Opfer zu erkennen. Es wird nie in der Lage sein, sein Problem völlig zu überwinden, wenn es auch zu vorübergehender Besserung kommen kann, die jeweils die »Rotkreuzschwester« auf ihrem Konto verbuchen wird. Es wird sich aber erweisen, daß solche Besserungen nie lange anhalten, denn die »Rotkreuzschwester« hat ein vitales Interesse daran, daß das Problem bestehen bleibt. Die andere Form der verdrängten Aggression, die das Opfer die Wände hochtreiben kann, findet ihren Ausdruck im »Analytiker«. Diese typisch hochtrabende Form der verdrängten Aggression, die vor allem in der Mittelschicht zu Hause ist, verlegt sich darauf herauszufinden, was die Ursachen für das Versagen des Partners sein könnten. Dabei bringt der »Verrücktmacher« in Gestalt des »Analytikers« keinerlei echte Anteilnahme zum Ausdruck. Er hält sich in unnahbarer Ferne und berechnet von dort aus alle Möglichkeiten, um dann mit irgendwelchen Resultaten aufzuwarten. Als unvermeidliche Folge dieses Verhaltens wird das »Problem« des Partners nur immer größer und dieser selbst immer verzagter. Hier handelt es sich um eine feindselige Intrige, die darauf angelegt ist, alle Verantwortung auf den Partner abzuwälzen.

Die Autoren sind überzeugt, daß viele der sogenannten Sex-Probleme in unserer Zeit auf verdrängte Aggression zurückzuführen sind. Daher sind auch alle Versuche, das Liebesleben durch diverse Experimente wie neue Positionen, verschiedene Techniken oder mechanische Hilfsmittel neu zu beleben, zum Scheitern verurteilt, solange die Komponente der verdrängten Aggression nicht einbezogen wird. Männer und Frauen müssen damit beginnen, einander furchtlos und in freier Selbstbehauptung zu begegnen anstatt sich auf heuchlerisches Harmoniestreben und heimliche Verschwörungen einzulassen. Unsere Einstellung zur Sexualität entspricht unserer Ethik, nach der die Menschen ermutigt werden, nach Wegen zu suchen, auf denen sie zur persönlichen, unmittelbaren, direkten Aggressionsäußerung innerhalb ihrer engsten Beziehungen gelangen können. Das Schlafzimmer kann zum erotischen Tummelplatz werden und den natürlichen Rahmen für die gefahrlose, nicht verletzende und konstruktive Entladung vorhandener Aggressionen abgeben.

10. Hör auf! Du machst mich verrückt!!

Das »Verrücktmachen« ist eine Form des zwischenmenschlichen Handelns, das aus der Verdrängung intensiver Aggressionsgefühle herrührt, und bei der das Opfer mit der Zeit die Fähigkeit verliert, die wahre Natur dieser Beziehung zu erkennen. Mit dem Wort »verrückt« bezeichnen wir im allgemeinen das Verhalten einer kleinen Gruppe geistig schwer gestörter Menschen. Dabei erleben die meisten unter uns in milderen Formen die gleichen Gefühle und Reaktionen, die bei jenen jeglichen Wirklichkeitsbezug weitgehend zerstört haben. Obgleich bei den meisten Menschen die Dosierung nicht so stark ist, daß sie sie vollkommen verrückt machen könnte, reicht ihre Wirkung doch häufig aus, um zwischenmenschliche Beziehungen ernstlich zu gefährden und emotionale Störungen wie Geistesabwesenheit, Überempfindlichkeit, starke Unausgeglichenheit, Neigung zu plötzlicher Heftigkeit, Depressionen sowie Entfremdungs- und Vereinsamungsgefühle hervorzubringen.

Die Zwickmühle

Eine der am häufigsten zu beobachtenden »Verrücktmacher«-Beziehungen hat den Charakter einer »Zwickmühle«. Das bedeutet im Grund nichts anderes als die Aussage: Tust du's, ist es falsch; tust du's nicht, ist es auch falsch! Das Opfer ist zum Scheitern verurteilt, ganz gleich wie es reagiert. Der verstorbene Psychiater Donald Jackson und der bekannte Anthropologe Gregory Bateson haben diesen Vorgang als erste beobachtet und beschrieben.
Eine verrücktmachende Mutter dieses Typs bemerkt, daß ihr Kind,

Kathy, sieben Jahre alt, ruhig dasitzt; wahrscheinlich liest oder malt sie. Der Dialog beginnt:

»Kathy, du siehst traurig aus. Bist du traurig?«

Kathy: »Nein!«

Mutter (schuldbewußt): »Komm doch einmal her zu mir und gib mir einen Kuß. Zeig Mammi, daß du sie lieb hast.«

Kathy: »Also gut!« (geht zu ihr und gibt ihr einen Kuß)

Mutter (setzt sich auf): »Das hast du nur getan, weil ich es gesagt habe. Du selbst wolltest es gar nicht, hab ich recht?«

Kathy: (schweigt verwirrt)

Mutter: »Also dann mal du nur weiter – ich bin enttäuscht.«

Nach außen hin erschien Kathys Mutter immer als eine »gute« Mutter. Jedoch hegte sie in ihrem Herzen einen geheimen Groll gegen Kathy, die der Grund für eine voreilige Heirat gewesen war. Immer wenn Kathys Mutter das Kind still in einer Ecke sitzen sah, meinte sie, es sei traurig und fühlte sich verpflichtet, »lieb« zu ihm zu sein. Dabei war aber ihr »Liebsein« von dem Schuldgefühl über ihren versteckten Groll gegen Kathy und nicht von einem echten Bedürfnis nach ihrer körperlichen Nähe motiviert. Es war also ganz gleich, wie Kathy reagierte – ob in der Form von »Nein, ich will dir keinen Kuß geben« oder »Ja, ich will dir einen Kuß geben«; in jedem Fall hätte sie eine Zurückweisung erfahren, die aus dem im tiefsten Herzen verborgenen Groll herrührte.

In der verrücktmachenden Kommunikation dieser Art ist nie eine klare Zurückweisung erkennbar. Sie erscheint immer verschleiert durch »liebevolle« Blicke oder Worte, die beim Opfer die Illusion der Gefühlsnähe hervorrufen, um es dann nur desto schuldbewußter und verwirrter zu machen, wenn die Zurückweisung erfolgt (für die es sich verantwortlich fühlt). Wenn Kathy die Worte ihrer Mutter »Du selbst wolltest es ja gar nicht« ernstnimmt, wird sie das Gefühl haben, »böse« gewesen zu sein. Aus diesem Erlebnis wird sie die Schlußfolgerung ziehen: »Meine Mutter liebt mich so sehr, und ich bin ein böses Mädchen, weil ich sie immer enttäusche.«

In der folgenden Unterhaltung am Mittagstisch zwischen einem Vater und seiner sechzehnjährigen Tochter Ellen sehen wir ein Beispiel für die verrücktmachende Kommunikation, die aus einer Mischung von »liebevollen« und zurückweisenden Elementen besteht:

Vater: »Ellen, mein Schatz, du weißt doch, wie deine Haut darauf reagiert, wenn du immer nach der Schule dieses süße Zeug ißt. Wenn du so weitermachst, wird dich nie ein Junge angucken.«

Ellen: »Ich habe mir eine Creme gekauft, von der Patty mir erzählt hat. Sie soll genau das richtige sein für schlechte Haut.«

Vater: »Ich bin ja froh, wenn du auf dein Äußeres achtest, aber warum fragst du mich nicht erst, bevor du mein Geld für solche Dinge ausgibsts?«

Ellen: »Ich dachte, es würde dir recht sein.«

Vater: »Natürlich will ich, daß du gut aussiehst, aber wir können unser Geld gewiß besser verwenden als für alle möglichen Kosmetikartikel.«

Ellen: »In meiner Klasse ist ein Junge, der mich, glaube ich, einladen will, und da war es mir peinlich, wie mein Gesicht aussieht.«

Vater: »Ist es denn wirklich so wichtig, daß die Jungen dich schön finden? Und glaubst du, daß das die Schönheit ausmacht? Die Persönlichkeit eines Menschen ist das Entscheidende, mein Liebling, nicht diese äußerlichen Dinge!«

Ellen: »Ich glaube ja, daß er mich als Persönlichkeit mag, und ich wollte doch auch gut aussehen.«

Vater: »Mir scheint, du bist ganz vernarrt in diesen Burschen. Vergiß nur nicht, daß die Schule vorgeht, und wenn du ein Kind kriegst...«

Ellen: »Ich verspreche dir, daß das nicht geschehen wird.«

Vater: »Und ich will auch nicht, daß du die Pille nimmst.«

Ellen: »Ich dachte, es läge dir daran, daß ich gut aussehe.« (sie kämpft mit den Tränen)

Vater: »Das stimmt ja auch, aber das bedeutet nicht, daß du nur noch Jungen im Kopf haben sollst. Kannst du denn an gar nichts anderes mehr denken als nur daran, wie du aussiehst und wie die Jungen dich finden?«

Ellen: (unter Tränen) »Das tu ich ja gar nicht.«

Vater: »Na ja, ich weiß, daß es nicht so ist. Du kannst ruhig tun, was du möchtest. Aber vernachlässige deine Schularbeiten nicht.«

Unter der »Sorge« und »Hilfsbereitschaft« des Vaters verbirgt sich das Bedürfnis, seine Tochter vollständig zu beherrschen und sie sich als kleines Mädchen zu erhalten. Er ist sich jedoch dieser Motive nicht bewußt, sondern glaubt, ein liebevoller Vater zu sein, da in seinem Bewußtsein alle Handlungen seiner Tochter gegenüber aus den besten Absichten entspringen und nur ihre Interessen zum Ziel zu haben scheinen. Er kennt seine wahren Motivationen nicht, und daher äußern sich diese auch nur indirekt und vergiften damit die gesamte Kommunikation, indem jede liebevolle Äußerung sogleich durch eine Einschränkung wieder zurückgenommen wird. Einerseits unterstützt der Vater Ellen in ihrem Bemühen, gut auszusehen; andererseits ärgert er sich darüber, daß sie sich auf eigene Faust darum bemüht. Solange Ellen sich in einem bedauernswerten Zustand befand, regte sich in ihrem Vater ein Schuldgefühl, und er benahm sich »hilfsbereit« und »liebevoll« gegen sie. Sobald er jedoch Anzeichen dafür bemerkte, daß sie gar nicht so bedauernswert, abhängig und einsam sein könnte, kritisierte er ihr Interesse an Jungen. Der verrücktmachende Kommunikationsstil des Vaters gibt ein gutes Beispiel für die Mischung von »Liebe« und Zurückweisung, die die Situation der »Zwickmühle« kennzeichnet. Ellen kann tun was sie will, sie wird in jedem Fall eine Zurückweisung erleben und zu der Überzeugung gelangen, daß sie den Erwartungen ihres Vaters nicht entsprechen kann.

Sonny und Maxine waren seit sechs Jahren verheiratet. Trotz seiner rauhbeinigen Art und eindrucksvollen Statur von 1,90 m und 200 Pfund war er immer noch ein Muttersöhnchen. Er hatte Maxine hauptsächlich deshalb geheiratet, weil seine Mutter gemeint hatte, sie würde eine fabelhafte Ehefrau sein. Im Grunde seines Herzens war er jedoch der kleine Junge geblieben, der spielen und frei sein wollte, und der seine unverheirateten Freunde unbewußt darum beneidete, daß sie jeden Abend ausgingen, zum Fußballplatz gehen konnten, sich betranken, wann sie wollten und mit jedem Mädchen schliefen, das ihnen gefiel. Er beneidete auch seine verheirateten Freunde, die ihre Frauen abends einfach allein ließen, was Sonny sein schlechtes Gewissen nicht erlaubte. Sein geheimer Groll äußerte sich in einem zermürbenden, verwirrenden Kommunikationsstil, durch den Maxine ständig in eine »Zwickmühle« geriet und so langsam aber sicher auf einen Nervenzusammenbruch zusteuerte.

Sonny: »Hattest du einen schönen Tag, Liebling? War etwas Besonderes los?«

Maxine: »Nichts geradezu Sensationelles. Ich habe Timmy beigebracht, selbständig mit dem Löffel zu essen. Dann haben wir im

Park Fangen gespielt. Er wird sicherlich mal ein zweiter Nurmi.«

Sonny: »Ich finde es fabelhaft, wie du dich um Timmys Erziehung kümmerst, aber in letzter Zeit kannst du über gar nichts anderes mehr reden. Man konnte sich früher so herrlich mit dir unterhalten, aber jetzt wirst du so langsam langweilig – ich hoffe, du nimmst mir das nicht übel. Du warst früher immer so anregend, und das liebte ich so an dir.«

Maxine: (mit erhobener Stimme) »Ich wollte mir ja einen Job suchen, aber du warst dagegen und meintest, ich sollte zu Hause bei den Kindern bleiben. Damals nanntest du mich egoistisch und rücksichtslos, und jetzt bin ich dir zu langweilig.«

Sonny: »Ich wollte damit nicht sagen, daß du richtig langweilig bist, aber du liebe Zeit, dieses ewige Babygerede macht mich langsam wahnsinnig. Gibt es wirklich nichts anderes für dich?«

Maxine: »Was denn zum Beispiel?«

Sonny: »Hast du denn gar keine Phantasie? Dann tust du mir wirklich leid! Lassen wir das. Ich werde jetzt fernsehen.«

Da sich Sonny seine innere Abneigung gegen die Rolle des Familienvaters nicht eingestehen konnte, wurde er zum »Verrücktmacher«. So wurde alles was er sagte, selbst wenn er es in liebevoller Absicht tat, durch diesen unterdrückten Groll verzerrt. Maxine konnte es ihm niemals recht machen. Sie wurde immer unsicherer und zog sich mehr und mehr in sich selbst zurück, bis sie schließlich einen Nervenzusammenbruch erlitt und zu Dr. Bach in die Behandlung kam. Unter dem Einfluß der Therapie erkannte sie endlich, daß sie sich zum willigen Opfer für Sonnys verrücktmachendes Verhalten gemacht hatte.

In ihrer eigenen Vorstellung war sie ein hilfloses Wesen, das jemanden wie Sonny brauchte, um sich anzulehnen. Dabei verwechselte sie allerdings Sonnys herausforderndes, dominierendes Verhalten mit Stärke.

Genau wie in der Familie enthalten auch die meisten beruflichen Beziehungen – besonders zwischen Angestellten und Vorgesetzten – die Grundelemente für eine derartige »Zwickmühle« Bei diesen verrücktmachenden Wechselbeziehungen wird der Vorgesetzte zur Vaterfigur, während die Angestellten in das Verhalten von Kindern verfallen, die eifrig und ängstlich nach Anerkennung und Belohnung streben. Je unsicherer und ängstlicher der Angestellte sich fühlt, um so eher erliegt er den Tücken einer »Zwickmühle«.

Dem Leiter der Verkaufsabteilung eines Bekleidungswerkes mit fünfundvierzig Angestellten fiel eines Tages auf, daß es in seiner Abteilung zunehmende Kommunikationsprobleme zu geben schien, was sich in sinkenden Verkaufsziffern niederschlug. Anfangs versuchte er, den Schaden dadurch zu beheben, daß er einige Verkäufer entließ und neue für sie einstellte, aber das war offensichtlich nicht die Lösung. Nach einem kurzen Aufschwung stellten sich die alten Verhältnisse immer wieder her.

Nun begann er, Bücher und Artikel zu lesen, die ihm den psychologischen Zugang zu seinem Personalproblem eröffnen sollten. Nach ausführlicher Lektüre glaubte er, den Schlüssel für die Lösung gefunden zu haben. Er ließ in der ganzen Abteilung Schilder anbringen und verschickte Rundschreiben an alle Angestellten, die verkündeten, daß er in Zukunft jeden Mittwochnachmittag für private, vertrauliche Unterredungen zur Verfügung stehen würde, bei denen Klagen und Beschwerden ganz gleich welcher Art und welchen Ausmaßes vorgebracht und diskutiert werden könnten. Diese Besprechungen – so wurde versichert – würden auf keine Weise in die Personalakten eingehen.

Im Anfang löste diese Maßnahme unter den Angestellten einige Begeisterung aus, obgleich eine Anzahl der älteren sofort skeptisch reagierte. Sie machten zynische Bemerkungen und vermuteten irgendeine Falle dahinter. Es kam aber doch immerhin zu mehreren Besprechungen mit dem Abteilungsdirektor. Einer beklagte sich über unzureichende Schreibkräfte, ein anderer beschwerte sich darüber, daß die Einzelhändler ihren Verpflichtungen nicht nachkämen und einige brachten auch kleinere Belange vor, etwa die zu kurze Kaffeepause, schlechte Lichtverhältnisse oder übermäßige Lärmbelästigung.

Zu Beginn dieser Aktion wurde jedes Problem mit großer Geduld angehört, bis der Direktor allmählich immer negativer reagierte und die meisten Beschwerden bagatellisierte oder auch zurückwies. Wenn ein Angestellter auf seiner Klage bestand, ließ er durchblicken, daß er ihn für einen Nörgler hielt, und daß er möglicherweise nicht die richtige Einstellung zu seiner Arbeit habe. Die Angestellten wurden durch dieses Verhalten verunsichert und verärgert; sie fühlten sich an der Nase herumgeführt.

Andere hatten der Sache von Anfang an nicht getraut und sich nie auf eine solche Unterredung eingelassen. Diese wurden daraufhin gelegentlich vom Direktor angesprochen und gefragt, ob sie denn nicht daran interessiert seien, die allgemeine Arbeitsmoral zu heben. Er legte ihnen damit nahe, daß er den nötigen esprit de corps bei ihnen vermisse. Auch sie wurden auf diese Weise verunsichert und fragten sich schließlich, ob es nicht vielleicht besser wäre, irgendeine unverfängliche Beschwerde zu erfinden, nur um ihren Chef zufriedenzustellen. Diese Menschen befanden sich eindeutig in der Zwickmühle, in der es heißt: Tust du's, ist es falsch, tust du's nicht, ist es auch falsch. Bringen sie eine Beschwerde vor, gelten sie als Nörgler; sagen sie nichts, wirft man ihnen Mangel an Gemeinschaftssinn vor.

Rettung aus der Zwickmühle

Verrücktmacher der eben beschriebenen Sorte gewinnen ihre Macht aus der Abhängigkeit und den Minderwertigkeitsgefühlen anderer. Sie foltern ihr Opfer, das sich ihnen unbewußt freiwillig ausliefert, weil es sich nicht fähig oder wert fühlt, einen autonomen Lebensstil zu behaupten.

In manchen Fällen, besonders in einer Eltern-Kind-Beziehung, besteht für das Opfer ohne eine Intervention von außen überhaupt keine Möglichkeit, aus seiner Falle zu entkommen. Die verrücktmachenden Eltern jagen das Kind von einer Zwickmühle in die andere, wobei sie Einflüsse von außen weitgehend ausschalten und sich selbst das Image liebender Eltern verleihen, was eine Konfrontation mit ihnen nur um so schwieriger macht. Die Hilferufe des Kindes bestehen oft darin, daß es immer verschlossener wird oder eine Neigung zu regelmäßig auftretenden plötzlichen explosiven Wutkrämpfen entwickelt. Es wird unter diesen Umständen in der Entwicklung bedeutend hinter seinem Alter zurückbleiben – auch das ein indirekter Hilfeschrei. Wenn dann das Kind das Glück hat, in eine Schule zu kommen, die die Selbstbehauptung fördert und Aggressionsgefühle akzeptiert, kann noch einiger Schaden ausgeglichen werden. Anderenfalls sieht es einer freudlosen Jugend entgegen, die es auch für die Eltern zur unerträglichen Pein werden läßt, da sich diese durch das abhängige, verschlossene und teilnahmslose Verhalten ihres Kindes allmählich davon überzeugen, daß bei ihm eine ernstliche Psychische Störung vorliegt. Das in einer psychologischen Zwickmühle gefangene Kind ist eines der tragischen Opfer unserer Gesellschaft, für das kein Zufluchtsort bereitsteht.

Ein Erwachsener kann daran erkennen, ob er sich durch einen anderen Menschen in einer psychologischen Zwickmühle befindet, daß er von starken Stimmungsschwankungen befallen wird. Er wechselt ständig zwischen Gefühlen der Euphorie (»Er liebt mich«) und solchen der Depression (»Nein, ich glaube, ich genüge ihm nicht«). Sobald man sich abhängig fühlt, dauernd nach Anerkennung hungert und einen regelrechten Eiertanz vollführt, kann man getrost annehmen, daß man sich in einer psychologischen Zwickmühle befindet. Das Opfer empfindet den »Verrücktmacher« abwechselnd als Wohltäter und als Peiniger, wobei es in keinem Fall den Mut aufbringt, seine Gefühle spontan und direkt zu äußern, da es jederzeit einer Zurückweisung gewärtig ist. Im allgemeinen verursachen die Verrücktmacher unklare Impulse in ihren Opfern, nämlich sowohl den Wunsch wegzulaufen als auch die Angst davor.

Um der psychologischen Zwickmühle zu entgehen, muß man zuerst erkannt haben, daß sie auf Verletzlichkeit und Unzulänglichkeit aufgebaut wird. Daher kann man ihr die Grundlage nur entziehen, wenn man die Fähigkeit zu unabhängigem Handeln entwickelt. Der Rest ist relativ einfach, da der »Verrücktmacher« ohne sein Opfer ebenso undenkbar ist wie ein Opfer ohne seinen »Verrücktmacher«. Auch er fürchtet sich nämlich vor offener Aggressivität. Man muß die hilfsbereite und verführerische Fassade des »Verrücktmachers« durchbrechen, indem man sich folgendes klarmacht. »Ich kann tun was ich will, du wirst nie zufrieden sein. Ich werde mir nicht länger vormachen, daß ich deine Liebe durch irgendein Verhalten hervorrufen kann und mich dadurch in falscher Sicherheit wiegen.«

Schuldgefühle und Konventionen (»Ich sollte mich eigentlich in seiner/ihrer Gegenwart wohlfühlen.«), die den Sozialisationsprozeß für uns alle in hohem Maße bestimmen, indem sie jedem seine Rolle zuweisen – Eltern, Ehepartner, Lehrer, Angestellter, Freund, Arbeiter usw. – macht jeden von uns zu einem potentiellen »Verrücktmacher«.

Wenn wir nämlich den Rollenerwartungen zu entsprechen versuchen, die unserer wahren Natur zuwiderlaufen, bildet sich in uns ein Block aus zurückgedrängtem Widerstreben, der eine Verzerrung unserer Kommunikationsweisen bewirkt. Man kann seine Rolle nur dann ausfüllen, wenn man gleichzeitig den Widerwillen und Ärger, den man in ihr empfindet, bewußt erlebt. Nur so kann man sich dafür oder dagegen entscheiden und den verrücktmachenden Auswirkungen einer psychologischen Zwickmühle entgehen.

Gedankenvergewaltigung

Bei allen Formen des »Verrücktmachens« sind diejenigen, die in der Eltern-Kind-Beziehung zum Tragen kommen, die verhängnisvollsten. Hier ist die Identitätsverweigerung eine häufig anzutreffende Form. Das bedeutet, daß eine Person eine andere darüber aufklärt, was sie wirklich meint und fühlt, weil das die Gefühle und Meinungen sind, die dem »Verrücktmacher« am bequemsten erscheinen. Die wahren Gefühle des Opfers werden als solche einfach nicht akzeptiert.

Tommy (sieben Jahre alt): »Ich will nicht zum Zahnarzt. Ich habe Angst.

Vater: »Unsinn, du hast keine Angst. Nur kleine Babys haben Angst vorm Zahnarzt. Du willst doch ein großer Junge sein, nicht wahr? Große Jungen gehen gern zum Zahnarzt, stimmt's?«

Tommy: (gibt durch unbehagliches Schweigen seine Zustimmung).

Vater: »Siehst du, ich habe doch gewußt, daß du ein großer Junge bist.«

Es wäre für den siebenjährigen Tommy eine Überforderung gewesen, seine Meinung zu verteidigen. Das hätte einerseits bedeutet, seinem Vater zu mißfallen, andererseits hätte er sich unabhängig zu seiner Angst bekennen müssen. Daher unterdrückt Tommy seine eigenen Emotionen und akzeptiert statt dessen die Interpretation seines Vaters, womit eine gedankliche Vergewaltigung stattgefunden hat. Hier beginnt ein Prozeß der kindlichen Persönlichkeitsspaltung in Dinge, die das Kind fühlt und solche, die es nach Mitteilung anderer fühlen sollte. Erwachsene, die als Kinder solcher Gedankenvergewaltigung in hohem Maße ausgesetzt waren, und es gibt deren viele, geraten immer wieder in Verwirrung und Unsicherheit über das, was sie eigentlich wirklich fühlen und wollen. Um sich eine gewisse Sicherheit zu verschaffen, versuchen sie häufig, alle Dinge vom rationalen Standpunkt aus zu betrachten und sich an die »Regeln« zu halten. Damit stumpfen sie allmählich jede spontane Gefühlsfähigkeit ab und verlassen sich nur noch auf »Soll-Gefühle« und Verstandesregungen.

Unter Erwachsenen wird die Gedankenvergewaltigung gern hinter einer Haltung der Hilfsbereitschaft und Anteilnahme versteckt.

Jonathan: »Meine Arbeit macht mir überhaupt keinen Spaß mehr. Ich denke ernstlich daran zu kündigen.«

Mark: »Wie kannst du so etwas sagen! Du hast einen schönen modernen Arbeitsplatz, genießt die größten Versicherungsvorteile und Sozialleistungen; was kannst du mehr wollen?«

Jonathan: »Ich fühle mich hier einfach nicht gefordert.«

Mark: »Wieso denn? Es gibt doch durchaus echte Aufgaben für dich. Man kann aus jedem Posten etwas machen, wenn man will.«

Jonathan: »Ja, ich weiß. Aber nun bin ich schon ein Jahr hier, und es ist immer noch nicht besser geworden.«

Mark: »Du mußt einfach immer meckern. Das ist nun einmal deine Art. In Wirklichkeit tust du deine Arbeit ganz gern.«

Die Beziehungen zwischen Mark und Jonathan war im Grunde freundschaftlicher Natur. Jedoch bewirkte Mark dadurch, daß er – wenn auch gut gemeint – hartnäckig darauf bestand, besser als Jonathan zu wissen, was in ihm wirklich vorging, daß dieser seine eigenen Reaktionen in Frage stellte und über die so entstandene Unklarheit in schuldbewußte Verwirrung verfiel. Im Unterbewußtsein empfand sich Mark in seiner Beziehung zu Jonathan in einer Wettkampfsituation, und er wollte verhindern, daß Jonathan etwa mehr riskierte und dabei womöglich gewönne, als er selbst zu riskieren bereit und damit zu gewinnen fähig war. Da aber ein offenes Eingeständnis seiner Neidgefühle oder ein Machtstreben unter Freunden als ein Verstoß gegen alles Herkommen gilt, äußern sich diese verdrängten Gefühle in einem »Verrücktmacher«-Verhalten.

Kampf gegen die Gedankenvergewaltigung

Die Gedankenvergewaltigung ist eine verführerische Form des »Verrücktmachens«. Das Opfer gewinnt den Eindruck, daß ihm der andere helfen will, und es tut ihm gut zu glauben, daß es jemanden gibt, der ihn besser kennt als er sich selbst. Es gibt eine moderne Art der Laienpsychologie, die die Gedankenvergewaltigung unter dem Deckmantel der »Analyse« und der »Anpassung« zu ihrem Lieblingssport gemacht hat. Dabei werden die verborgenen Gedanken des anderen interpretiert, was ihm »helfen« soll, seine »wahren« Gefühle zu erkennen, die er selbst mit keinem Wort ausspricht.

Um der Gedankenvergewaltigung entgegenzuwirken, sollte man von vornherein davon ausgehen, daß die Person, die vorgibt zu wissen, was wir wirklich denken oder fühlen, unrecht hat. Wenn sie doch recht haben sollte, so ist das eher dem Zufall zuzuschreiben als ihrer Weisheit. Der Gedankenleser mag zum Teil recht haben, weil er unweigerlich einen komplizierten Gefühlskomplex über alle Maßen simplifiziert. Denn es gibt kaum jemals einen einzigen, klar umrissenen, aus seinem verschlungenen Kontext herauslösbaren Gedanken oder ein solches Urteil über irgendeinen Gegenstand. Es bedeutet unter allen Umständen eine echte Zumutung, wenn man sich gefallen lassen muß, daß einem die eigenen Gedanken von einem anderen Menschen mitgeteilt werden, ohne daß man es ihm erlaubt hätte.

Zu unserem Aggressions-Trainings-Programm gehört auch eine Übung, die wir »Gedankenlesen mit Rückmeldung« nennen. Bei dieser Übung bittet eine Person eine andere um die Erlaubnis, seine Gefühle und Gedanken zu erraten. Hier lernen die Teilnehmer sehr bald, wie oft sie sicher waren, mit ihrer Annahme ins Schwarze zu treffen, und doch in den meisten Fällen völlig daneben lagen. Es ist eine sehr ernüchternde Erfahrung. Einige besonders selbstsichere Gedankenleser bestehen sogar dann noch auf ihrer Meinung, wenn sie bereits widerlegt wurde. Ein solcher Mensch kann nur einen unheilvollen Einfluß ausüben, und man sollte ihn aus seinem engen Freundeskreis ausschließen, um nicht seiner mächtigen, verführerischen aber destruktiven Neigung zum »Verrücktmachen« zu erliegen.

Sobald man das Prinzip der Gedankenvergewaltigung erkannt

hat, ist diese Form des »Verrücktmachens« ziemlich leicht zu durchschauen. Es kommt dabei häufig das Wort »wirklich« vor.
»Ich glaube, dein wirkliches Gefühl dabei ist...«
»Was du wirklich damit sagen wolltest...«
»Ich glaube nicht, daß du das wirklich willst...«
Derartige Redensarten sollte man pauschal verwerfen, auch wenn sie zutreffen sollten, und ganz besonders, wenn man gar nicht um sie gebeten hatte. Man sollte sie als ebenso beleidigend empfinden wie eine Ohrfeige. Das sind sie nämlich auch. Eine höfliche Entgegnung wäre etwa: »Vielen Dank für deine Hilfe, aber deine Interpretation meiner Gedanken verwirrt mich nur noch mehr.«

Schuldgeber

Innerhalb einer Eltern-Kind-Beziehung können die Eltern im Kind eine übertriebene und destruktive Vorstellung von den Auswirkungen seiner Handlungen erwecken, wodurch sie in ihm Angst vor jeder Selbstäußerung auslösen, insbesondere auf dem Gebiet der Aggressivität.
»Weil du keine Rücksicht nimmst, bekommt Mammi Kopfschmerzen und wird krank.«
»Großmama ist schon sehr alt und wird nicht mehr sehr lange bei uns sein. Sie verläßt sich ganz auf dich, und wenn du nicht lieb zu ihr bist, könnte ihr etwas Schlimmes passieren.«
»Du hast deine Schwester so gekränkt, daß es ihr das ganze Wochenende verdorben hat.«
In all diesen Fällen wird dem Kind ein völlig verzerrtes Bild von seiner Macht und ein übertriebenes, unrealistisches von der Zerbrechlichkeit bzw. Verletzlichkeit der anderen Person vermittelt. Es mag wohl sein, daß Jimmy seine Mutter geärgert hat, daß Großmama sich nach liebevoller Bestätigung sehnt und daß die Schwester gekränkt ist. In den obigen Aussagen jedoch wird die andere Person jeweils als so hilflos dargestellt, daß sie von einer aggressiven Kommunikationsweise völlig vernichtet werden könnte. Mit einer gesunden Einstellung zur aggressiven Kommunikation würde man die Schwester auffordern, sich zu wehren, die Mutter könnte den Ungezogenheiten ihres Kindes begegnen, ohne Kopfschmerzen zu bekommen, und auch die Großmutter würde dazu ermutigt, sich aktiv die Selbstbestätigung zu sichern, deren sie bedarf.

Der Schuldgeber versucht, das Aggressionspotential des anderen unbemerkt zu entschärfen, um selber die Oberhand zu behalten. Häufig läßt er auf seine scharfe Anklage eine begütigende Redensart folgen, was die heimtückische Natur dieses Kommunikationsstils nur noch unterstreicht. Mit dem Zusatz »Ich weiß ja, daß du es nicht so gemeint hast« verabreicht er gleich eine doppelte Dosis seiner bitteren Medizin.

Fast alle Intimbeziehungen zwischen Erwachsenen enthalten ein hohes Maß an Schuldgeben. Dabei wird immer die Aggressionsangst des einen Partners ausgenutzt, um ihn zu manipulieren. Das kann mit Worten geschehen (»Deinetwegen...«), durch gekränkte Mienen, beleidigtes Schweigen oder indem das, was auf Geheiß eines anderen geschah, diesem vorgehalten wird (»Ich habe getan, was du wolltest, und jetzt siehst du, was wir davon haben«). Eine häufige und weniger leicht durchschaubare Methode des Schuldgebens äußert sich in Form einer Interpretation wie etwa »Du mußt doch immer den Ton angeben« oder »Daß du immer Mittelpunkt sein willst.« Auf diese Weise werden grundlegende, gesunde Impulse der Selbstbehauptung plötzlich zu einem abscheulichen Verbrechen gestempelt.

Abwehr gegen Schuldgeber

Schuldgeber suchen sich mit Vorliebe einen Sündenbock für das, was sie selbst angestellt haben, um nicht die Verantwortung dafür übernehmen zu müssen. Auch in dieser Hinsicht wird der größte Schaden in einer Eltern-Kind-Beziehung angerichtet, wenn etwa die Mutter ihr Kind für ihre zerrüttete Ehe verantwortlich macht. Das Kind nimmt Äußerungen dieser Art ernst und kann dadurch bis zum Punkt der äußersten Passivität verängstigt werden, an dem es zu keiner Form der Selbstbehauptung mehr fähig ist.

Man darf ruhig behaupten, daß es die große Ausnahme bildet, wenn ein Mensch tatsächlich für irgendwelche entscheidenden Auswirkungen im Leben eines anderen verantwortlich gemacht werden kann. Die heutigen klinisch-psychologischen Erkenntnisse beweisen immer deutlicher, in welch hohem Maße jede Richtung, die unser Leben nimmt, von uns selbst abhängt. Und doch suchen wir unsere Freunde, Liebhaber, Vorgesetzten und Situationen häu-

fig danach aus, inwieweit sie uns für unsere Unzulänglichkeiten und Mißerfolge als Vorwand dienen können.
Es sollte sich jeder, der mit einem Schuldgeber in Berührung kommt, grundsätzlich auf den Standpunkt stellen: »Ich bin nicht schuld. Du wolltest es ja so, sonst hättest du dich nicht für mich entschieden.« Auf diese Weise wird die versteckte Feindseligkeit am ehesten aufgedeckt. Das Ausmaß seiner Wut über diese Haltung kann dann als Gradmesser dienen für seine mangelnde Bereitschaft, die eigenen Handlungen und deren Folgen selbst zu verantworten. Auch wenn die Beschuldigungen nicht ganz unberechtigt sind, fallen sie doch immer auf den Schuldgeber zurück. Man sollte ihm daher in jedem Fall Widerstand entgegensetzen und seinen Hang zur Bevormundung als einen seiner Versuche ansehen, jegliche Aggressivität beim anderen zu ersticken.

Teilnahmslosigkeit: Verrücktmachen durch innere Verschlossenheit

Es gibt nur wenige »Verrücktmacher«, die in solchem Maße Unsicherheit und Selbstzweifel in einem Menschen erwecken können, wie der Teilnahmslose. In seiner Gesellschaft fühlt sich jeder ungeschickt, aufdringlich oder als Streithahn.
In unserer aggressionsscheuen Gesellschaft wertet man seit jeher die Zurückhaltung, Selbstbeherrschung und Friedfertigkeit als positive Eigenschaften, die von einer ausgereiften Persönlichkeit zeugen. Und doch können gerade solche Verhaltensweisen in einer interdependenten Beziehung die intensivsten Frustrationen hervorbringen. Der Teilnahmslose zeigt wenig Reaktionen, und man fühlt sich genötigt, seine Gedanken zu lesen, wenn man herausfinden möchte, was in diesem stets gefaßten Menschen vorgeht.
Die Kinder solcher teilnahmslosen Eltern verzehren sich in unaufhörlichem Streben nach einer Spur von Anerkennung. Bei diesem fruchtlosen Bemühen verlieren sie oft allmählich jede Motivation zu produktivem Handeln und außerordentlichen Leistungen, denn was sie auch hervorbringen, sie ernten immer die gleiche unbeteiligte Reaktion. Ähnlich verhält es sich in einer entsprechenden Ehe. Der Partner, der das Opfer eines Teilnahmslosen ist, gibt

schließlich erschöpft den Kampf auf, denn er weiß, daß es ganz ohne Bedeutung für den anderen ist, was er tut oder läßt.

Im Berufsleben kann die Teilnahmslosigkeit eine mächtige, angstauslösende Wirkung ausüben, besonders bei einem unsicheren Angestellten, der die Bestätigung seiner Leistungsfähigkeit dringend braucht. Der Mangel an positiver Verstärkung oder überhaupt jeder Reaktion gibt ihm das Gefühl, mangelhaft zu produzieren, und läßt ihn in der ständigen Furcht vor einer eventuellen Kündigung leben.

Er vermeidet, wo er kann, den direkten Kontakt mit seinem Chef und erhandelt sich auf diese Weise in seiner Einbildung eine Galgenfrist, und zwar aus dem Gefühl heraus, daß »wenn er mich nicht sieht und nicht mit mir spricht, kann er mir auch heute noch keine schlechten Nachrichten mitteilen«. Dieser Angestellte kämpft um das nackte Leben und zerstört seine eigene, kreative Persönlichkeit. Er verbraucht alle Energien zur Aufrechterhaltung seiner Existenz, anstatt sie für lohnende Aufgaben und die Verbesserung seiner Leistungen aufzuwenden.

Die Teilnahmslosigkeit ist in Wahrheit die passive Ausdrucksweise unterdrückter Aggression. Diesem Verhalten liegt nämlich die Botschaft zugrunde »Du bist die Mühe nicht wert«, »Du interessierst mich nicht genug, um meine Anteilnahme zu wecken«, »Ich bin mit meinen Gedanken woanders«, »Belästige mich nicht«. Das Opfer dieses »Verrücktmachers« verschwendet oft beträchtliche Energien, um ihm eine Reaktion zu entlocken, und nicht selten wird es dabei unbewußt zu extremen, provokativen und wütenden Verhaltensweisen gezwungen. Jeder in den herkömmlichen aggressionsscheuen Vorstellungen befangene Beobachter wird die Partei des ruhigen, beherrschten Partners ergreifen und bei dem wahren Opfer dieser Interaktion ein gestörtes oder feindseliges Verhalten registrieren. So wird er gleich von zwei Seiten verrückt gemacht, einmal von seinem teilnahmslosen Partner und zum anderen von den Außenstehenden, die sich auf dessen Seite stellen.

Maßnahmen gegen den Teilnahmslosen

Die Opfer dieses Verrücktmachertyps müssen lernen, sich von der Vorstellung freizumachen, sie seien die Streithähne. Ganz allgemein sollte man damit aufhören, die unbeteiligte Haltung eines Menschen für erstrebenswert zu halten und von ihr auf Tiefe, Reife, Selbstbeherrschung und Friedfertigkeit zu schließen. Man denke nur an die Wirkung, die sie mit ihrer Verschlossenheit in einer engen Beziehung auf ihren Partner ausüben. Diese Verhaltensweise kann sich nur dann relativ harmlos auswirken, wenn auch der Partner einen ähnlichen Kommunikationsstil hat. Wenn jedoch der Teilnahmslose sein Opfer am langen Arm verhungern läßt und dieses dann aus Frustration die Wände hochgeht, sollte man ihn nur nach seiner feindseligen, verderblichen Wirkung beurteilen.

Menschen, die in irgendeiner Beziehung an einen Teilnahmslosen gebunden sind, sollten sich die folgenden Fragen stellen:

1. Was gibt mir diese Beziehung?
2. Warum halte ich sie aufrecht?
3. Werden durch die unbeteiligte Haltung meines Partners irgendwelche Bedürfnisse in mir befriedigt?
4. Habe ich meinen Partner durch irgendein Verhalten vor den Kopf gestoßen?
5. Warum versuche ich unaufhörlich, einen Stein zu erweichen anstatt mich nach gefühlsmäßig befriedigenden Objekten umzusehen?

Es ist auffallend, bis zu welchen extremen und bizarren Formen sich die Verzweiflung des Opfers eines Teilnahmslosen versteigen kann, das um eine Gefühlsregung bei seinem Partner kämpft. Bei Außenstehenden gilt solch ein Mensch dann leicht als Neurotiker oder Psychopath.

Der Teilnahmslose ist außerordentlich schwer zu beeindrucken. Es ist ihm zumeist viel zu bequem, sich nirgendwo zu engagieren, um diese Haltung aufzugeben, weshalb man ihm auch mit der Drohung, ihn zu verlassen, kaum beikommen kann. Der Teilnahmslose hat Angst vor seiner Aggression, daher verschließt er sie tief in sich und bewahrt sich den Seelenfrieden durch seine Zurückhaltung im Bereich der Gefühle.

Die Opfer der Teilnahmslosen müssen sich also gründlich prüfen, ob sie in einer Beziehung, in der sie auf keinerlei innere Anteilnahme stoßen, unbeschadet leben können. Müssen sie darauf mit Nein antworten, ergibt sich für sie die Notwendigkeit, diese Anteilnahme zu fordern, oder aber die Möglichkeit einer Trennung ernstlich in Erwägung zu ziehen. Denn wer Hunger hat, der muß zu seiner Selbsterhaltung dahin gehen, wo er etwas zu essen findet.

Verdinglichen

»Verdinglichen« nennen wir eine Form des zwischenmenschlichen Verhaltens, bei dem der Mensch nur aus einer bestimmten, sehr beschränkten Sicht heraus betrachtet wird und das in unserer aggressionsscheuen, entfremdeten Gesellschaft sehr häufig anzutreffen ist. Die Behandlung anderer, als seien sie lediglich Objekte, die einem bestimmten Zweck dienen, kennzeichnet eine solche Interaktion. Die Gesamtpersönlichkeit wird dabei völlig ignoriert und sogar eher als lästiger Störfaktor empfunden. So betrachtet man etwa einen Mann als günstige Geschäftsverbindung, als brauchbaren Golfpartner oder nützlichen Mechaniker; in einer Frau sieht man die gute Bettgefährtin, die gewissenhafte Mutter oder tüchtige Sekretärin. Hier wird jeweils nur eine spezifische Funktion des Menschen aus seiner Totalität herausgelöst und alles, was sich nicht auf gerade diese Funktion bezieht, als nichtexistent ignoriert oder als störend beiseitegeschoben.

Als Beispiel für eine Situation mit einem Verdinglicher brauchen wir uns nur in eine Autowerkstatt zu begeben, wohin gerade ein Mann sein Auto zur Reparatur gebracht hat. In den Augen des »Verdinglichers« wird der Mechaniker automatisch zum Reparaturwerkzeug. Sobald er irgendeine persönliche Gefühlsregung zeigen würde, stieße er sofort auf die Ungeduld des »Verdinglichers«, der hierbei nur die eine Empfindung hätte: Du interessierst mich nicht. Ich will mein Auto repariert haben. Wenn diese Einstellung auch auf enge, dauernde Beziehungen – sei es zu Hause, im Beruf oder im Schulbereich – übertragen wird, so entsteht dort eine kalte, mechanistische, entmenschlichte Atmosphäre.

In den meisten Berufssituationen herrschen bestimmte Formen der »Verdinglichung« vor. Frauen, die sich offen und entschlossen zu behaupten wissen, werden leicht als »Karrierehyänen« abgestempelt, während das gleiche Verhalten bei einem Mann als ganz gesunde Selbstbehauptung empfunden wird. Wenn ein farbiger Angestellter zu spät zur Arbeit kommt, heißt es sogleich, Schwarze seien unzuverlässig. Ein junger Mann mit langen Haaren oder einem Bart wird mit Sicherheit in einen Hut mit allen politisch Linksradikalen geworfen und erregt den Verdacht, an Rauschgiftpartys oder anderen anarchistischen Unternehmungen teilzunehmen.

Eine andere, in unserer Gesellschaft sehr verbreitete Form der Verdinglichung ist der zweckgebundene Kommunikationsstil. Dabei wird die Illusion von Liebe und Anteilnahme vermittelt, nur um den Menschen für die eigenen Zwecke manipulieren zu können. Dieser Typ des Verrücktmachers kann dabei nach außen hin so viel Charme und Einfühlungsvermögen entwickeln, daß es ihm meistens gelingt, die darin enthaltene Verachtung und seine berechnenden Motive vollkommen zu verbergen. Ein vollendeter »Verdinglicher« dieser Art, der darauf aus ist, ein Produkt zu verkaufen, eine Frau zu verführen oder etwas anderes zu erreichen, stößt fast immer auf ungewöhnlich großes Entgegenkommen:

»Ich habe das Gefühl, ihn schon eine Ewigkeit zu kennen.«

»Wir haben uns auf Anhieb verstanden. Er ist so natürlich.«

»Er gibt mir das Gefühl, etwas Besonderes zu sein.«

Sobald das Ziel erreicht ist und er sein jeweiliges Bedürfnis befriedigt hat, verliert der »Verdinglicher« alles Interesse und verläßt sein Opfer oder schiebt es beiseite. Dieser zweckgebundene Kommunikationsstil dürfte in unserer Gesellschaft der vorherrschende sein, sowohl zwischen Eltern und Kindern, im Berufsleben wie auch im Schulbereich.

So mancher Jugendliche, der in einem »anständigen« Elternhaus, besonders der Mittel- oder Oberschicht, aufgewachsen und heute rauschgiftsüchtig, unlenkbar und von kaltem Zynismus ist, darf unseres Erachtens als Produkt einer »verdinglichenden« Beziehung zu seinen Eltern angesehen werden. Diese Teenager oder jungen Erwachsenen hatten ihren Eltern als Status-Symbole gedient, durch die sie sich das Image geben konnten, einer intakten Familie vorzustehen. Aus ihrem völligen Mangel an Einfühlungsvermögen nahmen sie die tatsächlichen, individuellen Bedürfnisse ihrer Kinder überhaupt nicht wahr.

Die Kommunikation von »verdinglichenden« Eltern bewegt sich ganz auf materialistischer Ebene. In dem eifrigen Bemühen, die Kinder ihren eigenen, egoistischen Bedürfnissen entsprechend zu formen und sie ihrem Willen gefügig zu machen, geben sie ihnen alles, was man für Geld kaufen kann. Dies wollen sie als Gesten der Liebe und Anteilnahme verstanden wissen, obwohl es nur kalte, mechanische Handlungsweisen sind, die ein Ziel verfolgen. Diese Eltern sind viel zu erfüllt von ihren eigenen ehrgeizigen Aktivitäten, um sich gefühlsmäßig mit ihren Kindern auseinandersetzen zu können; daher kaufen sie sich von derartigen Verpflichtungen frei. Die Elternschaft ist nur eine Attrappe ohne jede Substanz und die »Liebe«, die sie zur Schau tragen, enthält einen Kern der Zurückweisung.

Vorbeugung bei Verdinglichung

Ein Hauptkennzeichen der »Verdinglichung« ist die glatte und unkomplizierte Art der Beziehung, in der dieses Verhaltensmuster anzutreffen ist; jedenfalls solange die »verdinglichten Objekte« ihre Funktionen zufriedenstellend erfüllen. Sobald sie nämlich versuchen, als Menschen in Erscheinung zu treten, ist der Konflikt unvermeidlich.

Oft fordern die menschlichen »Objekte« ein verdinglichendes Verhalten geradezu heraus. Offenbar bevorzugen einige Menschen die Bequemlichkeit, die damit verbunden ist, wie eine Maschine zu funktionieren, und scheuen ein tiefes, emotionales Engagement. Sie sind die erkorenen Opfer eines »Verdinglichers«, denn die Totalität einer Beziehung, ihr aggressives Geben und Nehmen, die damit verbundenen Konfrontationen und Auseinandersetzungen, erfordern ein Maß an gefühlsmäßiger Anteilnahme, das sie nicht bereit sind aufzubringen. Dem aggressionsscheuen Opfer gewährt der »Verdinglicher« die Illusion, in einer tiefen Beziehung zu einem Menschen zu leben, ohne dabei die Ängste und Konflikte einer echten Bindung in Kauf nehmen zu müssen.

Die »Verdinglichung«, die aufgrund von Vorurteilen im Berufsleben angetroffen wird, gehört zu den Variationen ihrer selbst, die man am leichtesten verhindern könnte. Es müßten nur die Personen, die normalerweise Vorurteilen ausgesetzt sind wie etwa Frauen in Führungspositionen, alle Arten von Minderheiten, langhaarige Männer und andere mehr, sich diese Tatsache so weit bewußt machen, daß sie voraussehen können, wann und wo sie auf ein Vorurteil stoßen werden. Beim ersten Anzeichen einer aufkommenden »Verdinglichung« können sie ihr sofort entgegentreten, indem sie etwa sagen: »Ich weiß, daß Sie, nur weil ich eine Frau bin, glauben, ich hätte den Ehrgeiz, alle an die Wand zu drücken, und wäre nur darauf bedacht, mit allen Mitteln Karriere zu machen. Dabei habe ich in Wirklichkeit lediglich den Wunsch, meine Aufgaben gut zu erfüllen. Ich erhebe auch durchaus nicht den Anspruch, weil ich eine Frau bin, mit besonderer Rücksicht oder in irgendeiner Weise anders als jeder andere behandelt zu werden. Ich werde mich sogar dagegen wehren, wenn ich den Eindruck gewinne, daß es doch geschieht.«

Eine Beziehung, die sich leicht, ganz ohne Konflikte und Auseinandersetzungen ergibt, sollte man mit Mißtrauen betrachten. Da »Verdinglicher« normalerweise erfolgreiche Manipulatoren sind, die jede aggressive Auseinandersetzung fürchten, sind sie sehr schwer zu beeindrucken oder gar zu ändern. Sie vermeiden eine Konfliktsituation, wo sie nur können, und laufen bei ihren ersten Anzeichen davon.

Man kann einen »Verdinglicher« an seinen Manipulationen hindern, wenn man gelernt hat, seine unechte Liebenswürdigkeit und seine glatten Manieren zu durchschauen, und sich entweder nicht von ihnen einfangen läßt oder sie sogar in direkter Konfrontation entlarvt. Am wirkungsvollsten widersetzt man sich einem »Verdinglicher«, wenn man die Bereitschaft aufbringt, die Konflikte und Aggressionen in einem selbst zu akzeptieren und zu verarbeiten. Wer sich also nicht fürchtet, sich selbst in seiner ganzen komplexen Wirklichkeit zu sehen und auch die anderen auf diese Weise zu akzeptieren, wird auch die glatte Oberfläche des »Verdinglichers« durchschauen und seinen kalten, abweisenden und entmenschlichenden Kommunikationsstil dahinter erkennen.

Verunsicherung

Die Verunsicherung ist eine Form des »Verrücktmachens«, die sich auf die Abhängigkeit und Unwissenheit des Opfers stützt. Der »Verrücktmacher« sagt durch sein Verhalten: »Wenn ich nicht wäre, hättest du überhaupt keine Chance, im Leben zurechtzukommen.«

Besonders grausam ist diese Kommunikationsweise, wenn sie von

Eltern ihren Kindern gegenüber angewandt wird. Diese Eltern benutzen die Hilflosigkeit und Wehrlosigkeit des Kindes, um ihm ein Bild von der Welt als einem unheimlichen und unbegreiflichen Ort auszumalen, wo an allen Ecken und Enden Hinterhalte und Gefahren auf den Menschen lauern. Die Motivation hinter diesem Verhalten ist der Wunsch, sich Einfluß und Macht über das Kind so lange wie möglich zu erhalten. Sie erreichen ihr Ziel, indem sie zunächst das Gefühl der Verwirrung und Hilflosigkeit im Kind erwecken und dann die beruhigende Versicherung darauf folgen lassen, »Solange du bei mir bist, kann dir nichts passieren«.

Variationen zu diesem Thema findet man in allen möglichen Verhältnissen: bei Ehepaaren, die glauben, sie könnten ohne einander nicht leben; bei Angestellten, die davon überzeugt sind, keine bessere Stellung finden zu können als ihre jetzige, weil sie eine andere gar nicht ausfüllen könnten; bei allen Menschen, die der Meinung sind, jede Änderung ihres Lebensstils müsse katastrophale Konsequenzen haben. Sie alle wurden verunsichert – entweder durch ihre Eltern, ihre Ehepartner oder andere Bezugspersonen.

Die Verunsicherung am Arbeitsplatz kann die unbewußte Abwehrreaktion eines Angestellten sein, der seine Mitarbeiter, und besonders neu eingestellte Kollegen, als Konkurrenz fürchtet. Sie stellen daher in den Fachdiskussionen ein Projekt oder eine bestimmte Aufgabe so kompliziert und undurchsichtig dar, daß der Diskussionspartner von der Komplexität des Ganzen völlig überwältigt ist, aber aus Angst, als unintelligent zu erscheinen, keine Fragen zu stellen wagt. Der »Verrücktmacher« hat damit sein Opfer genügend verwirrt, um seine Konkurrenzfähigkeit – jedenfalls vorläufig – weniger fürchten zu müssen.

Eine ähnliche, sehr häufig vorkommende Form der Verunsicherung wurde uns kürzlich am Beispiel einer Gruppe von Assistenten bekannt, die im Büro eines bekannten Politikers tätig waren. Der erste Assistent, der sich eine besonders begünstigte Position in der Beziehung zu dem Politiker errungen hatte, machte es sich zur Gewohnheit, die anderen vor ihrem unberechenbaren, launischen, ungeduldigen und kritischen »Chef« zu warnen. Er riet ihnen also, sich mit allen Angelegenheiten immer zuerst an ihn zu wenden. Er wollte mit diesem Schreckensbild, das er von dem Politiker malte, alle Gefahr für seine eigene Vorrangstellung ausschalten.

Entlarvung des Verunsicherers

Bei der Verunsicherung von Kindern können nur gesunde Außeneinwirkungen wie Schule oder Nachbarschaft einen gewissen Ausgleich schaffen. Ohne solche positiven Einflüsse, die den Kindern helfen, ihre eigene Stärke und ihr angeborenes gesundes Urteilsvermögen zu erkennen und zu erproben, können sie Jahre oder ihr ganzes Leben in dem Bemühen zubringen, die ängstliche, unsichere Haltung dem Leben gegenüber, die ihnen eine ständige Verunsicherung aufgenötigt hat, wieder abzuwerfen.

Ein Anzeichen dafür, einer Verunsicherung zum Opfer gefallen zu sein, ist das Gefühl, das einem sagt: »Ohne ihn oder sie könnte ich im Leben nie zurechtkommen und würde ich auch gar nicht leben wollen.« Solchen Vorstellungen liegen in der Regel Gefühle feindseliger Abhängigkeit und Hilflosigkeit zugrunde. Tatsächlich gibt es wohl kaum einen Menschen, der für einen anderen so lebenswichtig wäre, daß dieser ohne jenen zugrunde gehen müßte. Wer derartige Gefühle bei sich entdeckt, kann ziemlich sicher sein, daß er in einer Beziehung der Verunsicherung lebt. In jeder gesund aggressiven zwischenmenschlichen Beziehung hat jeder Partner das Gefühl der eigenen Kraft, die Fähigkeit, seine autonome Persönlichkeit zu behaupten, und die Freiheit, selbständig zu handeln.

Um zu prüfen, ob man sich in einer solchen Beziehung der Verunsicherung befindet, wären die folgenden Fragen angebracht:

1. Ist es wirklich Liebe, was mich an meinen Partner bindet, oder benutze ich ihn als Schutzwehr gegen die Welt?
2. Habe ich wirklich das Gefühl, von meinem Partner geliebt zu werden, oder fühle ich mich in irgendeiner Weise von ihm bevormundet?
3. Welcher Zug an meinem Partner gefällt mir nicht? Wenn mir dazu gar nichts einfällt, kann ich sicher sein, daß ich einen wichtigen Gefühlsbereich aus dieser Beziehung heraushalte, nämlich den Bereich der Aggression. Warum fürchte ich mich davor, Ärger und Widerwillen gegen ihn (sie) zum Ausdruck zu bringen?

Die schädliche Wirkung einer Beziehung der Verunsicherung zeigt sich mit aller Wucht meistens dann, wenn das Opfer von seinem Verunsicherer verlassen wird oder dieser stirbt. Es versinkt dann oft in Depressionen, entwickelt ein Gefühl äußerster Hilflosigkeit oder Nutzlosigkeit und wird in manchen Fällen von ernstlicher Krankheit befallen oder entwickelt Selbstmordtendenzen als Folge seiner Hoffnungslosigkeit. Daher kann man jede Beziehung, die auf dem Gefühl eines Partners aufgebaut ist, das besagt »Ohne ihn (sie) kann ich nicht...«, als destruktiv und feindselig bezeichnen, und erst wenn man die wahren Ursachen für diese unselbständige Haltung erkannt hat, ist die Möglichkeit gegeben, dem Verunsicherer das Handwerk zu legen.

Panikmache

Die Panikmacher gehören zu der Sorte von »Verrücktmachern«, die jede normale Kommunikation dadurch unterbinden, daß sie ihr Opfer in ständiger Frustration halten. Sobald dieses nämlich irgendwelche Zeichen von Selbständigkeit erkennen läßt, durch die sich der Panikmacher in seiner dominierenden Position gefährdet sieht, beginnt er sogleich mit seiner Taktik, die darin besteht, daß er geflissentlich bei jeder Gelegenheit droht; entweder damit, daß er den Partner verlassen werde, mit Selbstmord, mit der Scheidung, mit Krankheit, einem Nervenzusammenbruch oder der Kündigung (wenn es sich um eine Arbeitgeber-Arbeitnehmer-Beziehung handelt).
Ein typisches Verhalten dieser Art konnte kürzlich von Dr. Goldberg beobachtet werden. Sie betraf die achtundsechzigjährige Esther Gabriels und ihren fünfunddreißigjährigen, unverheirateten Sohn Sam, der immer noch bei ihr wohnte. Eines Tages verkündete Sam, daß er ein Mädchen kennengelernt hätte und sich bald zu verloben gedächte. Daraus ergab sich eine leidenschaftliche Auseinandersetzung, in deren Verlauf Mrs. Gabriels plötzlich akute Herzbeschwerden bekam und ihrem Sohn vorhielt, er wolle sie verlassen und ihr damit den sicheren Tod bereiten. (Tatsächlich überleben solche Mütter oft ihre Kinder, denen sie mit ihrer ständigen Panikmache alle Lebenskraft genommen haben.)
Die Opfer eines Panikmachers werden unaufhörlich von ihrem schlechten Gewissen verfolgt. Sie unterdrücken daher immer wieder ihre eigenen Bedürfnisse, nur um Frieden zu halten. Zu den typischen Drohungen eines Panikmachers gehören:

»Ich werde dich verlassen.«
»Ich werde mich scheiden lassen.«
»Ich bringe mich um.«
»Ich werde einen Nervenzusammenbruch bekommen.«
»Ich gehe zu meiner Mutter zurück.«

Dem Opfer scheint nur die Wahl zu bleiben zwischen dem Verzicht auf seine eigenen Wünsche oder der Katastrophe. In jedem Fall hat es die Konsequenzen zu fürchten.

Der Panikmacher in der Person des Arbeitgebers schafft eine Arbeitsatmosphäre, in der der Angestellte die Furcht nie los wird, daß er mit jedem Anliegen, jeder Forderung oder sonstigen Manifestation der Selbstbehauptung schwerwiegende Konsequenzen auslösen oder sogar seinen Arbeitsplatz verlieren könnte. Aus diesem Gefühl heraus neigen diese Angestellten dazu, jeder Konfrontation mit ihrem Vorgesetzten aus dem Wege zu gehen. Daraufhin wächst in ihnen ein Block aus Frustration und Aversion, der sich häufig in heimlichen Intrigen, die gegen den Vorgesetzten gerichtet sind, bemerkbar macht.

Die Angestellten einer kleinen Schuhfabrik in Virginia hatten irgendwann einmal eine Lohnerhöhung oder verbesserte Arbeitsbedingungen gefordert. Ihre Forderungen wurden sogleich, ohne erst zur Verhandlung zu kommen, zurückgewiesen, wobei man ihnen nahelegte, sich eine andere Arbeit zu suchen, wenn sie hier nicht zufrieden wären. Der Zorn der Angestellten über diese Reaktion äußerte sich darin, daß sie anfingen, Waren zu stehlen, die Pflege der Maschinen zu vernachlässigen, ihre Pausen über Gebühr auszudehnen, wenn der Chef gerade nicht im Hause war, und die Leute aufzuhetzen, die Produkte dieser Fabrik nicht mehr zu kaufen.

Abwehr gegen den Panikmacher

Für die Opfer eines Panikmachers wäre es notwendig, daß sie sein Verhalten als eine Form der emotionalen Tyrannei erkennen, die es darauf anlegt, jeden Versuch der Selbstbehauptung von ihrer Seite im Keime zu ersticken. Wer sich nur einmal diesem Tyrannen in die Hände gibt, wird sofort fest in den Griff genommen, und da sich die Zwangsmaßnahme beim ersten Mal als ein wirksames

Instrument erwiesen hat, wird sie auch weiterhin und immer häufiger angewendet.
Es gibt zwei Möglichkeiten, einem Panikmacher zu begegnen. Bei der ersten riskiert man die angedrohte Katastrophe.
»Also gut, bring dich halt um.«
»Dann verläßt du mich eben« oder
»Ich fühle mich nicht verantwortlich, wenn du krank wirst.«
Dieses wären einige angemessene Reaktionen auf einen Panikmacher. Dabei wird man häufig die Feststellung machen, daß die Drohung nichts als ein Bluff war. Als sich Sam Gabriels schließlich entschloß, doch zu heiraten und seine Mutter zu verlassen, wurde diese ganz friedlich und erkundigte sich, ob sie sich irgendwie nützlich machen könnte, etwa der jungen Frau einige Kochkünste beibringen oder sich um das Baby kümmern, das bald erwartet wurde. Einen Herzanfall bekam sie jedenfalls nie. Man kann es tatsächlich in den meisten Fällen auf die angedrohte Katastrophe ruhig ankommen lassen.
Der Panikmacher als Vorgesetzter verläßt sich auf das Gefühl der Unsicherheit und das mangelnde Selbstbewußtsein seines Angestellten. Tatsächlich ist es meistens für den Vorgesetzten eine ebenso traumatische Vorstellung, neue Arbeitskräfte auszusuchen und anzulernen, wie für den Angestellten, entlassen zu werden. Daher wird auch ein Angestellter in den meisten Fällen erleben, daß seine legitimen Forderungen durchaus keine entsetzlichen Folgen haben. Wenn aber tatsächlich jeder berechtigt erhobene Anspruch eine Krise heraufbeschwört, sollte sich der Angestellte ernsthaft überlegen, ob die Sicherheit seiner Stellung wirklich den Preis seiner Selbstachtung und seines Seelenfriedens wert ist.
Die zweite Möglichkeit, sich gegen einen Panikmacher zu wehren, wäre die Überlegung, ob man nicht besser daran täte, diese Beziehung ganz einfach aufzulösen. Die Panikmache ist eine außerordentlich niederdrückende und feindselige Form des »Verrücktmachens«, und sobald ein Opfer eines solchen Verhaltens die nötige Kraft und Aggressivität aufbringen kann, sollte es lieber einer persönlichen Krise ins Auge sehen und den Panikmacher für immer verlassen.

Ablenkungsmanöver

Mit dieser Form des »Verrücktmachens« soll das offenbar allgemein menschliche Bedürfnis, eine schwebende Angelegenheit zu einem Abschluß zu bringen, erstickt werden. Dabei wird etwa ein Konfliktgegenstand mitten in der aggressiven Auseinandersetzung so verlagert, daß man ihn aus dem Griff verliert und dadurch zu keiner Lösung gelangen kann. Diese Verhaltensweise ist dazu angetan, ihr Opfer aus dem Gleichgewicht zu bringen und es aus der Offensive in die Defensive zu manövrieren, indem man es mit Gegenanklagen oder unangebrachter Schmeichelei von seinem Anliegen ablenkt.

Mr. Simpsom geht zu seinem Vorgesetzten, um die ihm vor einigen Monaten versprochene Gehaltserhöhung zu besprechen. Schon nach zehn Minuten hat Mr. Evens, der Abteilungsleiter, das Gespräch abgelenkt und redet über seine Personalsorgen, über häusliche Schwierigkeiten, läßt wohl auch eine Bemerkung über Mr. Simpsons mangelhaften Geschmack in Kleiderfragen einfließen und meint dann endlich abschließend: »Es tut mir leid, Simpson, ich kann mich nicht den ganzen Vormittag mit Ihnen über Gott und die Welt unterhalten. Wir sprechen noch einmal miteinander, wenn ich von meiner New-York-Reise zurück bin – im nächsten Monat.«

Das Ablenkungsmanöver ist auch in Intimbeziehungen eine geläufige Form des »Verrücktmachens«. Es hat zur Folge, daß das Opfer mit seinem Anliegen nie zum Ziel kommt, wobei der »Verrückmacher« sich den Anschein gibt, als wäre er sich dessen gar nicht bewußt. Auf diese Weise werden Konflikte nie gelöst und die gleichen Störfaktoren wirken sich immer wieder von neuem aus. Vielfach beginnt das Opfer einer solchen Beziehung, sich mit der Zeit gefühlsmäßig zu isolieren, da es durch das Gefühl »Wozu die Anstrengung? Ich dringe ja doch nicht durch« jeglichen Antrieb verliert. Gelegentlich nimmt das Ablenkungsmanöver auch die Form einer unangebrachten Schmeichelei an. Dann heißt es zum Beispiel: »Du siehst einfach süß aus, wenn du wütend bist.«

Abwehr gegen das Ablenkungsmanöver

Dieser Form des »Verrücktmachens« kann noch am ehesten begegnet werden. Man muß lediglich den Gegenstand, den man zu klären wünscht, eindeutig darlegen und sich in der Folge standhaft weigern, durch irgendwelche Manöver abgelenkt zu werden. Wenn man nämlich auf diese in keiner Weise eingeht, muß der ablenkende Partner schließlich zum Ausgangsthema zurückkehren oder die Kommunikation überhaupt abbrechen. Wer also in einer solchen Situation die Haltung einnimmt, »Wir werden jetzt dieses Problem lösen oder so lange von nichts anderem sprechen, bis...«, entmachtet diesen »Verrücktmacher«.

Zuckerbrot und Peitsche

B.F. Skinner hat an seinen Versuchen mit Tauben aufgezeigt, daß Tiere eine angelernte Gewohnheit länger beibehalten, wenn sie bei ihrer Erlernung nur gelegentlich und unregelmäßig belohnt wurden als wenn sie auf ständige Belohnung rechnen konnten. Wollen wir diese Erfahrung einmal auf den zwischenmenschlichen Bereich übertragen, so werden hier Menschen durch gelegentliche Zeichen von Liebe, Anteilnahme, Schmeichelei oder Belohnung materialler Art in einem destruktiven Abhängigkeitsverhältnis gehalten. Das Opfer erhält zwar genügend positive Verstärkung, um seine Hoffnung am Leben zu erhalten, jedoch erfolgt diese so unbeständig und unberechenbar, daß sich daraus kein Gefühl der Sicherkeit entwickeln kann.

In diesem Verhaltensmuster eines »Verrücktmachers« kommt indirekt ein Sadismus zum Ausdruck, der seine Intensität in dem Maße steigert wie die Abhängigkeit des Opfers zunimmt. Das Opfer redet sich ein, der »Verrücktmacher« sei »in Wirklichkeit« ein »netter« Mensch, »teilnehmend«, »liebevoll« usw., trotz seiner »Schwächen«. Diese sogenannten Schwächen bestehen in den vielen grausamen, beleidigenden und destruktiven Verhaltensweisen, die in die gelegentlichen positiven Verstärkungen eingestreut werden. Dieser »Verrücktmacher« braucht sein Opfer offenbar, um an ihm seine sadistischen Neigungen auszulassen.

Abwehr gegen »Zuckerbrot und Peitsche«

Es ist wahrhaftig eine demütigende Erfahrung, von einem »Verrücktmacher« dieser Art in Pingpong-Manier hin und her geworfen zu werden. Er verläßt sich dabei auf die Unsicherheit, die Minderwertigkeitskomplexe und den Schimmer der Hoffnung bei seinem Opfer (»Sie liebt mich bestimmt, nur kann sie es nicht so zeigen.«).

Die Grundvoraussetzung zur Bekämpfung des »gelegentlichen Verstärkers« ist die Aufgabe jeglicher Hoffnung und des Glaubens, hinter all seinen demütigenden Handlungen und Äußerungen verberge sich ein Herz von Gold. Außerdem ist es notwendig zu erkennen, daß eine solche Pingpong-Behandlung nur von einem Menschen mit den größten Minderwertigkeitskomplexen hingenommen werden kann.

In einigen Fällen könnte man versuchen, einen »gelegentlichen Verstärker« in einer direkten Konfrontation zu stellen, und ihn eindeutig zu einer beständigeren Haltung in den Beweisen seiner Anteilnahme auffordern. Allerdings wird dieser Versuch bei der äußerst manipulativen Veranlagung dieses »Verrücktmachertyps« nur sehr selten Erfolg haben. Man tut unbedingt besser daran, seine Energien in einem solchen Fall darauf zu verwenden, an seiner eigenen Selbsteinschätzung zu arbeiten und sich zu verbieten, für solch einen Menschen eine leichte Beute darzustellen.

Einige allgemeine Richtlinien

1. In jeder zwischenmenschlichen Beziehung, die durch eine extreme Unausgeglichenheit der Macht- und Abhängigkeitsverhältnisse gekennzeichnet ist, sind die Voraussetzungen für »Verrücktmacher«-Verhaltensweisen gegeben. Um dem zu begegnen, bedarf es des ernsthaften Bestrebens, diese Unterschiede auszugleichen, indem man die Abhängigkeit mehr auf Gegenseitigkeit verlagert und die Ängste aufdeckt, die eine übermäßige Empfindlichkeit bewirken.
2. »Verrücktmacher«-Verhaltensweisen sind auch in solchen Beziehungen anzutreffen, in denen Machtunterschiede hinter einer Fassade der Gleichberechtigung versteckt werden. Hier

sollte man versuchen, die wahre Natur der Machtverhältverhältnisse zu erkennen, und sie offen zur Sprache bringen. Dabei sollte sich niemand schämen, wenn er feststellt, daß er seine dominierende Stellung – oder auch die der Unterordnung – tatsächlich genießt.

3. Jede Beziehung, in der offene Konfrontationen ständig vermieden werden, ist einem »Verrücktmacher-Verhalten« zugänglich. Hier ist die entschlossene Forderung nach Anerkennung notwendig und eine klare Behauptung der eigenen Bedürfnisse.
4. Sobald ein Partner in einer Beziehung meint, er wüßte, was im anderen vorgeht, und dessen Gedanken lesen zu können glaubt, ist hiermit die Grundlage für ein »Verrücktmacher«-Verhalten gelegt. Man kann es nur dadurch abwenden, daß man sich unbedingt vergewissert, wenn man glaubt, die Beweggründe des anderen zu erraten, und auch selbst fremde Interpretationen der eigenen Motivationen und Bedürfnisse zurückweist.
5. Eine Beziehung, die in Konventionen eingezwängt ist, d. h. von dem Gefühl »Ich sollte...« geleitet wird (»Ich bin seine Mutter, also sollte ich alles an ihm lieben«), bietet »Verrücktmacher«-Verhaltensweisen reichlich Nahrung. Hier wäre es angeraten, noch einmal zu überprüfen, was alles man »sollte«, und dabei festzustellen, was davon wirklich auf die eigene Person zutrifft und was nicht, und sich dementsprechend zu verhalten. »Im allgemeinen können die folgenden Merkmale einer Beziehung Aufschluß darüber geben, ob man das Opfer eines »Verrücktmachers« ist:
   1. Wenn man in seiner Stimmung ständig zwischen »Himmelhochjauchzend« (»Er liebt mich ja doch«) und »Zu Tode betrübt« (»Er liebt mich doch nicht«) hin- und hergerissen wird.
   2. Wenn man entweder große Dankbarkeit für die Güte des »Verrücktmachers« empfindet oder von dem Gefühl verfolgt wird, seiner nicht wert zu sein, weil man ihn nicht zufriedenstellen kann.
   3. Wenn man davon überzeugt ist, es bei dem »Verrücktmacher« mit einem ganz besonderen Menschen zu tun zu haben, ohne den man gar nicht leben könnte.
   4. Wenn man meint, mit allem, was man sagt oder tut, auf der Hut sein zu müssen, und nie eine spontane Äußerung zu tun wagt, weil man fürchtet, sie könnte mißverstanden werden.

5. »Verrücktmacher«-Beziehungen haben keine Entwicklungsmöglichkeit. Das Opfer einer solchen Verbindung hungert noch nach Jahren genauso nach Anerkennung und dem Gefühl der Sicherheit wie am ersten Tag. Das Gefühl der Sicherheit vermittelt der »Verrücktmacher« ihm nie.
6. Oft klammert sich ein Opfer geradezu verzweifelt an seinen »Verrückmacher« und läßt nie nach, ihm Beweise der eigenen Anhänglichkeit, Dienstbereitschaft und Vertrauenswürdigkeit zu erbringen.
7. Das Opfer eines »Verrücktmachers« spürt die unheilvollen Auswirkungen dieser Verbindung schon nach relativ kurzer Zeit in Form von Erschöpfungserscheinungen und einer gewissen Nervosität.
8. Oft fühlt sich das Opfer eines »Verrücktmachers« in einer Zwickmühle, in der es heißt: »Tust du's, ist es falsch, tust du's nicht, ist es auch falsch.« Es möchte ausbrechen, wagt es aber nicht. Jede Entscheidung erscheint gleichermaßen verhängnisvoll.
9. Das Opfer eines »Verrücktmachers« wagt keine Forderungen zu stellen und vermeidet Auseinandersetzungen.
10. Opfer von »Verrücktmachern« neigen dazu, auch das als Geschenk zu betrachten, was ihnen zusteht. Sie akzeptieren dankbar, was sie aufgrund ihrer Leistung fordern dürften.

11. Die neue Familie: Ein Aggressionsfestival

In der traditionellen Vorstellung von einer normalen Familie nimmt jedes Mitglied seine vorbestimmte Rolle ein mit dem Idealziel, zu einer harmonischen Atmosphäre der Liebe, des Friedens und der Ruhe beizutragen. Jeder soll sich warm und sicher im Schoße der Familie geborgen fühlen können.

Obgleich es längst klar ist, daß es sich hierbei um ein antiquiertes Modell handelt, das für die heutige Zeit keinerlei Gültigkeit mehr hat – wenn es die zu irgendeiner Zeit gehabt hat –, so besteht doch in fast allen Familien immer noch eine Neigung, einer solchen Familienkonzeption anzuhängen. Besonders bei Eltern findet sie sich häufig, die sich beständig frustriert fühlen, weil sie das ihnen vorschwebende Ideal nicht erreichen können. Sie fühlen sich betrogen, wenn ihnen allmählich alle Illusionen, die sie sich einmal von der Ehe und einem Familienleben gemacht hatten, genommen werden. So manche der heutigen Familien haben den Anschein von Tragikomödien, in denen Enttäuschungen und Mißverständnisse einander ablösen, bis es in vielen Fällen auch wohl zum Bruch kommt. Als Folge spricht man heute oft vom Niedergang des Familienlebens. Alle diejenigen, die die Mühsal eines Familienlebens scheuen, benutzen gern das Problem der Überbevölkerung, um ihre Einstellung ihrer Meinung nach hinreichend zu begründen.

Wir meinen allerdings, daß auf diese Weise das Kind buchstäblich mit dem Bade ausgeschüttet wird. Die Familie stellt immer noch eine kraftspendende, aufbauende und entwicklungsfördernde Macht dar. Nur das Idealmodell, das uns vorgaukelt, »wie es sein sollte«, und das uns unermüdlich von der Fernsehreklame, in der Sonntagspredigt und in einigen Büchern über Kindererziehung nahegebracht wird, müßte gründlich zerstört werden. An die Stelle dieser Phantasievorstellung muß ein realistisches Familienbild treten, beruhend auf den psychologischen Erkenntnissen, daß Partnerfindung, Heimgründung und Kindererziehung keine harmonischen, friedlichen, vertraglich abgesicherten oder unbedingt hierarchisch geordneten Unternehmungen sind.

Das Familienmodell, das wir anstelle des herkömmlichen vorschlagen möchten, beruht auf einer psychologisch klaren Grundlage, die in einer Atmosphäre der Offenheit und des aufrichtigen Austausches wahrer Gefühle die Persönlichkeit in ihrer Totalität gelten läßt, wobei das Alter keine Rolle spielt.

Wir wissen sehr wohl, daß bei einer solchen Einstellung Konflikte eher heraufbeschworen als vermieden werden, doch Ruhe und Frieden sind hier auch nicht unser Ziel. Wir glauben sogar, daß sie dort, wo sie zu regieren scheinen, lediglich der Teilnahmslosigkeit als Alibi dienen oder der Furcht vor Auseinandersetzungen oder auch eine repressive, autoritäre Atmosphäre verschleiern sollen.

In einer Familie, deren Mitglieder aufrichtig gegeneinander sind, kommt es immer wieder und unvermeidlich zu Konflikten. Das versteht sich aus der Tatsache, daß jedes Individuum seine eigenen Bedürfnisse und seinen persönlichen Lebensstil hat. So sind Zusammenstöße sozusagen automatisch eingebaut. Vater ist müde, wenn der siebenjährige Jean spielen möchte. Die vierzehnjährige Julie möchte ihr Tonbandgerät gerade dann auf volle Touren stellen, wenn die Mutter eine Ruhepause einlegen wollte. Der dreizehnjährige Tim freut sich auf einen Dokumentarfilm über den Weltraum, der gerade dann gesendet wird, wenn auf dem anderen Programm die Lieblingsserie seiner sechzehnjährigen Schwester läuft und Vater gleichzeitig einen politischen Kommentar sehen will. Hinzu kommen noch die unterschiedlichen Bedürfnisse im Hinblick auf das Privatleben jedes einzelnen, sein bevorzugter Umgang, sein körperlicher Rhythmus der Energie- und Müdigkeitsperioden und die Widerstände gegen bestimmte Pflichten. Nur in einer aggressionsphobischen Familie kann es so scheinen, als gäbe es keine Konflikte. Dort werden sie hinter einer Fassade der Einsicht und gegenseitigen Rücksichtnahme versteckt.

Um nur einige Hauptbereiche unvermeidlicher Konflikte herauszugreifen, möchten wir zunächst die Machtkämpfe nennen, d.h. die Übereinkunft darüber, wer das letzte Wort spricht und damit die Entscheidungen trifft. Alsdann wäre der Kampf um die Verteilung der Pflichten anzuführen, wobei die in der letzten Zeit verstärkte Emanzipation der Frauen nicht unwesentlich ins Gewicht fällt. Mehr denn je haben sich die Grenzen zwischen den individuellen Verantwortlichkeits- und Kompetenzbereichen verwischt. Dann gibt es noch den Territorialkampf, bei dem es um die Privatsphären der einzelnen Familienmitglieder geht und um Raum und Gegenstände wie das Badezimmer, den Fernsehapparat, das Telefon und anderes mehr, das allen gemeinsam zur Verfügung steht.

Auch der Kampf um die Abgrenzungen des Privatlebens eines jeden bietet eine unaufhörliche Konfliktquelle, wenn dies oft auch nicht so leicht zu erkennen ist. Vater weicht deshalb den ganzen Abend nicht vom Fernsehapparat, anstatt mit Freunden auszugehen oder sie zu sich einzuladen, weil er hierzu möglicherweise Widerstände überwinden müßte. Wahrscheinlich findet er es auch bequemer, den »Playboy« zu lesen, anstatt einen Seitensprung zu wagen oder einen pornographischen Film anzusehen, was er im Grunde viel lieber täte. Ähnlich geht es der Mutter, die ihren ganzen Tag mit Pflichten ausfüllt, so daß sie gar nicht die Muße hat sich klarzumachen, daß sie eigentlich gar keine wirklichen Freunde hat, sondern nur immer mit den Müttern aus der Nachbarschaft die ewig wiederkehrenden Gespräche über Kinder, Preise und Schule führt, die sie zu Tode langweilen. Der Wunsch, ganz spontan ein paar Leute einzuladen oder einmal allein auszugehen, wird meistens unterdrückt, um einem offenen Konflikt aus dem Wege zu gehen.

Typisch ist auch der Kampf um Anerkennung, in dem Mutter berichten möchte, was sie den Tag über getan hat, während Vater sich lieber mit der Zeitung und der Post zurückziehen würde; oder der junge Vater muß seine Bitterkeit niederkämpfen, die in ihm aufsteigt, weil er zugunsten des Babys ignoriert wird. Oder ein Kind fühlt sich vernachlässigt, weil dem anderen bei den Hausaufgaben geholfen wird.

In autoritären Familien und in solchen, die nach dem Vereinzelungsprinzip funktionieren, scheint es alle diese Konflikte zumeist gar nicht zu geben. Der Familientyp, der wohl heute zu den häufigsten zählt, ist dadurch gekennzeichnet, daß die Familienmitglieder »allein zusammenspielen«. Wie im Sozialverhalten von

Kleinkindern teilen sie sich in den Lebensraum, ohne daß sich dabei irgendwelche emotionalen oder interaktionären Kontakte ergeben müssen. Man kann oft eine gewisse Ziellosigkeit und Motivationsarmut bei Kindern beobachten, die in einem solchen Milieu von lauter »Fremden« aufwachsen, wo jeder seinen eigenen Weg geht und nur mit seinen eigenen Problemen beschäftigt ist. Diese Kinder erleben weder Widerstand, an dem sie ihre Selbstbehauptung erproben könnten, noch Unterstützung, deren sie zu ihrer Entwicklung bedürfen.

Der Friede in einem autoritären Heim basiert auf Furcht. Jedes Aufbegehren hat Drohungen mit Strafen und Vergeltungsmaßnahmen zur Folge. Nicht wahre Harmonie und echter Frieden werden durch das ruhige, gehorsame und passive Verhalten der Kinder dokumentiert, sondern ihre Unterdrückung durch eine Diktatur.

Durch die Familienerfahrung entwickelt das Kind seine innere Einstellung zur Aggression und ihrer Anwendung. Ob es die Aggression fürchten lernt oder sie als ein natürliches, belebendes Kommunikationselement empfindet, hängt ganz davon ab, wie in seiner Familie Konflikte ausgetragen werden. Das Kind lernt, während es beobachtet, wie die einzelnen Familienmitglieder sich selbst behaupten und sich miteinander auseinandersetzen. Wenn jede Auseinandersetzung allerdings in Haß- und Wutausbrüche und Entfremdung ausartet, wird das Kind die Lehre aus dieser Erfahrung ziehen, daß es sicherer ist, seine aggressiven Gefühle zu verbergen.

Der Preis für die unterdrückte Aggression

Wenn die Eltern den aggressiven Selbstausdruck ihres Kindes mit Ermahnungen wie »Keine Widerrede!«, »Sei nicht so respektlos!«, »Schrei' nicht so, sonst wirst du es noch bereuen!« oder »Geh in dein Zimmer!« zu verhindern versuchen, belehren sie es damit, daß jede Selbstbehauptung und damit verbundene Wutgefühle »ungezogen« sind und versteckt oder verleugnet werden müssen. Als Preis für diese Belehrung verschwindet der offene aggressive Selbstausdruck, um auf indirektem, unerkennbarem Wege und in nicht zu steuernder Form wieder hervorzutreten. Sowohl Eltern wie Kinder verlieren allmählich die Beziehung zu den ursprünglichen Gefühlen und Konflikten, was zu einer Situation der chronischen Komplikationen führt, die oft nur in langwieriger und teurer Psychotherapie wieder entwirrt werden können.

Wir möchten folgendes Beispiel anführen: Tommy war sieben Jahre als und Einzelkind, als seine Schwester Cindy geboren wurde. Tommy war außer sich. Die Rolle des verwöhnten und verhätschelten Lieblings der Familie hatte ihm sehr behagt. Als er seine Abneigung gegen das neue Schwesterchen zum Ausdruck brachte, stieß er bei seinen Eltern auf eine äußerst negative Reaktion. Sie nannten ihn »selbstsüchtig« und »verwöhnt« und sagten ihm, er solle sich schämen. »Aber wir wissen ja, daß du in deinem tiefsten Herzen gar nicht so bist. In Wirklichkeit hast du dein Schwesterchen ja lieb«, setzten sie schließlich hinzu. Während der ersten Lebensmonate des Babys kam es gelegentlich vor, daß Tommy bestraft wurde, was er vorher nie erlebt hatte. Schließlich hatte er begriffen. Er begann, sich seinem Schwesterchen gegenüber »lieb« zu verhalten, seine Wut hatte er verdrängt. Diese Wandlung fand große Freude bei seinen Eltern, die stolz auf Tommys neue Einsicht und Hilfsbereitschaft waren.

Doch plötzlich standen sie vor ganz unerwarteten Problemen. Tommy wurde Bettnässer. Außerdem begann er, unter Alpträumen zu leiden. Ein Elternteil mußte jeden Abend mindestens eine Stunde lang an seinem Bett sitzen und warten, bis er eingeschlafen war. Es passierte auch mehr als einmal, daß Tommy das Baby fallenließ, wenn er seiner Mutter zur Hand gehen wollte. Es waren jetzt bei Tommy keine bewußten Wut- und Abneigungsgefühle mehr vorhanden. Er war ein ausgesprochen »braves Kind«. Für seine Eltern hatte damit eine Zeit der unaufhörlichen Probleme begonnen, die an ihren Kräften zehrten und die größten Frustrationen auslösten.

Der Preis ist immer hoch, den eine Familie bezahlen muß, die keine offene Aggressionsäußerung duldet. Die Kinder mögen »guterzogen« wirken, doch ihre verdrängte Aggression äußert sich gewiß auf irgendeine Weise, etwa in ungenügenden Schulleistungen, in passiven, lustlosen und verschlossenen Verhaltensweisen oder in psychosomatischen Symptomen wie Allergien oder Magenbeschwerden. Oder sie suchen sich Ziele außerhalb der Familie, um an ihnen ihre unterdrückten Gefühle abzureagieren. Da geschieht es dann, daß sie kleinere Kinder oder Tiere quälen. In extremen Fällen entwickeln sie wohl auch ein krankhaftes Interesse am Tod, an Krankheiten und an allen Erscheinungsformen des Bösen und nehmen selbst bizarre oder selbstzerstörerische Verhaltensweisen an.

Das »Aggressionsfestival«, wie wir einen wichtigen Bestandteil unserer neuen Familienkonzeption nennen wollen, setzt eine Anzahl von Gegebenheiten voraus. Die erste und allen anderen zugrundeliegende Voraussetzung ist die Erkenntnis, daß der Konflikt innerhalb einer lebenstüchtigen, interaktiven Familie als eine unausweichliche Realität akzeptiert werden muß und daß eine Konfliktbereinigung nie eine endgültige Lösung bedeuten kann, die schließlich den paradiesischen Zustand des ewigen Familienfriedens herbeibringt.

Die zweite Voraussetzung besagt, daß Aggressionsäußerungen von der Familie als ebenso natürlich und gesund empfunden werden wie solche der Liebe und Zuneigung. Es besteht nämlich kein Zweifel, daß verdrängte Aggressionsgefühle wie Gift auf die Familienbeziehung wirken und jedes echte Erlebnis der Liebe und Anteilnahme unmöglich machen. Dagegen kann der Ausbruch einer Frustration oder Empörung, wenn ihm Raum gegeben wird, die Entwicklung tieferer und wahrerer Gefühle fördern.

Als dritte Voraussetzung betrachten wir das Recht der Eltern auf ihre Aggressionen und deren Äußerung sowohl gegeneinander als auch ihren Kindern gegenüber. In der landläufigen, aggressionsphobischen Vorstellung sind Streit und Geschrei innerhalb einer Familie gleichbedeutend mit ernsten Krisen, die den Keim der Auflösung jeder Bindung in sich tragen. Daher fühlen sich allzu viele Eltern verpflichtet, ihren Gefühlen Gewalt anzutun, um ihren Kindern als Vorbild für Friedfertigkeit und Selbstbeherrschung zu dienen. Man hat allerdings auch feststellen können, daß Eltern, die ihre Aggressionen gegeneinander unterdrücken, diese an ihren Kindern auslassen, indem sie jedes kindliche Verhalten überbewerten und entweder unangemessen harte Strafen erteilen oder ein völlig unrealistisches »gutes Benehmen« fordern. Beim »Aggressionsfestival« kommt den Eltern die Rolle zu, einen Weg aufzuzeigen, auf dem man durch die ungehemmte, unbefangene Mitteilung seiner Wutgefühle, seiner Frustrationen und inneren Vorbehalte zu einer konstruktiven, klaren Konfliktlösung gelangen kann.

Da die Familie den Ort darstellt, an dem das Kind die aggressive Interaktion kennenlernt und diese Erfahrung bewältigen muß, ist es die Verpflichtung der Familie, Kinder mit ihren Aggressionsgefühlen vertraut zu machen und ihnen zu einer positiven Anwendung derselben zu verhelfen. Wenn ein Kind dahingehend erzogen wird, daß es all seine aggressiven Gefühle auf Personen und Situationen außerhalb der Familie richtet, lernt es damit gleichzeitig, daß innige Vertrautheit und aggressive Selbstbehauptung unvereinbar sind.

Eltern können nur dann im besten Sinne zum vorbildlichen Beispiel für ihre Kinder werden, wenn sie ihre Autorität von der Integrität ihrer Persönlichkeit herleiten anstatt sie auf Grund ihrer Rolle zu erzwingen. Das heißt, Eltern sollen nicht glauben, den Respekt ihrer Kinder durch Forderungen erlangen zu können, er wird ihnen vielmehr von selbst zuteil, wenn sie ihnen eine Orientierungshilfe bei der Aggressionsbewältigung anbieten, die mit ihrer eigenen Persönlichkeit übereinstimmt und die aus ihrem gesunden Selbstvertrauen und ihrer inneren Kraft hervorgeht.

»Das Aggressionsfestival«

»Das Aggressionsfestival« wurde ursprünglich als ein Element des konstruktiven Familienstreit-Trainingsprogramms im Rahmen der Familientherapie, der Marathontherapie und der Wochenend-Trainingsseminare zur Aggressionsbewältigung von Dr. George Bach entwickelt.

Die Einübung dieser Familienstreittechniken findet im Beisein mehrerer Familien statt, die sich gegenseitig assistieren und unterstützen. Die ersten Stadien des Trainings werden von einem in der fairen Streittechnik geschulten Trainer überwacht, der den Familien weiterhilft, wenn sie etwa vorzeitig aufgeben wollen oder wenn sie in Schwierigkeiten geraten, weil sie die gelernten Techniken falsch anwenden. Der Streit in Gegenwart anderer Familien dient dem Zweck, den einzelnen Familienmitgliedern das Gefühl der Schuld, der Peinlichkeit und der Scham zu nehmen durch die Erfahrung, daß sie keineswegs anders als andere sind (»Wieso geht es in anderen Familien nie so zu wie bei uns?«). Jetzt können sie einmal erleben, wie sich die Kämpfe in allen Familien gleichen.

Diese gemeinsame Erfahrung der verschiedenen Familien macht das »Aggressionsfestival« zumeist zu einem Erlebnis, bei dem Gelächter und Ausgelassenheit ebenso ins Bild gehören wie die konstruktive Konfliktlösung.

Die Übungen und Techniken, die wir hier beschreiben, haben den Zweck, den Familienmitgliedern einmal Ferien von der üblichen Hierarchie, dem Status jedes einzelnen und der Machtverteilung zu gewähren, die normalerweise das Familienleben bestimmen. Hier dürfen auch einmal die rigiden Autoritätsgrenzen fallengelassen werden. Es wird zum Beispiel für eine bestimmte Zeit den Kindern erlaubt, ihre Eltern oder andere Bezugspersonen aus der Verwandtschaft zu beleidigen, ihnen Befehle zu erteilen oder sie zurückzuweisen. Gleichzeitig werden die Eltern von dem Zwang befreit, alle Verantwortung zu tragen und die starke, kompetente Führungsrolle zu spielen.

Es gibt Völker, die an bestimmten Tagen im Jahr traditionelle Festlichkeiten feiern, in deren Verlauf es jedem Mann auf der Straße offiziell erlaubt ist, die Autoritätsfiguren im Lande öffentlich zu beleidigen und lächerlich zu machen. So gibt es zum Beispiel in Indien das Fest des Holi, ein Frühlingsfest, während dessen alle traditionellen Autoritätsgrenzen niedergerissen werden und die prominenten Persönlichkeiten wie Minister, bekannte Bankiers, der Polizeichef und sogar der Maharadscha in der Öffentlichkeit mit gefärbtem Wasser oder buntem Puder überschüttet werden. Diese Persönlichkeiten, die sich zwar auf gleiche Weise wehren können, dürfen zu dieser Zeit öffentlich beleidigt und mit den gemeinsten Schimpfnamen belegt werden.

Auch in Deutschland wird während der Zeit des Karnevals – ein Fest, das seit Jahrhunderten zu Anfang jedes Jahres gefeiert wird – jede Art der Feindseligkeit gegeneinander offen zum Ausdruck gebracht. Auch hier sind politische Führer und andere Persönlichkeiten des öffentlichen Lebens die bevorzugten Zielscheiben für Spott und Aggressionen.

Vielleicht könnten wir in Amerika unser Halloween-Fest noch am ehesten mit den genannten vergleichen. Hierbei können Kinder von Haus zu Haus gehen und die Erwachsenen unter Androhung böser Streiche zwingen, ihnen das Gewünschte zu überlassen. Im Grunde ist Amerika jedoch arm an Ritualen und besonders an solchen, bei denen aggressive Gefühle zum Ausdruck gebracht werden können. Während des »Aggressionsfestivals«, das wir in diesem Kapitel vorstellen, bekommen die Schwachen ihre Chance gegen die Starken, denn hier werden Rollen vertauscht und Macht ausgeglichen.

Wir möchten allerdings ausdrücklich darauf hinweisen, daß ein »Aggressionsfestival« keine Psychotherapie ersetzen kann. Das Aggressionstraining wurde für solche Familien entwickelt, in denen keine ernsten individuellen oder familiären Störungen vorhanden sind. Wenngleich die Techniken in der Hand eines ausgebildeten Psychotherapeuten im allgemeinen zu beachtlichen Erfolgen führen, können sie doch großen Schaden anrichten, sobald sie von Amateuren angewandt werden, um schwerere psychische Störungen innerhalb der Familie zu beheben.

Das »Aggressionsfestival« durchläuft drei Hauptphasen. In der ersten dienen einige Übungen und Rituale dazu, die Hemmungen zu überwinden, die auftreten, wenn man sich zu seinen Aggressionsgefühlen bekennen soll. Den Familienmitgliedern wird hier auch die Gelegenheit geboten, Verhaltensweisen auszuprobieren, die ihnen normalerweise völlig fernliegen. Zum Beispiel übernehmen dominierende Personen passive Rollen und umgekehrt.

In der zweiten Phase erlernen die Teilnehmer die Rituale. Diese sollen ihnen ein Instrument in die Hand geben, mittels dem sie den Ärger und die Wut, die sie in ihren täglichen Interaktionen erfahren, zum Ausdruck bringen können.

Die dritte und letzte Phase ist der Einübung des Rituals »Ein fairer Kampf um Änderung« vorbehalten. In dieser Übung sollen die Familienmitglieder ihre Kommunikationsfähigkeit entwickeln, um bestimmte, konkrete Probleme zu einer Lösung bringen zu können.

Phase I: Aggressionsübungen für Familien

Im folgenden beschreiben wir ein »Aggressionsfestival« mit zweiundzwanzig Familien, das unter der Leitung von Dr. Bach, Dr. Goldberg und mehreren Trainern auf dem Gelände der Universität von Kalifornien stattfand.

Zunächst wurden die Kinder von den Erwachsenen getrennt, und jede Gruppe übte für sich einige Übungen ein. Damit wurde die anfängliche Befangenheit überwunden, die Kinder in Gegenwart der Eltern und Eltern vor ihren Kindern empfanden. Als erstes gaben wir den Kindern – sowohl den Kleinsten wie auch den Teenagern – Papier und Malstifte, mit denen sie eine typische Familienstreitszene aufzeichnen sollten, die anschließend von ihnen kommentiert werden würde.

Der elfjährige Jeffrey machte den Anfang: »Das bin ich mit den Händen vor den Ohren, damit ich das Schreien meiner Mutter nicht höre. Sie hat ein rotes Gesicht und sieht aus, als ob sie einen Herzanfall bekommen würde. Mein Vater steht dort an der Tür und ist im Begriff hinauszulaufen. Unser Hund versteckt sich unter der Couch und meine kleine Schwester fummelt am Kofferradio herum und möchte es lauter stellen.«

In einem anderen Raum sitzen die Erwachsenen beisammen und haben den Auftrag, einander ihren letzten Familienkonflikt zu beschreiben. Mrs. Holloway, eine kürzlich geschiedene Frau, berichtete von ihrem Groll auf ihre älteste Tochter, die am Abend vorher nicht rechtzeitig nach Hause gekommen war, um Babysitter bei ihrem kleinen Bruder zu sein. Mrs. Holloway mußte deshalb einem Mann, den sie erst kürzlich kennengelernt hatte, absagen, der mit ihr in einer privaten Vorführung einen neuen englischen Film ansehen wollte.

Dr. Goldberg fragte sie, wie sie ihrer Tochter gegenüber reagiert hätte. Die Antwort war: »Ach, gar nicht! Wozu auch? Ich weiß, daß sie mir böse ist wegen der Scheidung, und auf diese Weise möchte sie es mir wahrscheinlich heimzahlen. Ich will nicht, daß sie mich nur noch mehr haßt.« Dr. Goldberg forderte sie auf, in diesem Moment mit ihrer Tochter zu sprechen, als wenn sie vor ihr stünde, und dabei so aufrichtig wie möglich zu sein. Nach anfänglichem Zögern gewann der Zorn in ihr die Oberhand und sie stieß hervor: »Verdammt nochmal, Penny! Wenn es um deine Kleider, dein Geld und deine pünktlichen Mahlzeiten geht, dann stellst du schon deine Forderungen. Das ist dein gutes Recht, wie du meinst, weil du ja nicht darum gebeten hast, auf die Welt zu kommen. Wenn du nicht alles sofort bekommst, bin ich das Ekel. Nun gut, Du wirst es vielleicht nicht für möglich halten, aber ich habe auch selbst noch Wünsche! Ich habe dich gebeten, bei deinem Bruder zu bleiben, damit ich einmal an einem Abend ausgehen könnte, und gerade das hast du zu verhindern gewußt. Ich bin so wütend auf dich, daß ich dich umbringen könnte.« Zunächst erschrak Mrs. Holloway über ihren Gefühlsausbruch und schämte sich ihrer Worte, doch dann erkannte sie, daß sie trotz der Scheidung das Recht haben müßte, zornig auf ihre Tochter zu sein und ihr ihre persönlichen Gefühle und Bedürfnisse klar und offen mitzuteilen.

Besonders interessant war die Feststellung, wie viele Eltern sich nur mit der größten Schwierigkeit an irgendwelche Ärger- oder Streiterlebnisse aus der letzten Zeit innerhalb ihrer Familie erinnern konnten. Es war deutlich, daß sie nicht absichtlich etwas verbergen wollten; sie hatten ganz einfach aus der Angst und Scham vor einer öffentlichen Zurschaustellung ihrer Familienkonflikte ihre Erinnerung daran verdrängt.

Nach diesem einleitenden Desensibilisierungsverfahren wurde in beiden Gruppen eine Reihe von Aggressionsritualen eingeübt, wonach sie wieder vereint wurden, um gemeinsam weiterzumachen.

Der Sklavenmarkt

Für fünf Minuten übernahmen jedes Kind und seine Mutter oder sein Vater abwechselnd die Rolle des »Sklaven« und die des »Herrn«. Wer die Rolle des Sklaven übernahm, durfte bestimmte Bedingungen stellen, allerdings mußte dies geschehen, bevor die Übung begonnen hatte. Ein vierzehnjähriges Mädchen sagte zum Beispiel zu ihrem Vater: »Fordere mich nicht auf zu singen.« Ein Vater erklärte seinem elfjährigen Sohn: »Ich möchte nicht am Boden kriechen.« Sobald die Übung begonnen hat, übernimmt der »Herr« die Befehlsgewalt über seinen »Sklaven«. Der letztere ist verpflichtet, jeden Befehl unverzüglich und ohne Kommentar auszuführen. Nach fünf Minuten werden die Rollen getauscht und dasselbe nach den gleichen Regeln wiederholt.

Diese Übung hat eine ganze Reihe wichtiger Zielsetzungen. Fünf Minuten lang werden die normalerweise festen und unverrückbaren Machtverhältnisse umgeworfen. Jedes Familienmitglied kann sich einmal als vollkommen dominierend und das andere Mal in einer gänzlich untergeordneten Position erleben. Schüchterne Kinder können sich als Tyrannen gebärden. Dominierende, herrschsüchtige Eltern finden sich in der Rolle der Unterordnung. Manche

von ihnen empfanden sogar echtes Vergnügen an der ungewohnten Passivität.
Hier hatten die Eltern sowohl wie die Kinder einmal Gelegenheit, dem anderen zu zeigen, »wie er ist«. In einer Gruppe, die Dr. Bach leitete, befand sich ein elfjähriger Junge, der seiner Mutter befahl, so zu tun, als sei sie ein Kind. Dann fuhr er sie an: »Putz deine Zähne! Räum dein Zimmer auf! Schau nach, wo dein kleiner Bruder steckt! Zeig Großmama, wie weit du es im Klavierspielen gebracht hast!« Die Mutter mußte so tun, als führe sie alle diese Befehle prompt aus. Eine andere Mutter mit einem außerordentlich lebhaften und gesprächigen Kind ließ dieses die vollen fünf Minuten ihrer »Herrschaft« stillsitzen und kein Wort sprechen.
In dieser leichten, eher humorvollen Atmosphäre wurde eine Menge gelernt. Die Lernerfahrung fand jeweils ihre Verstärkung durch die an jede Übung anschließende Diskussion, in der die Gefühle ausgetauscht wurden, die in den einzelnen Teilnehmern in der beherrschenden bzw. in der beherrschten Rolle aufgekommen waren.

Aus der Zurückweisung lernen

Diese Zurückweisungsübung wird von der ganzen Familie gemeinsam durchgeführt. Ein Familienmitglied wird von der übrigen Familie aufgefordert, den Raum zu verlassen. Er oder sie sollte »zurückgewiesen« werden. Nachdem die Person das Zimmer verlassen hatte, besprachen die Zurückgebliebenen die Gründe für ihre Zurückweisung. Oft kam eine ganze Anzahl von Gründen zusammen. »Er drängt sich immer vor«, »Er hört nie zu«, »Sie hat immer so viel zu tun, daß sie keinen Spaß mitmacht«, mögen als Beispiele dienen.
Wenn mindestens zehn Gründe zur Zurückweisung der Person besprochen worden sind, bildet die Familie einen engen Kreis und läßt die ausgeschlossene Person wieder in den Raum zurückkehren. Diese muß sodann wenigstens drei der besprochenen Gründe für ihre Zurückweisung erraten, um wieder in den Kreis aufgenommen zu werden. Wenn diese Aufgabe erfüllt wurde, öffnete sich der Kreis, und die Familie empfing ihr Mitglied mit offenen Armen.

Ohne hier die traditionelle gruppentherapeutische Gegenüberstellung anzuwenden, zwingt diese Übung jedes Familienmitglied, negative Züge an sich selbst aus der Sicht der anderen objektiv anzuerkennen.

Rollentausch

In dieser Übung können die Familienmitglieder sich gegenseitig vorführen, wie sie einander sehen. Die Selbsterkenntnis war dabei oft erstaunlich und manchmal wohl auch schmerzlich. Diese Übung eignet sich besonders gut, dem Ganzen durch Übertreibung eine humoristische Note zu geben.

Für die Übung wählte man eine typische Familiensituation wie etwa »Alle sind am Morgen im Begriff, das Haus zu verlassen« oder »Wir wollen einen Sonntagsbesuch bei Großmama machen«. Für fünf Minuten übernahm jeder die Rolle eines anderen: Die Tochter spielte die Mutter, der Sohn spielte den Vater etc. Die Übung wurde so lange fortgesetzt, bis sich jeder in jeder Rolle erlebt hatte.

Durch diesen Imitationsprozeß bekam jedes Familienmitglied Gelegenheit, sich selbst aus der Perspektive der anderen zu sehen. Dabei wird besonderer Wert auf die Hervorhebung der am meisten Verärgerung verursachenden und provokativsten Verhaltensweisen gelegt. In der anschließenden Diskussion wurden die verschiedenen irritierenden Verhaltensweisen besprochen und neue Rollenerwartungen innerhalb der Familie zur Sprache gebracht.

Pappi oder Mammi an die Wand drücken

Die auffallende Ungleichheit in der Machtverteilung, sowohl im physischen wie im psychischen Bereich, bewirkt starre und einseitige Interaktionsmuster innerhalb der Familie. Einige Familienmitglieder kennen nur das Gefühl des Sieges, andere müssen immer nur einstecken.

In der Übung »Pappi oder Mammi an die Wand drücken« werden die körperlichen Kraftunterschiede durch Behinderungsmaßnahmen ausgeglichen. Diese Übung wird von nur zwei Personen durchgeführt und ist besonders da sinnvoll, wo eine große körperliche Ungleichheit besteht. Irgendein schwaches Familienmitglied kann nun ein stärkeres herausfordern und es quer durch den Raum bis an die gegenüberliegende Wand stoßen.

Die »Begrenzung der Waffen« oder körperliche Behinderung soll in der Weise vorgenommen werden, daß beiden Teilnehmern das gleiche Maß an Kampfkraft zur Verfügung steht. Die Übung wird dann wirkungslos, wenn ein Teilnehmer sich selbst so weitgehend behindert, daß er praktisch kampfunfähig ist. Dieser Kraftausgleich wird ausdrücklich zu dem Zweck vorgenommen, daß beide Kampfpartner mit aller ihnen zur Verfügung stehenden Kraft kämpfen können. Wenn sich der Vater zum Beispiel damit einverstanden erklärt hat, während der ganzen Übung beide Hände hinter dem Rücken verschränkt zu halten, so sollte er alle ihm verbliebene Kraft anwenden, um den Versuchen seines Sohnes oder seiner Tochter, ihn quer durch den Raum zu stoßen, Widerstand zu leisten. Je ausgeglichener das Kräfteverhältnis ist, um so wirkungsvoller ist die Erfahrung dieser Übung.

Es wurde von den Teilnehmern viel Phantasie aufgeboten, um die angemessenen Behinderungen zum Kräfteausgleich zu erdenken. Außerdem regte diese Übung eine Diskussion darüber an, wie man auch in anderen Bereichen der zwischenmenschlichen Beziehungen einen Machtausgleich schaffen könnte, um den schwächeren Familienmitgliedern die Möglichkeit zu geben, ihre Aggressionsgefühle abzureagieren und eine offene, unverstellte Kommunikationsweise zu riskieren, ohne Angst vor außerordentlicher Vergeltung haben zu müssen.

»Feedback«-Training

Unter »Feedback« ist ein aktives Zuhören zu verstehen, bei dem der Zuhörer das Gehörte so wiederholen muß, daß sich der Sprecher richtig verstanden fühlt. Dabei wird der Zuhörer ermahnt, jede Interpretation zu vermeiden und nicht zu versuchen, etwas in die Aussage hineinzulegen, das nicht in ihr enthalten war.

Beim »Familienfestival« haben wir das »Feedback«-Training mit der »Anziehung–Vorbehalt«-Übung verbunden. Als »Attraktion«

wird ein Zug am Partner genannt, der einem gefällt, und es wird zugleich die Begründung hinzugefügt. Als »Vorbehalt« gibt man eine als negativ empfundene Eigenheit des Partners an und beschreibt ihre Auswirkung auf einen selbst.

Der sechzehnjährige Jerry führte diese Übung unter der Leitung von Dr. Goldberg mit seinem Vater durch:

Jerry: »Was mir am besten an dir gefällt, ist deine Großzügigkeit. Du bist immer bereit, mir mit Geld auszuhelfen, wenn ich etwas brauche. Das gibt mir ein Gefühl der Sicherheit.«

Jerrys Vater (gibt »Feedback«): »Ich habe gehört, Jerry, daß du mich meines Geldes wegen magst und daß es dich beruhigt zu wissen, daß ich dir immer etwas geben werde, wenn du es brauchst.«

Jerry: »Nein, du hast durchaus nicht richtig gehört. Wenn du sagst, daß ich dich deines Geldes wegen mag, verdrehst du mir das Wort im Munde.«

Jerrys Vater mußte Jerrys Worte mehrmals wiederholen, bevor Jerry das Gefühl hatte, richtig verstanden worden zu sein. Sein Vater schien hartnäckig an seiner Interpretation und an der Vorstellung, ausgenutzt zu werden, festhalten zu wollen.

Dann folgte Jerrys Mitteilung seines »Vorbehalts«:

Jerry: »Am meisten stört mich an dir, daß du immer mit deiner Arbeit beschäftigt bist. Dadurch habe ich das Gefühl, dir lästig zu sein, wenn ich mit dir sprechen möchte.«

Wieder mußte Jerrys Vater sein »Feedback« geben, und nachdem dies erfolgreich geschehen war, kam die Reihe an ihn, seine Attraktions- und Reservationsgefühle Jerry gegenüber auszusprechen. Der Attraktionsteil war leicht getan; dann folgte seine Reservation:

Jerrys Vater: »Am meisten ärgert mich bei dir deine große Ungefälligkeit. Um was man dich auch bittet, du mußt immer zunächst einmal Widerstand leisten. Darüber ärgere ich mich außerordentlich, und es frustriert mich geradezu.«

Jerry: »Ich höre, daß du sagst, du ärgerst dich darüber, daß ich meinen Standpunkt verteidige. Darüber wirst du ärgerlich und frustriert.«

Diesmal mußte Jerrys Vater seinen Sohn auf die Verdrehung seiner Worte hinweisen. Die »Ungefälligkeit« war von Jerry in die »Verteidigung seines Standpunktes« verwandelt worden, was eine

wesentliche Sinnänderung ausmachte. Auch Jerry mußte mehrere Anläufe nehmen, bevor sein »Feedback« den Kern der Aussage getroffen hatte.
Diese Übung erscheint auf den ersten Blick so einfach, und doch bereitet es den meisten Familienmitgliedern beachtliche Schwierigkeiten zuzuhören und die wesentlichen Punkte des Gesagten wiederzugeben. Statt dessen schien jeder einer starken Neigung nachzugeben, die Worte des anderen zu interpretieren, zu entstellen und zu verdrehen, da er seine vorgefaßte Meinung von dem, was der andere »eigentlich meinte« nicht so ohne weiteres überwinden konnte.

Beharren – Widerstehen

Durch diese Übung soll der »Zartbesaitete« in der Familie lernen, Nein zu sagen, und sie soll denjenigen, die Frustrationen und Ablehnung nur schwer ertragen, helfen, ihre Beharrlichkeit und Überzeugungskraft zu entwickeln, um Forderungen durchzusetzen, anstatt bei dem ersten Mißerfolg entmutigt davonzuschleichen.
Auch diese Übung wird von nur zwei Familienmitgliedern durchgeführt. Der »Beharrer« bringt ein Anliegen vor. Darauf soll der Widerstrebende einen Grund für seine Ablehnung nennen. Nun ist es Aufgabe des »Beharrers« mit neuen, überzeugenden Argumenten aufzuwarten, während der Widerstrebende sich jeweils plausible Gegenargumente ausdenkt, um seinen Widerstand zu rechtfertigen.
Beide Teilnehmer werden ausdrücklich darauf hingewiesen, keine Argumente an den Haaren herbeizuziehen, nur um die Übung in Gang zu halten. Sowohl die Beharrlichkeit wie auch das Widerstreben müssen glaubwürdig wirken. Die Übung ist dann zu Ende, wenn entweder der Widerstrebende sagt: »Du hast mich überzeugt.« oder der Beharrliche: »Ich gebe es auf, dich zu überzeugen. Ich habe entschieden, daß es sich nicht lohnt.«
Es wäre sehr sinnvoll, diese Übung routinemäßig in allen Familien durchzuführen. Nur allzu oft hinterläßt ein voreilig ausgesprochenes Ja das Gefühl, überrumpelt oder ausgenutzt worden zu sein. Auf der anderen Seite fühlt sich der Neinsager meistens wie ein

Übelwollender oder Neidhammel. Durch die Anwendung dieser Übung wird jedem die Möglichkeit geboten, alle Transaktionen gründlich auf ihre positiven und negativen Aspekte hin zu untersuchen, bevor man eine Entscheidung trifft.

Die folgende »Beharren-Widerstehen«-Übung wurde unter der Leitung von Dr. Bach von der fünfzehnjährigen Susan und ihrer Mutter durchgeführt:

Susan: »Mutter, ich möchte dich bitten, meine Ausgehzeit am Samstagabend bis ein Uhr zu verlängern.«

Mutter: »Nein. Du bist erst fünfzehn. Dafür bleibt dir noch Zeit genug.

Susan: »Ich habe dir doch dadurch, wie ich meinen kleinen Bruder versorge, wenn du arbeiten gehst, bewiesen, daß ich verantwortungsbewußt und reif für mein Alter bin.«

Mutter: »Um so besser solltest du wissen, daß es unvernünftig von dir wäre, dich Dingen auszusetzen, die du vielleicht einmal bereuen müßtest.«

Susan: »Wenn du mir erlaubst, bis ein Uhr auszubleiben, werde ich dir immer genau sagen, wohin ich gehe, so daß du mich zu jeder Zeit erreichen könntest.«

Mutter: »Unsere Nachbarschaft ist mir einfach nicht sicher genug, um dich abends so spät noch draußen herumlaufen zu lassen. Es sind schon zu viele Überfälle und Vergewaltigungen vorgekommen.«

Susan: »Ich verspreche dir, daß ich mich immer mit dem Taxi nach Hause bringen lassen und direkt vor unserer Haustür aussteigen würde.«

Mutter: »Ehrlich gesagt, mache ich mir Sorgen, daß du dich auf ein sexuelles Verhältnis einlassen und schwanger werden könntest.«

Susan: »Wenn ich das wollte, könnte ich es auch vor neun Uhr tun und müßte nicht unbedingt bis Mitternacht warten. Außerdem habe ich dir ja auch versprochen, damit zu warten, bis ich mindestens siebzehn bin.«

Mutter: »Also gut, du hast mich überzeugt. Ich verlängere deinen Ausgang auf ein Uhr.«

Zu diesem Gespräch ist zu bemerken, daß Susan nicht gegen die Argumente ihrer Mutter stritt, sondern sich ganz auf die positiven Aspekte ihres Anliegens konzentrierte. Mit diesem Verhalten befand sie sich auf dem richtigen Weg zu einer kreativen Selbstbehauptung. Nur durch das Vermeiden eines vorschnellen Ja oder Nein, mit dem meistenteils in einer ähnlichen Situation innerhalb der Familie aufgewartet wird, konnten Susan und ihre Mutter alle Für und Wider der vorliegenden Angelegenheit ausführlich erwägen und dann zu einer beide Seiten befriedigenden Entscheidung kommen. Wie viele Familienkonflikte liegen im voreiligen Ja und Nein begründet, womit eine Person zu schnell ihre Einwilligung erteilt, was sie dann sehr bald bereut, oder sie sagt von vornherein Nein, um sich vor jeder möglichen Überrumpelung abzusichern. Die Übung »Beharren-Widerstehen« hat sich auch bei Geschwistern als sehr nützlich erweisen. Bei Eltern und Kindern ist es empfehlenswert, auch dem Kind die Rolle des Verweigerers zu übertragen, denn hier muß es seinen Widerstand gegen die Forderungen der Eltern plausibel formulieren, und die Eltern sehen sich gezwungen, überzeugende Begründungen für ihre jeweiligen Anliegen vorzubringen, anstatt sie kraft ihrer despotischen Macht durchzusetzen.

Phase II: Familienrituale

Aggressionsrituale innerhalb der Familie gewähren eine zeitweilige Befreiung von den straffen Zügeln, die sich so viele Eltern selbst anlegen, um sich den erstrebten Zustand der Einsicht, der Selbstbeherrschung und der Toleranz zu sichern, der ihnen die Illusion vermittelt, alles »fest in der Hand« zu haben.
Rituale bieten viele Vorteile. Zum einen fühlen sich Menschen nach ihren eigenen Aussagen ganz einfach wohl durch sie. Durch ihre Strukturiertheit, die dafür sorgt, daß aufgestaute, ungezügelte und »irrationale« Feindseligkeit in bestimmte Bahnen gelenkt wird, erlauben die Rituale den Familienmitgliedern das zeitweilige, gefahrlose Erlebnis eines Ausbruchs des eigenen schrecklichen, beängstigenden, tief im Innern verborgenen Aggressionsvulkans. Außerdem kann der einzelne ein Gefühl der Herrschaft über diese furchtgebietenden Gefühle, die er in sich weiß, entwickeln, wenn ihm Gelegenheit gegeben wird, sich durch freie Selbstäußerung mit ihnen auseinanderzusetzen, und nicht genötigt ist, die ständigen Frustrationen, Enttäuschungen und Mißerfolge des täglichen Lebens ins Unübersehbare auswuchern zu lassen. Es handelt sich

hier um einen Prozeß, in dessen Verlauf der Mensch lernen kann, mit seinen Aggressionen zu leben. Er soll lieber offen herausschreien, fluchen und protestieren, als diese Gefühle zu verleugnen, nur um später auf Schleichwegen durch »Verrücktmacher«-Verhaltensweisen von ihnen beherrscht zu werden. Durch einen ständigen offenen aggressiven Kommunikationsstil innerhalb der Familie wird sich auch das typische Symptom des »Einhakens« verlieren, d.h. niemand wird mehr auf der Lauer liegen müssen, um den anderen bei einem Fehlverhalten zu ertappen, das er dann als Anlaß für seine eigene »Entladung« hernehmen kann. Auch haben wir die Feststellung gemacht, daß sich in Familien, die sich die Durchführung von Aggressionsritualen zur Regel gemacht haben, ein gesteigertes Gefühl der Wärme und Liebe bemerkbar macht.

»Vesuvius«

Der »Vesuvius« ist auf einen einseitigen Gefühlsausbruch angelegt. Hier können einzelne Familienmitglieder in explosiver Form alle Wut und Empörung loswerden, die sich im Laufe des Tages bei ihnen angesammelt haben.
Der »Vesuvius« soll etwa zwei oder drei Minuten andauern und in Gegenwart aller übrigen Familienmitglieder, sobald sie sich am Abend versammelt haben, stattfinden, wobei er das routinemäßige »Hallo, wie war's heute?« gut und gerne ersetzen kann. Die Zuhörer haben gelernt, niemals einzuhaken oder auf irgendeine Weise persönlich auf den »Vesuvius« zu reagieren.
In Dr. Goldbergs Gruppe war die sechzehnjährige Martha als erste an der Reihe. Sie stellte sich vor ihren Eltern und ihrer älteren Schwester auf und schleuderte ihnen, die ihr aufmerksam zuhörten, folgende Worte ins Gesicht: »Sechzehn ist ein ekelhaftes Alter! Jeder will einem vorschreiben, was man zu tun hat, aber gleichzeitig soll man auch erwachsen sein. Mir stinkt das allmählich. Diese verdammten Entscheidungen, die dauernd von einem verlangt werden. In welches College man gehen will; welche Fächer man belegen soll; mit welchem Jungen man ausgehen möchte. Und außerdem ist nie genug Geld da, um sich mal etwas zu kaufen. Und du, Mutter, mit deinen ewigen Bedingungen, wenn

du mir etwas gibst. Und wenn ich mich hysterisch aufführe oder mal richtig über die Stränge schlage, heißt es von allen Seiten so begütigend, das seien halt Auswirkungen der Pubertät. Vielen Dank, ich verzichte auf euren Trost!«

Als sie geendet hatte, fühlte sich Martha wie ausgeleert. Zu ihrer Überraschung schien sie niemanden aus ihrer Familie vor den Kopf gestoßen zu haben. Ihre ältere Schwester bemerkte nachdenklich: »Mir scheint, daß ich zum ersten Male verstehe, wie dir zumute ist.«

Natürlich haben so gut wie alle Familienmitglieder große innere Widerstände zu überwinden, wenn sie aufgefordert werden, einen »Vesuvius« durchzuführen. Er erscheint ihnen irrational und sie können seinen Nutzen nicht einsehen. Wir möchten dem auch gar keine rationale Begründung entgegenhalten. Uns geht es lediglich darum, daß diese Gefühle der Aggression, die in jedem Menschen existieren, als eine Realität anerkannt und in gesteuerter, nicht destruktiver Form zum Ausdruck gebracht werden können.

Wir halten die Vorstellung für ungesund, nach der der Mensch allein nach rationaler Erkenntnis strebt. Daher wollen wir auch dem irrationalen Element eine Chance geben, im Rahmen unserer Rituale auf spielerische Weise zu Worte zu kommen. Wir wollen schreien und brüllen, weil uns danach zumute ist! Das ist Grund genug.

»Virginia Woolf«

Das »Virginia-Woolf«-Ritual wird von zwei Personen durchgeführt, die Beleidigungen austauschen. Unter normalen Umständen würde es einem Kind, das seinen Eltern die gröbsten Beleidigungen entgegenschleudert, als eine außerordentliche Respektlosigkeit angerechnet, wie es auch bei Eltern, die sich ihren Kindern gegenüber entsprechend verhalten als primitiv und destruktiv angesehen wird. Bei uns gilt die genau entgegengesetze Ansicht. Wir empfinden einen Austausch von Beleidigungen, bei dem keiner der Beteiligten versucht, den anderen zu unterdrücken oder sich selbst aus der Affaire zu ziehen, als ein Zeichen größten Vertrauens und aufrichtigster Liebe. Wenn Familienmitglieder sich die schlimmsten Gefühle, die sie gegeneinander empfinden, mitteilen können, werden sie auch die Wärme und Intimität erleben, die aus dieser äußersten Aufrichtigkeit entspringt.

Für dieses Ritual ist das beiderseitige Einverständnis notwendig, und es enthält die Regel, daß keinerlei körperliche Gewalt angewandt werden darf. Es besteht Übereinstimmung darüber, alles, was gesagt wird, als »inoffiziell« zu betrachten und nichts davon in späteren Auseinandersetzungen zu verwenden. Eine Zeitbegrenzung wird festgelegt, die sich im allgemeinen auf höchstens drei Minuten erstreckt.

Die Teilnehmer werden angehalten, ihre Beleidigungen so lautstark und dramatisch wie möglich zu gestalten, wobei sie es nicht an jeder Art von Sarkasmus, an Übertreibungen und an vulgärer Sprache fehlen lassen sollen. Im Idealfall würde jeder alles Unaussprechliche aussprechen. Hierdurch soll eine realistischere und tiefer gegründete Art von Liebe ermöglicht werden, indem der einzelne von der Furcht vor der Empfindlichkeit des anderen geheilt wird. Das Ritual hat außerdem die Funktion, den Glauben zu zerstören, daß Menschen, die einander lieben, nicht auch gleichzeitig feindselige, destruktive Gefühle gegeneinander in sich beherbergen können.

Wir möchten hier einen Auszug aus einem »Virginia-Woolf«-Ritual zwischen zwei Brüdern, dem siebenundzwanzigjährigen Michael und dem einundzwanzigjährigen Jimmy wiedergeben, das unter der Leitung von Dr. Goldberg durchgeführt wurde. Beide schrien gleichzeitig aufeinander los und keiner von ihnen verstand sehr viel von dem, was der andere sagte.

Michael

»Du passives Stück Scheiße, wohnst immer noch zu Hause und nutzt Mutter und Vater aus, weil du meinst, jeder müßte Mitleid mit dir haben und sich um dich kümmern. Wann willst du denn mal ein Mann werden? Statt herumzusitzen, such' dir lieber einen Job oder wenigstens ein Mädchen

Jimmy

»Du aufgeblasener Angeber mit deiner Weste und den Scheißschlipsen und weißen Hemden. Du glaubst, du bist der Größte, nur weil du dir in Beverly Hills als Rechtsanwalt einen Namen gemacht hast. Ich dachte, du wolltest den Leuten in den Slums und Ghettos helfen; statt dessen hast du dich auf die Seite und sitz' nicht ewig vor dem Fernsehapparat und stopf' nicht den ganzen Tag Süßigkeiten in dich hinein. Kein Wunder, daß du dauernd müde bist. Dein Hirn verfault ja langsam – laß es mal ein bißchen durchlüften.«

der reichen Stinker geschlagen. Du Rebell, du. Du Idealist. Ja, ein schöner Idealist bist du mir. Ein Scheißkerl mit der schnellsten Zunge im ganzen Westen!«

Unmittelbar nach diesem doppelten Ausbruch, bei dem beide rote Köpfe bekommen und aus voller Kehle geschrien hatten, trat ein Moment der Stille ein. Dann ertönte das spontane Gelächter aus der Gruppe, in das Michael und Jimmy sogleich einstimmten. Beide empfanden ein Nachlassen der schon lange zwischen ihnen bestehenden Spannung. Sie hatten einiges »Unaussprechliche« ausgesprochen, waren heil daraus hervorgegangen und konnten nun daran denken, vernünftig und ohne Zorn miteinander zu sprechen.

Wenn Eltern bei ihren Kindern den Beginn einer Auseinandersetzung beobachten, sollten sie sofort versuchen, diese in strukturierte Bahnen zu lenken – ähnlich einem Boxkampf –, anstatt mit Strafen zu drohen. Auf diese Weise könnten sie endlose Zankereien und Provokationen in einen konstruktiven, spielerischen und allseitig befriedigenden Austausch von Feindseligkeiten verwandeln.

Standpauke mit Wiedergutmachung

Die »Standpauke« wie auch die »Wiedergutmachung« gehören zu den Ritualen, deren Nutzen am ehesten eingesehen und die daher auch am bereitwilligsten erlernt werden. Daß ein Mensch für eine Verhaltensweise zur Rede gestellt wird, hat es von jeher gegeben. Wir haben diesen Vorgang jedoch um eine Dimension erweitert, nämlich durch einen eingebauten Mechanismus der Freisprechung und Vergebung.

Die »Standpauke« hält diejenige Person, die sich durch ein bestimmtes Verhalten gekränkt oder enttäuscht gefühlt hat. Der Zweck der Übung ist, dem Beleidiger Gelegenheit zu geben, sich zu seinem Unrecht zu bekennen und Buße dafür zu tun, um die gegenseitigen guten Beziehungen wiederherzustellen.

Bei unserem »Familienfestival« trat der fünfzehnjährige Ronald an seine Mutter heran, um sie zu einer Standpauke herauszufordern, da er einiges gegen sie auf dem Herzen hatte, das den vergangenen Montagabend betraf, an dem seine Freunde bei ihm zu Hause gewesen waren. Seine Mutter erklärte ihre Bereitschaft, und sie legten eine Zeitdauer von neunzig Sekunden fest.

Ronald: »Letzten Montag wollte ich eigentlich mit meinen Freunden weggehen. Du hattest gemeint, ich sollte sie lieber zu uns nach Hause einladen; wir könnten die Wohnzimmertür zumachen und würden von niemandem gestört werden. Du bist dann mindestens dreimal am Abend zu uns hereingekommen und wolltest entweder wissen, ob wir etwas zu Essen haben wollten, oder machtest uns darauf aufmerksam, daß der Fernsehapparat zu laut wäre. Das ging allen so auf die Nerven, daß niemand richtig entspannt war, und schließlich alle ziemlich früh nach Hause gingen.«

Ronalds Mutter hörte ihm wortlos zu. Das Ritual verlangt, daß der Standpauke nicht mit einer Selbstverteidigung begegnet werden darf. Man darf höchstens um Klarstellung bitten, wenn man irgendeinen Punkt nicht verstanden zu haben glaubt. Ronalds Mutter bekannte sich zu ihrem Fehlverhalten und bat um ein »Wiedergutmachungs«-Ritual. Dieses besteht darin, daß die beleidigte Person ihrem Beleidiger eine Buße auferlegt, die dieser ableisten muß, um wieder in Gnaden aufgenommen zu werden.

Ronald: »An irgendeinem Samstagabend in diesem Monat möchte ich die Wohnung ganz für mich alleine haben und meine Freunde zu einer Party einladen. Ich werde mich um Essen und Trinken selber kümmern, und Vater und du dürft nicht vor halb zwei Uhr nachts nach Hause kommen.«

Mutter: »Ja, ich bin einverstanden.«

Danach umarmten sich Ronald und seine Mutter, und beide empfanden nach dieser Klarstellung große Zuneigung füreinander.

Die »Standpauke« bietet jedem Familienmitglied die Möglichkeit, seinen Groll auf einfache, strukturierte Weise loszuwerden, so daß sich gar nicht erst ein Reservoir von unausgesprochener Feindseligkeit in ihm aufbauen kann.

Ein Gang durchs Museum

Wenn Familien erstmals an unserem Aggressionstraining teilnehmen, verbergen sich in jedem ihrer Mitglieder eine Menge Enttäuschungen, Kränkungen und Zurückweisungen, die es im Laufe der Zeit von den anderen empfangen zu haben glaubt. Darum ist es eine der ersten Aufgaben bei einem Familienfestival, daß jedes Familienmitglied eine Liste mit allen negativen Erinnerungen anfertigt. Jeder liest seine Liste den anderen vor und führt sie so durch sein Museum der bösen Erinnerungen, was die anderen kommentarlos über sich ergehen lassen. Private Belange, die sich nur auf eine bestimmte Person beziehen, können auch separat behandelt werden. Nach dem Verfahren, wie wir es bereits im Kapitel über Aggressionsrituale beschrieben haben, werden nun einige Gegenstände der Listen begraben, andere werden ausgehandelt, einige weiterhin aufgehoben und nur die, von denen man meint, sie könnten auch in Zukunft eine Quelle für neue Probleme darstellen, werden als Anlaß genommen für das Ritual »Ein fairer Kampf um Veränderung«.

Hier wollen wir auszugsweise die Listen von Mrs. Strickland und ihrer vierundzwanzigjährigen Tochter Joanna, die noch immer zu Hause bei ihrer Mutter wohnte, aufführen.

Mrs. Stricklands Liste:

1. Als du eines Tages aus einer Psychologievorlesung nach Hause kamst und mir erklärtest, ich sei total neurotisch und ich hätte dich auch damit angesteckt.
2. Als du mich in Gegenwart deines Freundes anschriest, weil ich gefragt hatte, wohin ihr gehen wolltet, was ich nur so aus Höflichkeit getan hatte und nicht, weil ich hinter dir her spionieren wollte. Das hat mich sehr gekränkt.
3. Als du am letzten Muttertag übers Wochenende nach Palm Springs gefahren bist, obgleich du mich einen Monat vorher gerade für diesen Tag zum Essen eingeladen hattest.
4. Wenn du mich dafür verantwortlich machst, daß du noch nicht verheiratet bist oder auf eigenen Füßen stehst. Ich habe keine Lust mehr, den Sündenbock für dich abzugeben.
5. Als du vor einigen Wochen zu Vater sagtest, du verstündest nicht, wie er mich heiraten konnte und es die ganzen Jahre mit mir ausgehalten hat.

Joannas Liste:

1. Als du mich mit meiner Schwester Julie verglichen hast und meintest, sie sei intelligenter und hübscher als ich und sie sei eine Siegernatur, ich dagegen ein Verlierertyp.
2. Als ich mich vor zwei Jahren so elend fühlte und dich bat, mir das Geld für ein Wochenende in Las Vegas zu leihen, und du mich einen Parasiten genannt hast, der sich »auf Kosten anderer« ein schönes Leben machen möchte.
3. Als ich sechzehn war und dich einmal dabei ertappt habe, wie du einen Brief von meinem Freund aus meiner Schreibtischschublade genommen und gelesen hast.
4. Als ich vor einem Jahr für ein Wochende mit Manny nach San Francisco fuhr und du mich deswegen eine Prostituierte nanntest, obwohl Manny und ich schon fünf Monate zusammen waren.
5. Dies ist ein andauerndes Ärgernis: An einem Tag sagst du mir, ich soll ausziehen, und am nächsten, wenn ich mich nach einer eigenen Wohnung umsehen will, fängst du an zu schreien und machst mir Vorwürfe, daß ich aus dem Hause gehen will. Damit bringst du mich auf die Palme.

Die obigen Punkte stellen nur eine Auswahl aus den zwei sehr langen Listen ihrer gehorteten Kränkungen und Enttäuschungen dar. Mrs. Strickland und Joanna einigten sich darauf, daß sich Punkt 2 von Mrs. Stricklands Liste und Punkt 5 auf Joannas Liste als Gegenstände für einen »Fairen Kampf um Veränderung« eignen würden. Mrs. Strickland erklärte sich bereit, ihre Nr. 3 zu »verbrennen«, wenn Joanna das gleiche mit Nr. 3 auf ihrer Liste tun wollte. Sie handelten um Nr. 4 und 5 auf Mrs. Stricklands Liste gegen die Nummern 1 und 2 auf der Liste von Joanna. Schließlich einigten sie sich verschmitzt darauf, daß Mrs. Strickland Nr. 1 ihrer Liste und Joanna ihre Nr. 4 ins Museum zurückstellen würden. Mrs. Strickland bemerkte dazu: »Ich möchte den Tag nicht vergessen, an dem du die infame Diagnose stelltest, ich sei ein klassischer Fall von Neurose.« Joanna meinte daraufhin: »Und ich werde mich immer daran erinnern, wie du vor mir standest und mich als Prostituierte bezeichnetest.«

Bataca-Kampf

In diesem Ritual soll einigen Familienmitgliedern die Möglichkeit gegeben werden, ihre Aggressionsgefühle auf körperlichem Wege abzureagieren, ohne daß dabei jemand verletzt werden könnte. Dafür eignet sich der Bataca-Kampf in vorzüglicher Weise.
Zunächst werden von den Familienmitgliedern, die diesen Kampf durchführen wollen, die Handicaps ausgehandelt, die einen gerechten Kräfteausgleich gewährleisten können. Als zum Beispiel ein älterer Bruder mit seiner jüngeren Schwester kämpfen wollte, einigte man sich darauf, daß er dabei auf einem Bein stehen würde. Damit hatten sie den nötigen Ausgleich geschaffen. In einem anderen Fall kämpfte ein kleines Kind mit seiner Mutter, wobei diese auf den Knien rutschte und den Schläger mit nur drei Fingern hielt.
Ein Bataca-Kampf, bei dem jeder Beteiligte zwei Minuten lang all seine Kräfte einsetzt, wirkt entspannend und löst den inneren Groll, der sich über längere Zeiträume aus allen möglichen unklaren Anlässen im Menschen angesammelt hat.

Bataca-Züchtigung

In dem Kapitel über Aggressionsrituale führten wir bereits aus, daß die Bataca-Züchtigung als eine körperliche Entsprechung der »Standpauke« angesehen werden kann. Sie soll entweder der »Standpauke« größeren Nachdruck verleihen oder an ihrer Stelle durchgeführt werden. Bei dieser »Züchtigung« darf man allerdings nicht an die sadistischen Strafmaßnahmen der Schulmeister aus alter Zeit denken, zu denen ein durchdringender Rohrstock benutzt wurde. Die rituelle Bataca-Züchtigung wird erstens nur in gegenseitigem Einverständnis durchgeführt, und zweitens sind die dazu verwendeten Bataca-Schläger weich gepolstert und können keinen wirklichen Schmerz verursachen. Es soll hier lediglich einer Person, die sich durch irgendein Verhalten gekränkt fühlt, Gelegenheit gegeben werden, ihre Gefühle darüber zum Ausdruck zu bringen. So kann etwa ein Kind, das sich durch ein nicht eingehaltenes Versprechen betrogen fühlt, dadurch seinen Seelenfrieden

wiederfinden, daß es dem »Beleidiger« – z.B. seinem Vater – eine Bataca-Züchtigung verabreichen darf.
Die Person, die sich zu ihrem Unrecht bekannt hat und daraufhin bereit ist, eine Bataca-Züchtigung über sich ergehen zu lassen, darf die Zeitdauer – etwa dreißig Sekunden – festlegen und muß dann während dieser Zeit aufrecht und unbeweglich dastehen, um gezielte Schläge zu ermöglichen. Um einen zusätzlichen Erleichterungseffekt zu erzielen, empfehlen wir der strafenden Person, jeden Schlag mit einer lauten Zornesäußerung zu begleiten.
Nach Beendigung der »Bataca-Züchtigung« kann der Empfänger ein Wiedergutmachungsverfahren beantragen, wenn es scheint, daß es sich um eine besonders schwerwiegende Beleidigung gehandelt hatte. In den meisten Fällen hat allerdings die Züchtigung bereits so befriedigend gewirkt, daß auf weitere Bußhandlungen verzichtet und die vorbehaltlose Verzeihung unmittelbar erteilt werden kann. Durch dieses Verfahren kann den Eltern die Vorstellung genommen werden, es sei demütigend und zeige einen Mangel an Respekt, wenn ein Kind seine Eltern »verhaut«. Diese Einstellung ist weiter nichts als ein Überbleibsel einer landläufigen Definition von »Respekt«, die sich aus der repressiven Orientierung gegenüber jeder Aggressionsäußerung erklärt. Eltern büßen bei diesem Ritual nichts von ihrer Würde ein, im Gegenteil, sie können dadurch nur gewinnen.

Phase III: Der faire Kampf um Veränderung

Die neun Stufen im »fairen Kampf«:
1. Einleitung
Der Initiator dieser Übung ist derjenige Partner, der einen Anklagepunkt zu haben glaubt. Er bittet die andere Person (den »Kampfpartner«), einen »fairen Kampf« mit ihm durchzuführen. Bei Zustimmung werden Zeit und Ort des »Kampfes« festgesetzt.
Die Einleitungsphase hat die wichtige Funktion, einen übereilten Kampfstil zu verhindern, bei dem ein Partner überrumpelt werden könnte, was dann meistens eine sich rasch entwickelnde, destruktive Streitspirale nach sich zieht. Bei einem fairen Kampf müssen immer vorher die Bedingungen ausgehandelt und dann gewissenhaft eingehalten werden.

2. Offene Beratung und Vorabklärung

Unter Beratung verstehen wir hier eine kurze Lagebesprechung der einzelnen Kampfpartner mit ihren Hilfspersonen. Jeder Kampfteilnehmer hat eine oder zwei Hilfspersonen, die sich aus dem Kreis der nicht am Kampf sondern als Beobachter Beteiligten rekrutieren. Eine »Beratung« kann von jedem Kampfpartner zu jedem Zeitpunkt des Kampfes eingeschaltet werden, wenn es für nötig erachtet wird. Es ist eine offene Besprechung, bei der jeder, auch der »Gegner«, zuhören kann. Hierdurch soll dem Herausforderer geholfen werden, seinen Anklagepunkt zu präzisieren und eine klare Änderungsforderung zu formulieren. Der Kampfpartner wird seinerseits dabei unterstützt, seinen Gegenstandpunkt eindeutig zum Ausdruck zu bringen.

Diese Beratungen haben in erster Linie die Aufgabe, den jeweiligen Streitgegenstand abzuklären, jede Anklage von der Frageform in die Aussageform zu übertragen (z.B. statt »Warum tust du das?« heißt es »Ich möchte nicht, daß du das tust.«) und die Partner dazu zu bringen, daß sie sich zu ihren Gefühlen bekennen, auch wenn es sich um Ärger und Abneigung handelt. Die Beratung nimmt auf formalisierter Ebene die Funktion einer Aussprache mit einem guten Freund ein.

3. Vorbringen des Anklagepunktes

Nach der offenen Beratung bringt der Initiator des Kampfes seine Anklage vor. Dabei soll er klar zum Ausdruck bringen, auf welche Weise das Verhalten, auf das sich sein Anklagepunkt bezieht, sich negativ auf ihn auswirkt.

4. »Feedback« (Rückmeldung)

Sobald die Anklage formuliert wurde, muß ein »Feedback« erfolgen. Dieses Prinzip wird den ganzen Kampf hindurch beibehalten. Das bedeutet, daß keiner der Kampfpartner eine Äußerung machen darf, bevor er die seines Partners sinngerecht wiederholt hat. Zwar wirkt dieses Rückmeldeverfahren oft pedantisch und kann die Beteiligten auf harte Geduldsproben stellen, doch bildet gerade dieses Element das Rückgrat der Übung. Denn wenn es auch den Verlauf des Kampfes verzögert, so zwingt es doch die Beteiligten zum aufmerksamen Zuhören. Hierdurch wird der natürlichen Neigung entgegengewirkt, innerlich schon den Gegenangriff vorzubereiten, während der andere noch spricht, anstatt ihm bis zu Ende zuzuhören. Es ist immer wieder überraschend, wie ungeheuer schwierig es zu sein scheint, das, was einem gerade gesagt wurde, sinngerecht wiederzugeben. Ebenso eindrucksvoll ist dann die Erfahrung, daß eine Menge Meinungsverschiedenheiten im selben Moment gegenstandslos werden, in dem die Partner sich zum ersten Mal wirklich zuhören.

An dieser Stelle ist jedoch eine Ermahnung erforderlich! Die Rückmeldung darf keinesfalls als das papageienmäßige Nachplappern einer Äußerung mißverstanden werden. Der Sinn der Sache ist, die wahre Bedeutung der Aussage zu erfassen und wiederzugeben. Manchmal versuchen einzelne Kampfteilnehmer, durch eine wörtliche Wiederholung des Gehörten den Gang der Handlung zu beschleunigen. Damit wird die Rückmeldung jedoch zur reinen Gedächtnisübung herabgewertet und trägt nichts zum besseren Verständnis bei.

Es kommt nicht selten vor, daß eine Rückmeldung anscheinend korrekt ist und doch den Sinn des Gesagten auf verhängnisvolle Weise verzerrt. Dies kann sowohl verbal als auch durch paralinguistische Nuancen geschehen wie eine gewisse Gestik oder einen sarkastischen Tonfall. Eine mißlungene Rückmeldung zeigt etwa das folgende Beispiel. Es handelt sich hierbei um zwei Teilhaber an einem Apartmenthaus, die einen »fairen Kampf« durchführten:

Partner A: »Ich ärgere mich darüber, daß du im letzten Monat jedes Wochenende abgehauen bist. Du sagst mir jedesmal, du müßtest dich deiner Familie widmen und überläßt es mir, mich um das Haus zu kümmern.«

Partner B: »Ich höre, daß du dich darüber ärgerst, daß ich mich am Wochenende immer meiner Familie widme, anstatt die anfallenden Arbeiten an unserem Apartmenthaus zu erledigen.

Die Rückmeldung von Partner B beinhaltet, daß Partner A etwas dagegen hat, daß er sich soviel seiner Familie widmet, während Partner A sich lediglich über den Mangel an Kooperation und Teilnahme an der Verantwortung von Partner B beschwert.

Gerade in solchen Fällen, wenn die unmittelbaren Kampfteilnehmer gefühlsmäßig zu engagiert sind, um die feinen Nuancen und schwer erkennbaren Sinnverfälschungen zu bemerken, kommen die Hilfspersonen zur Wirkung, die hier sofort einhaken und dafür sorgen, daß der Sachverhalt richtiggestellt wird.

5. Die Forderung nach Änderung

Nun ist die Beziehung an dem Punkt angekommen, da eine

bestimmte Änderungsforderung gestellt werden kann. Bei einem Kampf zwischen einem Ehepaar – Besitzer eines Fotostudios –, dessen Gegenstand die exzessiven Geldausgaben des einen Partners war, stellte die Ehefrau die Forderung: »Von nun an möchte ich jeden Scheck über 50 Dollar gegenzeichnen.«

Die Änderungsforderung muß sich immer auf Handlungen beziehen – nicht auf eine Einstellung oder Haltung des Partners. So forderte die Ehefrau nicht von ihrem Mann, daß er hinfort nicht mehr so verschwenderisch sein sollte; statt dessen nahm sie ihre Unterschrift als konkreten Handlungsbeitrag zu der gewünschten Änderung.

6. Stellungnahme des »Kampfpartners«

Nach der korrekten Rückmeldung der Änderungsforderung kann der eigentliche Kampf beginnen. Nun hat der »Gegner« Gelegenheit, auf den Anklagepunkt zu antworten und zur Änderungsforderung Stellung zu nehmen.

7. Der faire Kampfaustausch

Hier werden in ununterbrochener Folge Streitargumente ausgetauscht. Dabei ist darauf zu achten, daß jede Äußerung klar und unmißverständlich ist und jedesmal sinngerecht vom Partner wiedergegeben wird.

8. Abschluß

Nach einer gründlichen Auseinandersetzung wird der Abschluß eingeleitet. Jetzt hat der Kampfpartner sich entweder mit der Änderungsforderung einverstanden erklärt, sie rundweg abgelehnt, oder beide haben sich über bestimmte Bedingungen geeinigt, die einen Kompromiß herbeiführen sollen. In der Abschlußphase wird das Übereinkommen – welcher Art auch immer – noch einmal klar formuliert. Gelegentlich streben die Kampfpartner jedoch dem Abschluß zu, bevor sie zu einer Übereinstimmung gelangt sind. In dem Fall wird ein Termin zur Fortsetzung des Kampfes festgesetzt.

9. Nachbesprechung

Bei diesem Zusammenkommen wird der Erfolg oder das Mißlingen der getroffenen Vereinbarung diskutiert. Jede positive Änderung sollte bei dieser Gelegenheit festgestellt und dadurch verstärkt werden. Dabei soll der Person, die durch eine Verhaltensänderung ihren guten Willen zum Ausdruck gebracht hat, volle Anerkennung gewährt werden.

Bei dieser Gelegenheit kann das »Abschluß-Übereinkommen« entweder bestätigt oder neu verhandelt werden. Jede Verpflichtung soll flexibel bleiben. In der gutwilligen aggressiven Interaktion eines fairen Kampfes gibt es nie einen endgültigen Schluß. Bei dem fairen Kampf kommt es gar nicht so sehr auf den Streitgegenstand – der kann belanglos genug sein – an, sondern in erster Linie auf den Kampfprozeß selbst. Durch die Methoden des fairen Kampfes lernen die Partner ihren eigenen Kommunikationsstil kennen und können erst jetzt alle Verzerrungen und Ausweichtaktiken, die er enthält und die jede Konfliktlösung unmöglich machen, ausmerzen.

Der »Faire Kampf um Veränderung« wurde in seiner speziellen Struktur von Dr. Bach als Hilfe zur Konfliktlösung entwickelt. Für diese Kampfform eignen sich alle Meinungsverschiedenheiten über abendliches Heimkommen der Kinder, Haushaltspflichten, Privatsphäre, Gebrauch des Familienautos usw. Die Familie bildet schon dadurch eine günstige Gruppe für den »fairen Kampf«, da sich aus ihrer Mitte auch zugleich die Hilfspersonen anbieten.

Das Niveau der aggressiven Kommunikation innerhalb der Familie kann durch den Prozeß einer konstruktiven Auseinandersetzung, des Zuhörens und Angehörtwerdens und der hilfreichen Kritik am Kommunikationsstil der einzelnen Familienmitglieder bedeutend verbessert werden. Durch den »fairen Kampf um Veränderung« werden unterschwellige Feindseligkeiten abgebaut, die normalerweise jedem Familienstreit das Gepräge geben. In Verbindung mit anderen Ritualen wird auf diese Weise die aggressive Konfrontation innerhalb des Familiengefüges auf konstruktive und belebende Bahnen gelenkt.

Während nach unserer Meinung die verschiedenen Rituale zum täglichen Gebrauch geeignet sind und der »faire Kampf um Veränderung« je nach Bedarf seine Wirkung tun sollte, möchten wir vorschlagen, etwa alle zwei bis drei Monate einmal ein regelrechtes, ganztägiges Familien-Aggressions-Festival zu veranstalten. Nach unserer Erfahrung hat besonders dieses eine prophylaktische und äußerst belebende Wirkung. Es verhindert zuverlässig die Entwicklung heimlicher und verrücktmachender Formen aggressiver Interaktionen und vermindert in bedeutendem Maße die Entfremdung der Menschen voneinander, die in den meisten Familien durch mangelnde oder ungeeignete Kommunikation bewirkt wird.

Jedes der Rituale, denen wir ein eigenes Kapitel in diesem Buch gewidmet haben, kann bei unserem »Familienfestival« angewendet werden. Die Entwicklung solcher Rituale stellt eine neue Kunst dar, und wir möchten alle Familien dazu ermutigen, ihre eigenen zu entwerfen und sie ihrem jeweiligen individuellen Bedürfnis anzupassen. Es gilt nur einige Grundregeln zu beachten, als da wären: das gegenseitige Einverständnis muß vorliegen; ein Kräfteausgleich durch angemessene Handicaps muß geschaffen sein; Zeitbegrenzungen müssen festgelegt werden, und es sollte ein Leiter oder eine neutrale Person anwesend sein, um eine faire wechselseitige Beziehung sicherzustellen.

12. Der Kampf um persönliches Wachstum

Do not go gentle into that good night.
Rage, rage against the dying of the light.
(Dylan Thomas)

Im Prozeß des persönlichen Wachstums vollzieht sich eine emotionale Transformation, die eine neue, umfassende, realistische Selbst- und Wirklichkeitserfahrung mit sich bringt. Da der freie Strom aggressiver Energie in den meisten Menschen weitgehend blockiert ist, muß der erste Schritt im menschlichen Wachstumsprozeß die Freilassung dieser Energien sein, um Passivität, Stagnation und Resignation in positive, flexible Handlungsmuster zu verwandeln.

Unsere Gesellschaft verstärkt im allgemeinen die passive, resignierte Einstellung zum eigenen Gefühlsbereich. Das ist dadurch zu erklären, daß normalerweise bei jedem persönlichen Wachstum eine Menge Vorurteile, Klischees und Tabus in den zwischenmenschlichen Beziehungen beseitigt werden müssen, was eine Erschütterung des Status quo bewirkt. Jeder Schritt, der von den vorherrschenden Handlungsmustern, die sich als sicher und bequem erwiesen haben – wenn auch nur in dem Sinne, wie es Tiere im Käfig sicher und bequem haben –, hinwegführt, bedeutet auf irgendeine Weise die Zerstörung des Gewohnten und die aggressive Erkundung des Ungewohnten. Folglich werden immer nur solche Bemühungen allgemeine Unterstützung finden, die auf größere gesellschaftliche Anpassung abzielen, während jeder einzelne seinen Weg zu persönlichem Wachstum allein durch unbekanntes Territorium gehen muß.

Jedes Bemühen um eine persönliche Weiterentwicklung stößt zwangsläufig auf Widerstand, weil dadurch das Gleichgewicht in bestehenden Beziehungen und Interaktionen gestört zu werden droht. Wenn zum Beispiel ein Ehepartner plötzlich seine wahren Gefühle und Bedürfnisse zum Ausdruck zu bringen beginnt, ist auch der andere Partner gezwungen sich zu ändern, oder die Beziehung wird nicht mehr funktionieren. Weigert er oder sie sich nämlich, diese neue Entwicklung mitzumachen, muß die Beziehung unweigerlich bedeutenden Schaden leiden.

Im Berufsbereich gelten die gleichen Gesetze. Der Mensch, der erkannt hat, daß er seine kostbare Zeit in einer monotonen, unbefriedigenden Arbeit vergeudet und aus dieser Erkenntnis die Konsequenzen zu ziehen bereit ist, wirkt sowohl auf diejenigen bedrohlich, die sich auf ihn als ihren Versorger verlassen, wie auch auf seine Mitarbeiter, die sich an ihre eigene unbefriedigende Situation gemahnt fühlen. Die Gesellschaft macht es dem Menschen nicht leicht, aus seinem einmal eingeschlagenen Berufstrott auszubrechen. Wenn etwa jemand Ende dreißig oder Mitte vierzig die Entscheidung trifft, drastische Veränderungen an seinem bisherigen Lebensstil vorzunehmen, muß er auf den Zorn und Widerstand derer gefaßt sein, die davon mitbetroffen werden und Unbequemlichkeiten für sich fürchten.

Jeder Mensch wird im Verlauf seines persönlichen Wachstumsprozesses verschiedenen Hindernissen begegnen. Man wird ihn als »krank« bezeichnen oder ein »psychisches Problem« bei ihm vermuten. Und es wird immer irgendwo ein Psychiater auf der Lauer liegen mit dem guten Rat »sich zusammenzureißen« und zu den altvertrauten Verhaltensmustern zurückzukehren. Man wird auch nicht unterlassen, an sein Gewissen zu appellieren, etwa in der Form von »Wie kannst du nur so egoistisch sein!«, »Denkst du denn immer nur an dich?« oder »Siehst du denn nicht, was du allen anderen antust?«. Da in unserer Gesellschaft Schuldgefühle eine so ungeheuer starke Motivation darstellen, können viele Menschen ihrem Einfluß nicht standhalten; sie beginnen, ihrer inneren Stimme zu mißtrauen, die auf eine Veränderung dringt, und fliehen zurück in die vermeintliche Sicherheit der »angepaßten« Verhaltensmuster, auch wenn diese eine ständige Selbstverleugnung bedeuten.

Die positiven Aspekte einer aggressiven Selbstbehauptung wurden uns in den letzten Jahren von den verschiedenen unterdrückten Gruppen in unserem Land deutlich vor Augen geführt. Diese

Gruppen können uns als Modelle für die fruchtbaren Veränderungen dienen, die bewirkt werden können, wenn jeder einzelne auf aggressive Weise die Verantwortung für seine Existenz und Lebenssituation übernimmt. Wir sprechen hierbei von den Negern, den Chicanos, den Homosexuellen und den Frauen. Beim Analogieschluß von diesen Gruppen zur individuellen Persönlichkeit muß man natürlich vorsichtig sein, jedoch kann man zweifellos aus ihren Erfahrungen wichtige Erkenntnisse gewinnen.

Jahrzehntelang hatten die Neger unter Anwendung passiver Strategien versucht, ihre menschenunwürdige Lebenssituation und ihr negatives Selbstbild zu verbessern. Sie versuchten es mit passivem Widerstand, mit Beten und Bitten und gliederten sich in demütiger Haltung einem System ein, das sie zurückwies. Ab und zu wurden sie mit halbherzigen sozialen Gesten von ihrer trostlosen Wirklichkeit abgelenkt – gerade genug, um ihre Hoffnung auf Besserung am Leben zu erhalten und jeder möglichen kraftvolleren Selbstäußerung die Spitze abzubrechen. Auf diese Weise trafen alle Besserungen nie den Kern ihres Problems, und ein wesentlicher Fortschritt konnte zu keiner Zeit verzeichnet werden. Bis sich in der Mitte der sechziger Jahre die Neger schließlich auf sich selbst besannen. In den nun folgenden fünf Jahren haben sie mit ihren aggressiven, militanten Forderungsmethoden größere konkrete soziale Veränderungen hervorgerufen und damit ihr Selbstbewußtsein mehr verfestigt, als es ihnen in den vorhergegangenen fünfzig Jahren möglich gewesen war.

Die mexiko-amerikanische Bevölkerung in unserem Land ist der Öffentlichkeit zum größten Teil erst zu dem Zeitpunkt als eine vorhandene Realität ins Bewußtsein gedrungen, als militante Chicano-Gruppen aufzubegehren begannen. Erst als diese sich in aggressiver Form für die Bedürfnisse und Rechte der Chicanos als amerikanische Bürger einsetzten, nahm man diese bis dahin weitgehend ignorierte und unterdrückte Kulturgruppe überhaupt zur Kenntnis. Heute bilden die Mexiko-Amerikaner ebenso wie die Neger einen integrierten Bestandteil sowohl der allgemeinen Berufsstruktur in unserem Lande als auch unserer Schulen und Universitäten. Die Chicanoforschung bildet zum Beispiel an manchen Universitäten einen eigenen Studienzweig.

Auch die Gruppe der Homosexuellen wurde lange Zeit gesetzlich verfolgt, gesellschaftlich gebrandmarkt und aus psychiatrischer

Sicht als krank bezeichnet. Besonders männliche Homosexuelle begegneten allenthalben dem Vorurteil, das sie als abstoßende, perverse Unholde sehen wollte, die darauf ausgingen, unschuldige Knaben zu schänden.

Gegen Ende der sechziger Jahre begannen auch die Homosexuellen, ihre Gleichberechtigung als Menschen und Mitbürger zu verteidigen. In dem Maße, wie ihre Haltung an aggressiver Selbstbehauptung zunahm, veränderte sich auch das öffentliche Bewußtsein zu einer positiven Einstellung ihnen gegenüber. Sogar im Fachbereich der Psychiatrie und Psychologie begann man, bis dahin gültige Theorien radikal umzustoßen. Man war nun nicht mehr so sicher, daß Homosexuelle unbedingt wieder »auf den rechten Weg« zurückgeführt werden müssen, es sei denn, sie wünschten es selbst.

Die Geschichte der Frauenbewegung ist ganz ähnlich verlaufen. Solange die Frauen die vorwiegend männlichen Gesetzgeber um Gerechtigkeit in Fragen der Abtreibung oder Gleichberechtigung baten, erreichten sie sehr wenig. Erst als sie aufhörten zu bitten und Forderungen stellten, konnten sie den ihnen gebührenden Platz als Gleichberechtigte neben dem Mann einnehmen. Bei vielen Frauen hat sich in diesem Prozeß ihr Identitäts- und Selbstbewußtsein grundlegend gewandelt. Sie fühlten sich plötzlich nicht mehr als reine Sexobjekte oder Bürger zweiter Klasse.

Jede dieser Gruppen mußte eine Periode der dramatischen Selbstbehauptung durchlaufen, bevor wesentliche Änderungen sowohl in ihrer Selbsteinschätzung als auch im Bewußtsein der Gesellschaft erzielt werden konnten. Solange sie sich mit der passiven »friedlichen« Rolle zufriedengegeben hatten, bestand für ihre Lage keine Aussicht auf eine positive Entwicklung.

Dieses Zusammenspiel von Aggression und Wachstum gilt gleichermaßen für das Individuum, außer, daß hier natürlich die Gruppenunterstützung wegfällt. Insofern ist der Weg der Einzelpersönlichkeit zu ihrer Selbstverwirklichung allerdings schwieriger, wagemutiger und einsamer.

Im Hinblick auf diesen individuellen Wachstumsprozeß haben wir versucht, im folgenden einige der Hauptdimensionen herauszustellen.

Risiko statt Sicherheit

Das Streben nach Sicherheit ist einer der Urtriebe des Menschen. Für viele von uns wirkt er sich jedoch als entwicklungshemmend, als ein Vorwand für Passivität aus. Das Vertraute und Bekannte, wie lähmend und langweilig es auch sein mag, wird dem Wagnis und der Unsicherheit jeder Veränderung und allem Neuen vorgezogen.

Ein Bekannter von Dr. Bach, Stuart Arnold, hatte Mitte der sechziger Jahre sein Studium der Betriebswirtschaft abgeschlossen und das Examen als einer der obersten fünf Prozent seines Jahrgangs bestanden. Als er in den folgenden Monaten eine Anstellung suchte, bot ihm der Arbeitsmarkt ein düsteres Bild. Aus Angst, nichts Besseres zu bekommen, nahm er die erstbeste gutbezahlte Stelle an. Neben einem guten Gehalt kam er auch in den Genuß einer ganzen Reihe zusätzlicher Vergünstigungen.

Innerhalb von fünf Jahren war er in seiner Firma beträchtlich vorangekommen und hatte in regelmäßigen Abständen seine Gehaltserhöhungen bekommen, aber das Aufstehen am Morgen fiel ihm immer schwerer. Inzwischen war er auch zum Kettenraucher geworden und sowohl beim Mittagessen wie auch am Abend wurde ihm ein alkoholisches Getränk allmählich unentbehrlich.

Sein Drang nach Sicherheit, der ihn zur Annahme der Stellung bewogen hatte und der sich die ersten Jahre hindurch auch positiv für ihn ausgewirkt hatte, begann sich gegen ihn zu wenden. Seine Arbeit bot ihm keinerlei intellektuelle Anregung oder gefühlsmäßige Befriedigung mehr. Für ihn bedeutete sie nur noch eine Routine – und doch zögerte er zu kündigen.

Es gibt viele Stuart Arnolds in der Arbeitswelt, Menschen, die einen unbefriedigenden Beruf ausüben und sich nur aus Sicherheitserwägungen an ihn gebunden fühlen. Mit der Zeit erledigen sie ihre Pflichten wie ein Roboter, der von neun bis fünf Uhr funktioniert. Sie versuchen, sich mit ständigen Wochenend- und Urlaubsplänen über ihre wirkliche Lage hinwegzutäuschen, oder sie flüchten sich in den Alkohol.

In Stuarts Fall war der innere Drang zu persönlichem Wachstum so mächtig, daß er, trotz aller Angst vor einer Kündigung, auf die Dauer nicht unterdrückt werden konnte; er machte sich schließlich selbständig. Stuarts Verhalten im Büro veränderte sich auffallend.

Er stellte seinen Vorgesetzten auf eine harte Geduldsprobe durch sein kurzangebundenes, oft sarkastisches Wesen. Seine Berichte lieferte er erst reichlich verspätet ab und ließ sich gelegentlich grobe Rechenfehler zuschulden kommen. Die Mittagspause dehnte er immer häufiger über Gebühr aus und erschien dann auch wohl leicht angetrunken an seinem Arbeitsplatz. Kurz gesagt, sein unbewußter Wachstumsimpuls, der die Selbstverleugnung nicht länger ertragen konnte, zwang ihn zu Verhaltensweisen, die unweigerlich zu seiner Kündigung führen mußten; und dazu kam es dann auch.

Es gibt noch andere Situationen und Beziehungen, in denen dieser Wachstumsimpuls von sich aus die Entwicklung der Sachlage dirigiert. In einer unglücklichen Ehe verfährt etwa ein Partner in seiner Treulosigkeit so ungeniert und kompromittierend, daß eine Krise unvermeidbar wird und die Ehe zerbricht, die keiner der beiden Partner von sich aus aufzulösen gewagt hätte, obgleich beide sie nicht mehr ertragen konnten. In einem solchen Fall wird gewöhnlich der »Treulose« von der Gesellschaft verurteilt, obgleich er oder sie beiden Partnern zur ersehnten Freiheit verholfen hat.

Sogar etwas so Besorgniserregendes wie ein Nervenzusammenbruch hat häufg gerade die Funktion, die Krisensituation heraufzubeschwören, durch die eine Veränderung und damit Wachstum überhaupt erst ermöglicht wird. Der »Nervenzusammenbruch« tut für den Menschen das, was dieser aus seinem Sicherheitsbedürfnis heraus zu tun unfähig war; er zwingt ihn, sein Leben neu zu überdenken und zu bewerten und sich zu den notwendigen Konsequenzen zu bekennen.

Man möchte es als tragisch bezeichnen, daß ein Mensch, der sich mitten in einer Persönlichkeitskrise befindet, gewöhnlich durch den gesellschaftlichen Druck und sogar durch die traditionelle Einstellung im Berufsbereich der Psychiatrie in die gewohnten Anpassungsmuster zurückgestoßen wird – genau dorthin, wo er sich zu Beginn der Krise befunden hatte –, anstatt, daß ihm geholfen würde, die Wahrheit und tiefere Bedeutung seiner Erfahrung zu erkennen. So zwingt man etwa einen Menschen in die verhaßte Ehe zurück, indem man ihm die Überzeugung vermittelt, eine zerbrochene Ehe sei gleichbedeutend mit menschlichem Versagen und ein Unrecht gegen den Partner. Ähnlich ergeht es einem

Menschen in einer beruflichen Krise, wie in Stuart Arnolds Fall, dem man jede erdenkliche Warnung im Hinblick auf die Folgen seines Verhaltens zuteil werden läßt, so daß er sich schließlich verunsichert und ängstlich in seine alte Situation zurückdrängen läßt. Wenn also ein Mensch am Höhepunkt seiner Krise durch ungünstige Beurteilungen seines Verhaltens negativ beeinflußt wird, erheben sich in ihm nur allzu leicht reuevolle Selbstanklagen, und er verspürt den ängstlichen, verzweifelten Wunsch nach einem Rückzug. Man legt ihm sein inneres Bedürfnis nach persönlicher Entfaltung als eine krankhafte Verirrung aus, und in den meisten Fällen hat er nicht die Kraft, sich dieser Interpretation entgegenzustellen.

Kann jedoch ein Mensch in einer solchen Entwicklungskrise die persönliche Kraft aufbringen, sich zu seinen inneren Bestrebungen zu bekennen, und findet er dabei emotionale Unterstützung durch die Zustimmung anderer, so sind alle Voraussetzungen für den Beginn eines wunderbaren Wachstumsprozesses gegeben.

Erfahrung statt Analyse

Viele Menschen unterziehen sich heutzutage einer langfristigen Psychoanalyse oder Psychotherapie, wonach sie sich selber ausgezeichnet »verstehen« und sowohl ihr eigenes Verhalten wie auch das ihrer Freunde in beachtlicher Weise analysieren können. Sie leiden allerdings immer noch an den gleichen Ängsten und befinden sich in genau denselben Konflikten wie vor der Therapie. Sie sind weiterhin unfähig zu der Selbstbehauptung, die allein die notwendigen Änderungen ihrer Verhaltensweisen und inneren Einstellung bewirken könnte.

In diesen Fällen ist das Analysieren und »Verstehen« zur Krankheit geworden, indem es jede Entwicklung und Erfahrung blokkiert. Jedes Gefühl wird so lange zerpflückt und interpretiert, bis nichts mehr von ihm übrig ist. Alle Wachstumsenergie wird auf diese Weise herausgesogen. Zum Schluß hört man von diesen Menschen immer die gleiche resignierte Feststellung: »Ja, ich habe meine Probleme immer noch, aber wenigstens kenne ich jetzt die Gründe. Ich verstehe mich jetzt besser.«

Die große Beliebtheit, die die Selbsterfahrungsgruppen seit einiger

Zeit in unserem Lande genießen, ist nicht zuletzt als Reaktion auf diesen sterilen Prozeß des andauernden Analysierens zu verstehen, einer fruchtlosen, endlosen Suche nach »tieferen« Einsichten und gründlicheren Interpretationen seiner Gefühle und Verhaltensweisen, die schließlich zu den notwendigen Veränderungen führen soll.

Natürlich ist das Verstehen und Analysieren unumgänglich, um herauszufinden, wo Änderungen angebracht sind. Jedoch darf es nicht zum Endzweck werden, denn dann vermittelt es dem Menschen nur die frustrierende Illusion des Wachstums, ohne ein wirkliches Wachstum nach sich zu ziehen.

Initiative statt Zurückhaltung

Wer in unserer weitgehend mechanisierten, unpersönlichen Gesellschaftsstruktur eine positive, engagierte Lebenseinstellung entwickeln und sich erhalten möchte, bedarf dazu der Fähigkeit und Motivation zur aggressiven Initiative, denn nur dann wird er seine Bedürfnisse befriedigen und seine Ziele erreichen können. Die Unfähigkeit, eigene Interessen frei und entschlossen zu verfolgen, führt zur Isolation, erweckt Mißtrauen gegen die Umwelt und läßt den Menschen nach Ersatzbefriedigungen suchen. Solche findet er dann im unpersönlichen, materiellen Bereich; und zwar flüchtet er sich entweder in Aktivitäten, die ihn von sich und seinen wahren Wünschen ablenken wie Partys, Kino, Fernsehen und dergleichen, oder er entwickelt ersatzweise befriedigende Gewohnheiten – dazu gehört das Essen, der Alkohol und endlich das Rauschgift. Ein solcher Mensch geht wohl sogar zur Psychotherapie zu dem Zweck, sich Anteilnahme zu erkaufen.

Dabei wird man immer wieder die Erfahrung machen, daß eine selbstbewußte, offene und direkte Annäherung an Menschen und Situationen auf großes Entgegenkommen stößt, da die meisten Menschen nur darauf warten, daß ein anderer den ersten Schritt tut.

Offenherzigkeit statt Verschlossenheit

Bei einer Marathon-Gruppentherapiesitzung, die kürzlich an einem Wochenende unter der Leitung von Dr. Bach und Dr. Goldberg durchgeführt wurde, ergab es sich in den ersten Stunden, daß einige der Teilnehmer über Langeweile klagten. Es hatte bis dahin tatsächlich nichts als oberflächliche Konversation stattgefunden. Jeder versuchte, die Gruppe danach einzuschätzen, wieviel Offenherzigkeit er wohl gefahrlos in sie investieren könnte.

In der vierten Stunde begann dann plötzlich eine Frau, offen über sich selbst zu sprechen. Sie war einundvierzig Jahre alt, und ihr Mann hatte sie vor etwa einem Jahr nach siebzehnjähriger Ehe wegen der zweiundzwanzigjährigen Sekretärin seines Freundes verlassen.

»Ich muß über mich sprechen«, begann sie. »Darum bin ich hierher gekommen. Ich will mich nicht länger verstellen und hinter der Maske der Zuversichtlichkeit verstecken. Ich fühle mich einsam, unattraktiv und verzweifelt. Innerhalb des letzten Jahres habe ich mindestens ein halbes Dutzend Männer gekannt, aber mit keinem bin ich über drei oder vier Treffen hinausgekommen. Die meisten verschwanden auf Nimmerwiedersehen, nachdem ich das erste Mal mit ihnen ins Bett gegangen war.«

»Es ist mir peinlich zuzugeben«, fuhr sie fort, »aber ich habe auch schon in der Zeitung inseriert. Letzte Woche war ich sogar bei einer Agentur, die Männer auf Zeit vermittelt. Das alles macht mich mir selbst in tiefster Seele verhaßt, und ich brauche Hilfe.«

Mit dieser Offenherzigkeit hatte sie das Eis gebrochen, und plötzlich kam Leben und Wärme in die Gruppe. Anstatt auf negative Kritik zu stoßen, hatte ihre rückhaltlose Aufrichtigkeit die Herzen der Gruppenmitglieder geöffnet.

Nur zu oft hemmt die Angst vor einer Selbstentblößung das persönliche Wachstum, eine Angst, die aus dem Schamgefühl und dem mangelnden Vertrauen zu seinen Mitmenschen resultiert. Noch bis in unsere Zeit gelten persönliche Krisen wie Scheidungen, Abtreibungen, Alkoholismus, schulisches Versagen, außereheliche Sexualbeziehungen, Homosexualität oder sogar das traurige Schicksal, ein gestörtes oder retardiertes Kind zu haben, als Tabubereiche, über die nicht gesprochen werden darf. Die Menschen bemühen sich verzweifelt, diese wichtigen Aspekte ihres Lebens

geheimzuhalten, um nicht als minderwertig pervers oder nur anders als andere Menschen zu erscheinen.
Erst in dem Moment beginnt der Wachstumsprozeß, wenn ein Mensch zu der Offenherzigkeit fähig ist, die da sagt: »Seht, so bin ich wirklich, und das geht in mir vor.« Plötzlich spürt er den emotionalen Kontakt zu anderen, die bei näherem Hinsehen ganz ähnliche oder entsprechende Probleme haben wie er selbst.
Die Verschlossenheit intensiviert Schuldgefühle, Minderwertigkeitskomplexe und die Entfremdung von den Mitmenschen. Die verheimlichten Ängste und Wünsche vergiften und lähmen das gesamte Gefühlsleben und bewirken ein Bewußtsein vom eigenen Unwert oder grundsätzlichen Anderssein.

Ein eigener Lebensstil statt Autoritätshörigkeit

Das Leben in einer faktenbesessenen und statistikhungrigen Gesellschaft bringt es unter anderem mit sich, daß die Menschen zwangsläufig die emotional destruktive Neigung entwickeln, sich fortwährend an den gegebenen Verhaltensnormen zu orientieren. Diese Normen werden zum Beispiel durch Zeitschriften und Zeitungsartikel gefestigt, die es sich angelegen sein lassen, für alle Lebensbereiche, etwa Sexualität und Ehe, persönliche Anziehungskraft, emotionale Gesundheit und berufliche Erfolge, die notwendigen Richtlinien anzubieten. Solche Veröffentlichungen können großen Schaden anrichten, da sie Lesern mit unstabilem Selbstbewußtsein, die sich als erste an den vorgegebenen Maßstäben messen möchten, das Gefühl der Unzulänglichkeit vermitteln.
Ein wichtiger Schritt also, mit dem man die Aggression in den Dienst des persönlichen Wachstums stellt, wäre eine Haltung, die aussagt: »Das sind Statistiken. Sie betreffen nicht mich. Niemand auf der Welt ist genauso wie ich. Ich habe meinen eigenen Lebensstil, und wichtig ist nur, daß ich mich dabei wohlfühle.« An diesem Punkt kann ein Mensch beginnen, seine eigene Persönlichkeit zu akzeptieren, anstatt sich in einem endlosen, frustrierenden Bemühen um Anpassung an die von anderen aufgestellten Normen und Muster zu verzehren.
Die Autoren sprechen in dieser Sache aus eigener Erfahrung.

Lange Zeit hat man Dr. Bach im Bereich der klinischen Psychologie für einen Außenseiter gehalten. Während die meisten seiner Berufskollegen auf dem Standpunkt standen, man müsse die Patienten individuell behandeln, arbeitete er mit Paaren und Gruppen. Während andere Therapiesitzungen von je fünfzig Minuten für angemessen hielten, experimentierte er mit längerdauernden Sitzungen, aus denen sich schließlich vierundzwanzigstündige und längere Marathonsitzungen entwickelten. Und während sich andere darum bemühten, bei ihren Patienten Ärger- und Feindseligkeitsgefühle aufzulösen und abzubauen, suchte er nach Wegen, diese Gefühle konstruktiv zu nutzen, um dem einzelnen Menschen zu größerer Selbstverwirklichung zu verhelfen und seine zwischenmenschlichen Beziehungen zu beleben. Auch Dr. Goldberg hat schon zu Beginn seiner Laufbahn erkannt, daß er sich innerhalb der traditionellen Methoden der Psychologie nicht würde entfalten können. Zehn Jahre lang experimentierte er mit neuen Möglichkeiten, bis er seine eigene, ihm gemäße Arbeitsweise entwickelt hatte.

Unsere eigenen Erfahrungen bestätigen die Theorie, nach der sich jeder Kompromiß im Gefühlsbereich unheilvoll auf die eigene Persönlichkeit auswirkt und ernste Störungen in den zwischenmenschlichen Beziehungen nach sich zieht. Je stärker wir auf unsere eigenen Wachstumsimpulse vertrauten und als je flexibler wir uns in den verschiedenen Phasen unseres Entwicklungsprozesses erwiesen hatten, um so größer wurde unsere Überzeugung, daß wir Menschen geholfen haben, ihre eigenen vitalen Energien zu aktivieren und sich dabei mehr und mehr von der verhängnisvollen Tendenz, sich selbst als »krank« abzustempeln, zu befreien. Wer nach seinem eigenen Rhythmus leben will, muß sich der aggressiven Auseinandersetzung mit ständig neuen Gegebenheiten stellen. Dieser Weg erscheint oft dornenvoll, und sicher entbehrt er nicht der Augenblicke großer Angst und intensiver Selbstzweifel. Und dennoch erlebt man nur auf diesem Weg das Gefühl der ständigen Selbsterneuerung, und dafür – so glauben wir – lohnt sich jedes Risiko.

Harriet Lerner

Wohin mit meiner Wut?

Neue Beziehungsmuster für Frauen

Aus dem Amerikanischen von Olga Rinne

Band 15174

Frauen haben oft Schwierigkeiten, wenn sie mit Hilfe ihrer Aggressionen größere Unabhängigkeit erreichen wollen. Dieses Buch zeigt, daß es möglich ist, beides zu haben: eine Beziehung und ein eigenständiges Ich. Ein Plädoyer für mehr produktive Wut und weniger destruktive Aggression.

Fischer Taschenbuch Verlag

fi 15174 / 1

Harriet Braiker

Giftige Beziehungen

Wenn andere uns krank machen

Aus dem Amerikanischen von Susanne Aeckerle

Band 15195

Schlechte Beziehungen – in der Familie, am Arbeitsplatz, in Freundschaften und im Liebesleben – beeinträchtigen unser Wohlbefinden ebenso stark wie Krankheiten. Harriet Braiker zeigt Ihnen, wie Sie wirksame Gegengifte einsetzen.

Fischer Taschenbuch Verlag

fi 15195 / 2

Harriet Rubin

Machiavelli für Frauen

Strategie und Taktik im Kampf der Geschlechter

Aus dem Amerikanischen von Susanne Dahmann

Band 14683

Harriet Rubins Buch, das sofort nach Erscheinen die Bestsellerlisten stürmte, wendet sich an alle Frauen, die sich nicht länger von Vorgesetzten, Liebhabern, Eltern oder wem auch immer vom Erreichen ihrer eigenen Wünsche und Ziele abhalten lassen wollen. Rubin überträgt Machiavellis »Ratschläge an einen Fürsten« auf die heutige Lebenssituation von Frauen und entwickelt daraus eine kühne Strategie, die die Taktiken der Liebe mit denen des Krieges vereint. Ihre Erfolgsstrategien, die so unterschiedliche Leserinnen wie die Kabarettistin und Entertainerin Lisa Fitz, die Bischöfin Maria Jespen oder die Frankfurter Oberbürgermeisterin Petra Roth begeistert haben, lassen keine Leserin kalt.

Fischer Taschenbuch Verlag

fi 1739 / 1

Ursula Nuber

Was Paare wissen müssen

10 Grundregeln für das Leben zu zweit

240 Seiten. Klappenbroschur

Verliebt, verlobt, verheiratet. So einfach ist das. Verliebt, verlobt, verheiratet, geschieden. So schwierig ist es. Viele Trennungen ließen sich jedoch vermeiden, wären Paaren die Mysterien und Fallstricke der Zweisamkeit klar. Ursula Nuber hat in ihrem neuen Buch auf den Punkt gebracht, was Paare wissen müssen, um ihre Beziehung zu erhalten und zu festigen. Sie beschreibt, was Liebe wirklich ist (und womit sie oft verwechselt wird), und welche Grundsteine einer Liebe die Basis geben.

Krüger Verlag

fi 2-0118 / 1

Ursula Nuber
10 Gebote für starke Frauen
Band 16114

Dieses Buch unterstützt Frauen im Alltag. Ursula Nubers 10 Gebote sind die Pfeiler eines guten Selbstwertgefühls: Sie bewahren vor falscher Bescheidenheit, zu großer Harmoniesucht und dem Nettigkeitssyndrom. Wer sie befolgt, wird mehr Erfolg haben, das Leben leichter nehmen und es ohne schlechtes Gewissen genießen können

Fischer Taschenbuch Verlag

fi 16114 / 1

fi 2-2347 / 1

Eva Wlodarek

Mich übersieht keiner mehr

Größere Ausstrahlung gewinnen

Band 14458

Sie wird umschrieben als »ein geheimnisvoller Zauber«, »das gewisse Etwas, das Menschen auf uns aufmerksam macht« oder als »eine Art Harmonie«. Und obwohl sie für jeden im Detail etwas anderes bedeutet, so wissen wir doch alle: Unsere positive Ausstrahlung bestimmt unser Auftreten. Mit ihr steht und fällt unsere Wirkung auf andere, sie ist damit die Voraussetzung für Erfolg in allen Bereichen des Lebens.

Doch wer ist schon richtig glücklich mit seiner Ausstrahlung? Frauen jeder Bildungsstufe, jeder Altersgruppe und jeglichen Aussehens haben Probleme. Sie zweifeln an sich selbst und an ihrer Wirkung auf andere. Sie stellen ihr Licht unter den Scheffel. Sie sind sich ihrer eigenen Wirkung nicht bewußt und reagieren mit Staunen, wenn sie ein positives oder negatives Feedback bekommen.

Die Autorin bietet das psychologische und praktische Know-how, um an der eigenen Ausstrahlung zu arbeiten. In zehn Schritten lernen Sie, Ihre persönliche Ausstrahlung zu entwickeln.

Fischer Taschenbuch Verlag

fi 1741 / 1

Ute Ehrhardt
Die Klügere gibt nicht mehr nach
Frauen sind einfach besser
Band 15478

Frauen unterschätzen sich leicht. Ute Ehrhardt beendet die Zeit der falschen Bescheidenheit. Sie räumt auf mit den weiblichen Selbstzweifeln und zeigt Frauen unmissverständlich ihre starken Seiten. Ohne zögerliche Zurückhaltung werden Frauen für ihre Ideen einstehen, ihre Fähigkeiten klar erkennen und ihre Talente beweisen. Das gibt ihnen den entscheidenden Vorsprung: Augen auf und los!

Ute Ehrhardt

Und jeden Tag ein bißchen böser

Das Handbuch zu
›Gute Mädchen kommen in den Himmel, böse überall hin‹
Band 15135

Wie kein anderes Buch hat Ute Ehrhardts »Gute Mädchen kommen in den Himmel, böse überall hin« die Leserinnen mitgerissen. Zuhörerinnen der weit über 150 Lesungen, Teilnehmerinnen in vielen Seminaren und zahlreiche Briefeschreiberinnen wünschten sich von Ute Ehrhardt praktische Hilfen für die konsequente Umsetzung der Ideen ihres Buches in den Alltag. Deshalb das Handbuch: »Und jeden Tag ein bißchen böser«.
Das Handbuch bringt mit kleinen und sicheren Schritten große Veränderungen auf den Weg. Es deckt mit seinen Programmen alle Lebensbereiche ab: Partnerschaft, Familie, Freundschaft, Beruf. Es räumt auf mit allgegenwärtigen Stolpersteinen und immer wiederkehrenden Denkfallen. Es macht Mut, auch eine (scheinbare) Niederlage zu verkraften, weil manches erst im zweiten Anlauf klappt. Es bietet einem ›ziemlich braven‹ Mädchen den passenden Einstieg ins Bösewerden und reizt die recht Bösen, noch einen Schritt weiterzugehen.

Fischer Taschenbuch Verlag

fi 1749 / 4